NAPOLÉON

拿破仑传

NAPOLÉON

（德）埃米尔·路德维希◎著

程磊◎译

吉林出版集团股份有限公司

全国百佳图书出版单位

图书在版编目（CIP）数据

拿破仑传 /（德）埃米尔·路德维希著；程磊译. ——
长春：吉林出版集团股份有限公司，2011.9（2019.5重印）

ISBN 978-7-5463-6799-6

Ⅰ.①拿… Ⅱ.①埃… ②程… Ⅲ.①拿破仑，B.（1769~
1821）—传记 Ⅳ.①K835.655.2

中国版本图书馆CIP数据核字（2011）第182423号

拿破仑传
NAPOLUN ZHUAN

著　　者：（德）埃米尔·路德维希
译　　者：程　磊
责任编辑：矫黎晗
封面设计：书心瞬意
出　　版：吉林出版集团股份有限公司
发　　行：吉林出版集团社科图书有限公司
电　　话：0431-81629725
印　　刷：北京德富泰印务有限公司
开　　本：880mm×1230mm　　1/32
字　　数：248千字
印　　张：9
版　　次：2011年9月第1版
印　　次：2019年5月第3次印刷
书　　号：ISBN 978-7-5463-6799-6
定　　价：32.00元

如发现印装质量问题，影响阅读，请与印刷厂联系调换。022-58708299

目 录

第一章　岛

　　依我看，拿破仑的故事就如同约翰启示录，所有人都感到自己并没有完全领会，却不知道那隐藏着的东西究竟是什么。

——歌德

一、不屈的科西嘉

帐篷里，一个少妇正在给孩子喂奶，而她的耳朵却在听着远处的轰响。太阳落山了，难道战斗还没结束？也许这只是秋风秋雨伴着雷声在山谷里回响吧？抑或是四周那遍布狐狸和野猪的林海的涛声？少妇心绪烦乱，连衣扣都没系好，看起来像是一个吉卜赛女人。现在外面的战况究竟如何？她猜来猜去也想不出答案。突然，隐隐的马蹄声渐近。是他？他说过一定会回来的！可是战场那么远，而且现在已是傍晚，雨雾蒙蒙，他真的回来了吗？

突然，门开了，一个二十多岁的男子冲了进来，带着一阵清冷之气。这位身着彩色军装、头戴羽巾的军官身材瘦高，身手敏捷，一看就是出身贵族。他一进来就亲热地向少妇打招呼，少妇也连忙站起来，把婴儿交给女佣抱着，然后端来了葡萄酒。她摘下头巾，栗色的卷发如瀑布一般披散垂下，衬出白皙的额头、直挺的鼻梁和颀长的脖子，散发着一股成熟迷人的魅力。她急切地问着一个又一个问题，关切之情溢于言表。这是位女中豪杰，她的腰间还悬着一把闪着夺目光彩的短剑，给人以坚毅英勇的印象。她，就是拿破仑的母亲莱蒂齐娅。她的祖先与这位贵族军官的祖先一样，数百年前就已是族里的领袖和英勇的战士。

他们是从意大利迁徙到这个多山的小岛的。而现在，法国人的入侵迫使全岛的人都团结起来应战。此时，19岁的莱蒂齐娅穿着平民的服装，隐藏起自己的身份，与她的丈夫一起为自由而战。她相信，值得尊敬的只有勇敢和荣誉，而不是什么贵族身份。

此时，她的丈夫也迫不及待地告诉她最新的战况："敌人已败退至海边，无路可逃，只有求和一条路。今天他们派代表向我们的司令官求和，明天这场战争就会结束了！莱蒂齐娅，我们获胜了！科西嘉自由了！"

在科西嘉，每一个人都希望子嗣繁盛。因为这里民风剽悍，血性刚勇，有仇当面报，动辄起刀兵，宗族间杀伐不断。在这样的环境中，这位年轻的军官自然也希望有很多的孩子，以使自己的家族昌盛。而莱蒂齐娅也从家族中的女性长辈那里得到教诲：子女就是荣誉。她初为人母时才15岁，而直到如今，她才有了自己的长子，就是刚才喂奶的那个婴儿。

浴血奋战后，科西嘉重获自由，而这位年轻的军官就是岛上民众领袖保利的副官。刚刚的胜利让他更加坚定一个信念：今后，我绝不会让我的儿女再沦为法国的奴隶！

二、拿波里奥尼诞生

然而，胜利的喜悦没能持续多久。冬去雪消融，与春天一起登陆的，还有侵略者的增援部队。科西嘉人被迫重拾武器，再战敌人。到了5月，科西嘉人被侵略者打败了。为了保存有生力量，他们只能翻山越岭，穿过密林，撤向海边。莱蒂齐娅已经再度怀孕——就在去年的秋风秋雨中。此时，身怀六甲的她抱着一岁的大儿子，骑在驴背上。队伍中大多数是男子，还有少数妇女，他们艰难地行进着。

6月，保利再次战败，带着几百名部属逃往意大利。7月，他的副官卡尔——莱蒂齐娅的丈夫，和一小队战士向侵略者投降，岛民们的自尊和荣耀不复存在。8月，莱蒂齐娅生下了一个儿子，她给孩子起名叫"拿波里奥尼"，这个孩子长大后将为科西嘉岛民雪耻复仇。

与战时所表现出的男子气概不同，现在生活在海滩边的大房子里的莱蒂齐娅，精明地操持着家务，为了生存而节俭度日。而她的丈夫卡尔却已是锐气全消，并总有一些不切实际的想法。在好几年的时间里，他的心思都放在一场遗产继承官司上，却没有什么收入。卡尔在比萨上大学时自称"波拿巴伯爵"，生活优裕却学无所成。现在，他的第二个儿子已经出生，他不得不结束学业，转而面对艰难的现实：他该拿什么养家呢？没有别的办法，他只好与占领者合作。这时的法国占领者为了争取人心以求长久占据科西嘉，对岛上的贵族采取怀柔政策。

没过多久，卡尔成为新建立的法院的陪审官，还管理着一个苗圃——法国国王想要在这个岛上推广桑树。另外，他在山上有羊群，在海边还有葡萄园。他的哥哥很有钱，是主教堂的大司祭。他妻子的兄弟也是司祭，还有着商人的精明，十分善于做生意。他本人，也曾不惜重金结交科西嘉的元帅。

此时，三十多岁的莱蒂齐娅不仅是卡尔骄傲而美丽的妻子，更已育有五子三女，是个名符其实的好母亲。但是要抚养八个子女谈何容易！所以孩子们经常看到父母为了钱而费心劳神。后来，卡尔想出了主意：去法国！于是，他带着11岁和10岁的两个比较大的儿子以及一个女儿启程去法国。他们先乘船到土伦，然后来到凡尔赛。

凭借着科西嘉总督的推荐信，法国的有关部门确认了波拿巴的贵族地位。路易国王赐予这位10年前就已效忠法国的意大利贵族2000法郎，还允许他带来的两子一女免费就读贵族学校。毕业后，他的两个儿子将成为神甫或军官。

三、军校的求学岁月

布里埃纳军校里新来了一个身材矮小、沉默寡言、生性腼腆的男孩。他喜欢独处，经常在学校花园中自己的领地里看书。那是学校分配给学生的，而他却将自己和旁边两个同学的地块一起用篱笆围了起来，除了那两位同学，谁也休想闯入他的这片小王国——尽管有三分之二是强占来的。一旦他发现有人入侵，就会气势汹汹地捍卫领土。有一次，几个在游戏中被意外烧伤的同学恰巧逃到这里，也被他挥舞锄头驱逐出去了。

他的自由意识是如此之强，老师们的各种教育、处罚都不起作用，只好对他听之任之。一位老师曾这样评价他："这孩子的身体像是用花岗岩做的，但他的内心里却埋藏着一座火山。"

这，就是少年时代的拿破仑·波拿巴。他在给他父亲的信中说："我宁愿成为最杰出的工人，也不愿做最差劲的科学院院士。"也许，他是在普鲁塔克的影响下才有了这样的观点。普鲁塔克笔下的古代伟人、罗马英雄，都让他热血沸腾，佩服不已。

在同学们的眼里，少年的拿破仑是个来自异国的怪人，甚至是半个野人，没有人看到过他的笑容。他的法语实在差劲，其实他是从内心里排斥这种敌人的语言。他小小的个子，却总穿着长长的外套；他自称出身贵族，却总是没有零花钱——这一切都像他的名字一样古怪！

那些法国的贵族子弟总是嘲笑他："科西嘉的贵族就这个样啊？如果科西嘉人真的是英雄，怎么会被我们法兰西勇士打败？"

小拿破仑愤怒地回击道："那是因为力量悬殊！等着瞧，等我长大以后，看我怎么收拾你们这些法国佬！"

"你爹只不过是个小小的陪审官而已！"

小拿破仑怒不可遏，以武力回击了那些纨绔子弟，结果被罚禁止外出。他写信给他父亲说："我不想再解释自己的贫穷，也受够了那些法国小子们的嘲笑。他们不过是比我有钱而已，但在人格上却远远不如我！难道真的要我向这些富家子弟低头吗？"但是他的父亲在回信中却说："我们确实没有钱，你必须留在那里。"小拿破仑又在这所学校里呆了5年。一次次的嘲弄和歧视，加深了他内心的反抗情绪，同时也增强了他的自尊和自信。他的那些修士老师们对他的印象还不错，尽管他的学业成绩平平，只是数学、地理、历史三科比较突出。这三门课程有着神秘的吸引力，它们强化了小拿破仑缜密的思维、探索的精神和民族主义的情绪。

他的心思从来没有离开过他的故国科西嘉。他心里对他父亲的投降难以释怀，同时下决心要好好珍惜国王赐予的学习机会：学会敌人的本领，将来再以此回击敌人。他在冥冥之中有一个信念：他将是科西嘉未来的解放者！然而，现在他这个14岁的少年还能做些什么呢？他只能全身心地搜集并阅读有关科西嘉的书籍，因为只有明白历史才能更好地创造历史。他疯狂地阅读伏尔泰、卢梭以及普鲁士国王生前所写的所有关于科西嘉的文章，从中寻找和积累力量。

这是一个性格独立且叛逆、志存高远并具有思辨精神的少年，他将很快成长为一个成熟、自信、目光敏锐且分析力强的人。当他知道他的长兄约瑟夫不想做神甫想做军官时，这个少年有过如下的分析："首先，我的大哥缺乏战场上必需的勇敢精神，他不会因战功而发迹。但他形象好、幽默、机灵、社交能力强，也许他可以在后方做一名好军官。可是现在家里正需要钱，他如果做神甫的话很快就能有丰厚的薪水了！再说，他要是参军的话能干什么呢？如果当海军，他受不了那种到处漂泊的生活，而且他根本不懂数学；当炮兵？他那种轻松散漫的性格是无法适应炮兵工作的艰苦单调的。"这就是一个早熟的15岁少年对他人的洞察，事实证明他对他哥哥的描述非常准确。

应该说，约瑟夫得到他父亲的遗传更多一些，而拿破仑自己则兼取了父母双方的优点：他遗传了父亲活跃的思维和稳重的性格，继承了母亲的豪气、傲骨和严谨，还继承了他父母双方共有的家族观念。

四、为科西嘉的自由而奋斗

"只有腰带属于法兰西，而剑是属于我的！"波拿巴16岁第一次系上佩剑时这样想，那时他刚刚在巴黎军校成为少尉。此后，他几乎一生戎装。在巴黎军校学习的一年里，波拿巴保持了如饥似渴的阅读习惯。他对学校里那些贵族间的繁琐礼节非常反感，他崇尚的是斯巴达人那种俭朴的生活。正如他在一篇文章中说的：优裕的生活不利于培养合格的军人。此外，他从不借钱，他知道家里的经济状况有多糟。尤其是他父亲离世后，波拿巴的家庭责任感更强了，他甚至开始省钱接济他母亲。

他平稳地通过了毕业考试，获得了这样的评语："该生性格内向、沉默，答题时言简意赅，辩论时机敏自信。喜欢独处，以自我为中心，给人以高傲、好胜的感觉。但他志向远大，勤奋好学，喜欢钻研思考，尤其喜欢阅读优秀作家的作品来励志。"

新的军衔，新的军服，但一如既往地贫穷。因为盘缠不足，他在报到的路上有时只能步行。波拿巴虽然贫穷，但却志向远大：他藐视那些名不符实的狂妄之徒，并准备利用他们；他立志要摆脱贫穷；他决心努力学习、不懈奋斗，以求改变命运，甚至有朝一日可以统治别人，包括那些曾经看不起他的人。而在他心里已经有了一个具体的行动路线，那就是：领导科西嘉的解放斗争，然后成为这个海岛的国王。

军营的生活真是无趣。高傲的波拿巴也要试着学习跳舞、社交和应酬，但这严重违背他的本性，所以他很快就放弃了。但是在与普通民众——如律师和商人——的交流中，波拿巴却可以得到那些纨绔子弟根本不知道的新闻：伏尔泰、孟德斯鸠和雷纳尔的思想已经广为传播，这些思想家的预言即将应验，一场革命蓄势待发。这都是真的吗？

山雨欲来风满楼。此时，波拿巴在贪婪地阅读着他房东的书铺里的书籍，免费地聆听着各种书籍中的革命呼唤。他住处的隔壁总有人打台球，他很讨厌那些噪音，但他更讨厌搬家，所以只好忍受。在生活方面，他是个保守的人。现在他的精力全部用在关注国家和社会的大势上了，就像当时所有的热血青年一样。他的同事们一有空闲就出去花天酒地，寻欢作乐，而他却在自己的小屋中潜心于自己的精神追求。虽然他看起来形容憔悴，可是在知识方面却涉猎广泛，收获颇丰。炮兵战法，攻坚战法，柏拉图的理想国，波斯、雅典与斯巴达的宪法，英国、埃及、迦太基、瑞士、中国、印度和印加帝国的历史，腓特烈大帝征战史，法国财政史，英国人撰写的当代法国报告，鞑靼、土耳其和印度的国情概况，米拉波、布丰和马基雅维利，贵族的罪行和历史，天文学，地理学，气象学，繁殖规律，死亡率统计……所有的一切他都贪婪地学习着。

波拿巴读书从不蜻蜓点水般一阅而过，而是深入仔细地研究，这从他做的大量详细的读书笔记中可以得到证明。这些笔记数量极多，仅后来公开发表的就达400页，内容极为丰富：英国7个萨克森王国的割据形势图以及纵贯3个世纪的帝王谱系，古克里特岛的赛跑赛制，小亚细亚地区的古希腊要塞，27个哈里发的详尽资料——甚至详细到他们的骑兵军力和后宫的劣迹。从他摘录的内容可以看出，他对埃及非常重视。比如他曾摘抄了雷纳尔的一段话："埃及地处两海之间，位于东西方交界的要冲。基于此，亚历山大大帝认为，埃及是其世界帝国首都的理想之地，并且应该成为世界贸易的中心。这位开明的君王认识到，只有埃及，才能将其帝国领土的亚、非、欧三部分融合为一个整体。"他在30年之后仍能熟记这段话，可见其重视程度。

在此期间，他也开始写作，几年内写出了十余篇文章或文章提纲，内容涉及炮兵的布置、自杀、君权、人权等，而科西嘉是其中的重点。他那平实客观的文风及其关于一些问题的见识，丝毫不逊于当时最受欢迎的作家卢梭。他曾摘录卢梭关于人类不平等起源的文章，却在批语里写道："这些骗人的话，我一句都不信。"他认为，随着人口逐渐增多，群居在一起的人们也出现了分化，有的人贪图享受好色成性，有的人自强自信积极进取。终于，后者成为群体的领导者，主宰一切事务。我们似乎可以看到，他这个自强自信的有志之士，正冷眼注视着那些恣意享乐的好色之徒，准备将他们踩在脚下。

波拿巴的心思更多是用在科西嘉——他的故国。他在一篇文章中写道："看啊，这里谬论横行！竟然有人鼓吹禁止人们反抗压迫是上帝的旨意！以此推论，每一个篡位者都应该得到上帝的庇护。而实际上，他们被推翻之后也是会被砍头的。所以，人民有权反抗侵略者的统治，这同样适用于科西嘉人……从前我们可以挣脱热那亚的枷锁，现在我们同样可以摆脱法国！"他仇视法国，曾写过几篇有关科西嘉的小说，但都没写完。他认识到，有理想才能统治世界，但只有凭借大炮才能实现理想。因此他充满激情地不断加强职业学习，虽然他的生活并不宽裕。"我的全部乐趣都在于工作。我每周才换一次衣服，身体不好，睡得很少……每天只吃一餐。"

他脑子里总是运转着与炮兵相关的数字，看起来像个数学家。现在，他只能在科西嘉的地图上排兵布阵：在哪里布置大炮，在哪里修筑工事，在哪里布署步兵，等等。他多么希望能够真正手握军权，那样他就可以指挥真正的大炮了，而不是地图上画的那些十字符号。在他那四周喧闹的小屋里，他继续疯狂地学习一切可以学到的知识：摘抄英国议会中的演讲词，记录地球每个地方的简介，甚至是最偏远的角落。他最后一本笔记的结尾写的是："圣赫勒拿，大西洋中的小岛，英属殖民地。"

不久，他母亲寄来了家信。信中说，他们作为靠山的科西嘉总督不幸去世，而约瑟夫无业，她也失去了桑园的工作。在家里失去经济来源的情况下，她希望次子能够担起责任。接到家信后，波拿巴立即请假返乡，乘船返回那承载着他雄心壮志的科西嘉。这并不是一位成功人士荣归故里。他的日记中写道："虽然身边有很多人，但我还是感到孤独。我苦心孤诣地编织着梦想，正是这梦想驱使我回乡。然而现在这些孤独郁闷即将终结！我很高兴，我即将见到阔别已久的祖国和家人……我为什么要回来走一条冒险之路呢？……生活毫无乐趣，我为什么还要忍受呢？……现在的科西嘉是个什么样子！人们在顺从地忍受着奴役……他们曾经过着如诗如画的生活，尽享天伦之乐。可是失去独立之后，美好的生活也似梦幻般消逝。法国鬼子掠夺我们的物质财富，玷污我们的精神家园，整个岛国正在走向毁灭，却只能违心地逆来顺受！……假如杀个人就可以解决问题的话，我早就动手了！……没有自由的生活只有痛苦，活着是一种煎熬。"

五、革命风暴来临

波拿巴在科西嘉过了一年沉闷的生活，每天为家庭琐事操心。当他无法忍受下去而返回军队时，他的驻地已改在奥松。在那里，他的仕途有了些许变化，他得到了新将军的赏识，于是得到了一个"需要费些脑筋"的任务。"我带着200人夜以继日地干了10天，非常艰难。但这却让一些上司心生妒忌，他们都质疑我一个小小的少尉凭什么能得到他们都没得到的任务。"波拿巴被打回原位。看来这里是论资排辈的，等到他退役大概也只能熬到上尉，虽然可以靠法国的养老金度过余生，却要被科西嘉的同胞鄙视。他唯一不可剥夺的权利就是：他最后将长眠于故国的泥土里。书中宣扬的自由在哪里？如果法国都不能摆脱腐败贵族的枷锁，那么小小的科西嘉又怎能摆脱法国的枷锁呢？

年轻的波拿巴在日记本里写满了激进的思想，幸好这没有被他的上司发现。在一篇关于王权的提纲中，他列出了欧洲 12 个王国篡权夺来的王位，并认为其中的大部分都该被推翻。但这些他只能对日记本倾诉，在别人面前，他还要做一个法兰西军官，在各种活动中高呼"国王万岁"。青春飞逝，岁月依旧。他的精力只能用来写作和思考，此外别无用武之地。

在沉闷之中，划时代的一年悄然而至，这就是公元 1789 年。虽然全国的各个角落表面上沉闷如常，但人们都感觉得到暗流的涌动。6月，忧国忧民的年轻少尉感觉复仇日即将来临，那些侵略者将会付出毁灭的代价，革命的呐喊也正是科西嘉解放战斗的号角。他给他的偶像——流亡的保利——寄去了他的《科西嘉散札》：

"将军：我出生时，祖国正在灭亡，周围满是无奈与绝望……屈服只能沦为亡国奴，而卖国贼为了脱罪却对您极尽污蔑诽谤之能事。那些无耻的文字令我怒发冲冠，我一定要洗刷您的冤屈和我的耻辱，而将所有叛徒钉于耻辱柱之上……我虽年轻气盛，但爱国之情和对真理的信念却会让我一往无前。将军，如果能得到您的鼓励，我将信心百倍。"

波拿巴的这篇饱含革命激情的文字闪烁着崭新的光芒，其风格迥异于以往的日记，充满了实用主义色彩。他以高度自信的笔触，用一个"我"字作为这封信的开头；但在信的结尾，他却改用恭顺的语气，以求得到保利的支持。他已不再是那个粗鲁乖戾的少年了，他表现得成熟得体，但他那锐气逼人的自信在保利看来却是一种高傲，他在回信中婉转地教导这个晚辈说："年轻人不要动不动就想要改写历史。"

一个月后，一群年轻人真的改写了历史：他们攻占了巴士底狱！这是伟大的革命的开端。革命之火也蔓延到了波拿巴的驻地，被抢劫的富人联合军队实施镇压。波拿巴少尉指挥他的炮兵毫不留情地向人群开火，这是他首次实弹射击。波拿巴在执行命令时并无抵触情绪，因为他讨厌法国人，不论贵族还是平民。此时，他心里想的是：这是法国佬窝里反，与我何干？但这却是解放科西嘉的大好时机！现在发生的，不管是叫暴乱还是革命，都应该被带到科西嘉！对，请假，回科西嘉！乱世出英雄！

六、初试身手

波拿巴少尉再次回到了科西嘉，率先带来了自由、平等、博爱等崭新的革命理念。科西嘉人民已被侵略者奴役了20年，但他们曾经拥有自由，也理应再次获得自由。占领者的怀柔政策只惠及贵族阶级，却根本不顾及民众。

尽管波拿巴是凭着贵族身份得到法国国王的赏赐，才有机会接受教育，从军任职，但这又能怎么样？革命的新法国不是认为每个民族都有独立自主的权利吗？那么旧法国压迫下的科西嘉也有权获得自由！

"同胞们，是时候了，快拿起武器！让我们戴上革命的徽章，让我们向巴黎学习，建立人民自己的军队！我们要夺取王家军队的武装！我是炮兵军官，我会领着你们战斗的！"在阿雅克修的街头，20岁的波拿巴奔走呼号。大家都认识这个面无血色的年轻人，他那灰蓝色的双目透着冷峻，但他的嘴里却在发出慷慨热烈的言辞。他的追随者越来越多，或为自由，或为变革。他们最后聚集到广场上，年轻的波拿巴成为众人瞩目的焦点，也是大家希望之所系。

这些革命者首战失利，仅仅抵抗了几个小时，起义军就被驱散、缴械，但没人被逮捕。波拿巴感到无比失落：他连烈士都做不成，只能沦为败军之将，多么滑稽！发狂的波拿巴想尽办法寻找出路。他向巴黎的国民大会申诉，在申诉书中他首先称颂革命和自由，然后才提出一些申请，比如绞死效忠国王的官员，让科西嘉的公民拥有武装等。很快就有人在他的申诉书上签名附议。

经过几个星期的焦急等待，波拿巴终于接到了巴黎方面的答复：科西嘉现在是法国的省份，拥有一切平等的权利；以前为自由而斗争的战士，如保利，都可以自由地回国。波拿巴闻之愕然：科西嘉被确认为法国的省份？按照革命政府的新思想，科西嘉人现在可以"平等"地做法国人了？这是一种严重打折的自由！然而，浩大的游行队伍正涌向教堂，在那里，巴黎方面的英明决定会被隆重宣布。波拿巴决定顺势而为。他挥笔写下激情洋溢的告全体同胞书，在新的政治舞台寻找盟友，还帮助他的长兄约瑟夫当选市议员。而他自己则退而著书，继续写他的科西嘉史。

流亡20年的保利终于回到了科西嘉，受到人们的热烈欢迎。"这就是我们的英雄保利？"波拿巴不禁自问，"他的言行举止就像个油滑的政客，哪里还有一点战士的风采？"想归想，波拿巴还是决定搞好与保利的关系。因为他知道，保利将会就任科西嘉的国民自卫军司令。

少年气盛的波拿巴陪伴着老练世故的保利。他们两个共处时，常常是波拿巴激情澎湃地讲述着武装解放科西嘉的大计，而保利则会用一种骄傲而又惊恐的眼光看着他。保利觉得这位《科西嘉散札》的作者的确有着狂热的个性，他像着了魔一样，极度崇拜和相信武力。保利无奈，只能摇头说："你与当今社会格格不入，拿波里奥尼，你来自普鲁塔克时代！"

年轻的波拿巴终于找到了知己！不错，他一直以普鲁塔克笔下的古罗马英雄为榜样，而保利竟然发现了这一点！保利否定的评语却让波拿巴信心倍增。波拿巴没能与保利共处太久。虽然一拖再拖，波拿巴少尉还是应该归队了，他的假期已满。他已经失去了主导地位，再留在科西嘉还有什么意思？所以他更不能失去军队的工作了。

七、动荡中蓄势待发

"我正在一间农民的茅屋里给您写信。我与这里的几个人交谈了许久……已是下午4点，我刚散步回来，清新的空气让我的身心都很舒服。似乎就要下雪了……这里的农民坚决维护新宪法，甚至不惜以生命为代价……只有一些女人反对，因为那个叫'自由'的女神已经把她们男人的魂都勾走了。多菲纳的神甫们已表态支持新宪法……那些来自上流社会的贵族竟然也装作拥护新宪法的样子。而我们的科西嘉同胞特雷蒂却曾持刀威胁米拉波，这太丢脸了。我想我们应该送给米拉波一整套我们的民族服饰来示好，那样也许会好些。"这是波拿巴写给他舅舅的信，充分体现出他所具有的政治家的潜质：敏锐的观察和深入的思考。虽然波拿巴已晋升为中尉，但他的物质生活却依然不富裕。他与13岁的弟弟路易来到瓦朗斯，身上只有85法郎，这些钱既要供他们衣食住行，还包含着路易的学费，为此他们不得不自己洗衣服以节省花销。

正在需要钱时，里昂科学院以1200法郎的高额奖金征文，题目是"什么能使人幸福"。波拿巴看到后暗喜，那笔奖金可以武装半个科西嘉岛！他先拜访了出题者，那些人都是卢梭的信徒。这样，他心中有数，便开始写作。波拿巴先是从他并不重视的大自然、友谊和休闲切入，继而笔锋突然转向政治，抨击王权，主张自由。然后他自负地将自己写进了文章："胸怀大志的野心家面带阴险的冷笑，玩弄谋略，不择手段……一朝得志，也不会看重那些虚伪的称颂……斯巴达是我们的榜样，斯巴达人才是真正的男子汉。勇敢值得尊敬，力量就是美德……只有强者才是王，败即是寇。真正的伟人正如流星，燃烧自己，照亮世界。"

波拿巴的言论无法被征文的评委接受，他的文章不被重视。波拿巴再次受到打击，名利皆无。他在失望中埋头去写他的文章，关于科西嘉的，还有关于爱情的。在波拿巴这样一个冷峻的青年的笔下，竟然也会闪烁爱情的光芒？我们会听到怎样一番高论呢？"我也曾坠入情网，深知情为何物。但我不想为爱情妄下定义，那只会越弄越乱。我认为爱情并非必不可少，甚至可能对个人和社会来说都是消极的。如果人们能够不受爱情的纠缠牵绊，那真该谢天谢地！"

革命的号角愈发响亮，这位年轻作家已无法安于写作。路易十六被抓，胜利属于人民！革命正在蓬勃发展，各种矛盾也日趋尖锐。攻占巴士底狱已满两周年。波拿巴也在歌颂革命，庆祝胜利。但与此同时，科西嘉已陷入无政府主义的混乱状态。巴黎的革命浪潮已波及科西嘉，科西嘉那狂乱涛声也传至波拿巴的耳中，内战一触即发。回去！再去干一番事业！

八、初涉竞选

这一次，波拿巴中尉要向古罗马英雄科里奥·拉那斯学习，争取舆论、民心和选票，因为现在是民主时代。这时，他去世的伯父给他留下一大笔遗产，让他们家的经济状况有所改善。波拿巴那同为神职人员的舅舅费什被他拉拢加入了雅各宾派，他的哥哥约瑟夫在市议会，而他是岛上唯一能指挥炮兵的人。那么，国民自卫军的指挥官一职舍他其谁？波拿巴要参加竞选，但他的假期也即将结束，万一他没能当选怎么办？他不想冒两边皆失的风险，于是他写信请假："事出紧急，我无法按时归队。但我确实是有更加神圣的事情要做。"千万不要被开除！他心里祈祷着。但军队那边一直没有回音，怎么办？不管了，就算是冒险也要参加竞选。

波拿巴的亲友众多，但这还不够。他母亲莱蒂齐娅在家款待他的各界朋友，常有一些人留宿，而这都是为了拉选票。有人回忆道："那时的波拿巴，时而独自沉思，时而出来与来宾们热情交谈。他去拜访每个有用的人，争取每一份可能的支持。"他把一位特派员强留在家，还派人打击竞争对手的支持者。这就是科西嘉的选举！一整天的选举，一整天的激动。晚上，波拿巴终于如愿当选，成为科西嘉国民自卫军的中校副司令！

现在，这位意大利的后裔会与法兰西决裂吗？要谨慎！一定要自留退路。他写信给他的上司："家乡动荡不安，每一个科西嘉儿女都应该勇于担当，所以我的亲友把我留下来。但我又不想为我应负的职责辩解什么，所以我打算辞职。"但他并没有提交辞呈，反而写信追讨薪水，更为过分的是，他在信中称法国为"贵国"。毫无悬念地，他被革职了。

这样，波拿巴自断了退路，无依无靠，手里只有一支没什么战斗力的国民自卫军。形势逼迫他孤注一掷，现在必须要有所作为，哪怕是冒险！他要利用阿雅克修市民与军队之间的矛盾，引发混乱然后乘势取胜。他的目标就是王家军队驻守的堡垒，因为有当年腓特烈大帝和恺撒进攻护城堡垒的先例。他在心里谋划着："只要抓住或赶走那个贵族司令，就可以一举解放科西嘉全岛。法国正疲于内斗，无力派兵来镇压。"果真如此，他将成为解放科西嘉的英雄，而保利将成为历史。

1792年的复活节那天，战斗打响了。有人挑衅吗？是谁先动手的？这里面有没有阴谋？这些问题的答案永远也无法弄清了。可以确定的是，波拿巴司令率军进攻了堡垒，但却被守军的炮火击退。波拿巴被控以叛国罪，而他无法为自己辩护。保利向来不喜欢狂傲的拿波里奥尼，此时连忙表态忠于法国，并将他的这位世侄撤职。

"保利！你不站在我这边，就是我的敌人！"波拿巴心想。"我会去巴黎寻找机会，你们等着瞧吧！"

盛夏季节，失败的冒险者波拿巴游荡于巴黎街头，无钱无势，第二天的生活都毫无着落。在法国，他曾是个中尉，但已被革职；在科西嘉，他曾是个中校，但面临着叛国罪的审判。他唯一的希望就是激进的雅各宾派，因为只有彻底推翻旧王朝，他才能脱罪获得新生。于是，他加入了罗伯斯庇尔一派。

巴黎，酷暑。外面物价飞涨，波拿巴身无分文。典当了手表仍是杯水车薪，于是波拿巴违背了23年来一直坚持的个人准则——不欠债。他欠给一位酒商15法郎。他还向友人布里昂提议合伙做房产经纪生意。即使这样，他依然蔑视权贵。"好好看一看，就不难发现：没必要费心去讨好那些人。此间人性堕落，诽谤横行。不错，这里的人们有热情，但也只是热情而已，法兰西已腐朽。人人自私自利，苦心钻营。一切都将毁于人的野心。我们将来也许只能靠着四五千法郎的养老金聊度余生，当然，我要能忍心背弃自己的理想才行。"

但是，被理想煎熬的人们无法苟且偷安。动荡的年代，沸腾的巴黎，没有什么不可能。波拿巴从不自认为是法国人，所以他能以旁观者的视角冷静地观察这些法国人上演的历史大戏。现在，雅各宾派是主角。

波拿巴还近距离地旁观了革命者攻进杜伊勒利宫的一幕。他的感想是复杂的。作为一个面临指控的人，他不由得感谢上帝："我又自由了。"但作为一名军官，他也由衷地感到惊讶："士兵竟然镇不住乱民，一切都反了！早上，假若国王能身先士卒率军镇压，那么胜利者就是他了。"但事实是：几天之前，国王被迫戴上象征自由的红帽，并来到公众面前。波拿巴忍不住骂道："蠢才！他应该派散弹枪手击毙前排的暴徒，那么后面的就会四下溃散。"

不管怎么说，波拿巴获得了解放，因为他的敌人已经倒台。次日，他就写信给舅舅报平安。新政府真是太好了，波拿巴这个逃兵不仅被既往不咎，而且还被升为上尉。但他却再次当了逃兵。他不会去东部的战场，他不理会摩泽尔河畔来犯的普鲁士军，他才不去管法国的战争！"我是科西嘉人！我要回科西嘉去！"

九、被抛弃的失败者

科西嘉岛那清新的海风也未能吹散党派斗争的硝烟。诽谤、腐败横行，岛国处于无政府状态。波拿巴家族又有了一个新盟友，就是国民公会的科西嘉代表萨利切蒂，因为他们有共同的敌人——保利。阿雅克修的雅各宾派也发生了分化，可怜的保利因为不够激进而被骂作"叛贼"。

谁是科西嘉的首领？谁都像，但谁的命令都不管用。每个人的疑心和戒心都很重，人际关系非常紧张。巴黎的人们在断头台砍下了国王的脑袋，谁也不知道下一个倒霉的会是谁。人人都带着武器以自卫。政令不通，每个人都独立自主。这是冒险家的乐土，正适合波拿巴。他已一无所有，无可顾忌，所以又一次企图称王科西嘉。

拿破仑有了萨利切蒂的支持，很快整合了他的哥哥约瑟夫、弟弟吕西安和舅舅费什各自的追随者，聚集了很多人。萨利切蒂需要这位炮兵军官的支持，雅各宾俱乐部也想拉拢波拿巴以对付保利。也许，可以指控保利叛国？他在英国呆了 20 年，难道没有被收买？如果让萨利切蒂知道这些，他就会把这些报告给国民公会。科西嘉，盛产阴谋的小岛！

果然，国民公会派人来到科西嘉，做出许多人事任免决定而不征求保利的意见。波拿巴已是法国的上尉，这次更成为科西嘉军队的司令。他曾是科西嘉国民自卫军的中校副司令，这次的任命只不过是再次确认了他的军队领导权。随后，巴黎下令逮捕保利。反对派们做得太过分了，民众开始同情这位可怜的老英雄，并联合起来保护他。这是波拿巴未曾料到的。他装出一副关注民意的样子，采取两头讨好的策略：一方面为保利鸣冤，一方面拥护国民公会的决定。结果是两边都不讨好：国民公会对他顿生猜疑，准备将他也逮捕；而保利一方也看穿他的骑墙策略，同样对他不满，甚至公开宣称："波拿巴兄弟与诽谤者是一丘之貉，这样的人应被人们唾弃！与其交往是可耻的！波拿巴及其同党应该为他们的所做所为而忏悔。"果然有人响应号召，波拿巴家被对手洗劫一空。幸好其家人先行逃走，总算保得性命。

也许，这样正合波拿巴的心意。他所受到的迫害将会让巴黎当局看到他对革命的拥护。果然，他又得到了信任，还被任命为政府军的指挥官，任务就是镇压科西嘉的民兵。一年前他还是那些民兵的首领，要攻打堡垒里的政府军！野心家波拿巴终于掌握了一点权力，他要与保利在战场上一较高下。情况看起来似乎与一年前正相反，但不变的一点是：波拿巴还要进攻堡垒。这次，堡垒里的守将是深受民众拥护的老将保利，他占据着一些重要据点，拥有战场的优势。与一年前相同的还有一点，就是失败者仍然是波拿巴。

波拿巴的失败令他的家族不容于科西嘉，他们被放逐，不再受法律保护。家族荣誉感颇强的莱蒂齐娅，波拿巴的兄弟姐妹还有他的舅舅，都因他的失败而必须抛家舍业，净身而出，仓皇逃离。24 年前，莱蒂齐娅在这片丛林中躲避法国侵略者，而今她却要依靠法国人的保护，逃离这片丛林，出海去法国。驶往土伦的帆船上，23 岁的波拿巴在甲板上回望科西嘉，渐行渐远。他熟悉那霞光掩映中的每一峰，每一岭。他做过三次努力，要将科西嘉从法国的占领下解放出来，可现在却被他的同胞当作法国人而逐出科西嘉，他岂能不恨，岂能不想报复！他决心在法国寻找新的成功机会，总有一天他要回来，入主科西嘉！

法国的海岸越来越清晰。被驱逐的波拿巴感到无家可归，却又感到处处皆是家，这是被祖国抛弃的人才会有的独特感觉。

十、第一个胜仗

"她们穿得真够寒酸的！"莱蒂齐娅看到两个正值花季的女儿买回的便宜货时暗叹道。这个女人虽已年过四十，仍不改骄傲的性格。他们住在马赛的一所充公的房子里，以前的贵族房主已被处决。已经长大的孩子们可以为家庭分忧，而最小的两个被寄养在科西嘉的亲戚家。他们可以得到一些救济，因为波拿巴被认为是"受迫害的爱国者"。当然，这也不能改变莱蒂齐娅的骄傲。

不久，拿破仑利用自己的人脉和他哥哥的关系做起了军火买卖。他的舅舅神甫费什，也脱下长袍经营起丝绸生意。至于他的长兄约瑟夫，像他们的父亲一样英俊潇洒，也同样自称为波拿巴伯爵。约瑟夫结婚并过上了富裕的生活，因为他的妻子是马赛一位已故富商的女儿，而拿破仑则盘算着怎么才能娶到他嫂子的妹妹——德西蕾。

整个夏天，波拿巴都在海滨的土伦、部队的驻地尼斯以及罗讷河畔三地之间穿梭奔忙。但他在忙碌中时刻不忘观察山川要地和每个据点，作为炮兵的军事意识告诉他，这些东西很快就会被用到。另一方面，他仍然在写作，甚至有一篇政治类的文章被政府出资刊印。这篇文章中的企业主很具有代表性。土伦的富人害怕马赛的情况在他们身上重演，被罗伯斯庇尔一党没收财产或处决，于是怀念起被推翻的波旁王朝。为了保全私利，他们倒向了敌国，以剩余的法国舰队换取英国的保护。

新生的法兰西共和国的各个方向都有敌人：北面的比利时已沦陷，比利牛斯山那边的西班牙人兴兵来犯，波旁王朝的残余势力顽抗反扑。在这危急关头，土伦的富人竟然吓得叛国投敌，还把舰队拱手送给敌国！现在的法兰西是举国动员，全民皆兵，甚至征召妇女入伍，而有军事才能的人更是极受欢迎。

在土伦方面，人们斗志昂扬，定要驱走英国人，夺回土伦。怎么打？国民公会委派一位指挥官全权负责。但这位画家出身的将军空有革命热情，却完全不懂军事。这时，从阿维尼翁押送弹药回来的波拿巴去拜访他的同乡萨利切蒂，后者将他引荐给画家将军。几个人饭后散步时路遇一门24磅炮，位置离海有好几里。两个外行开始就此讨论起他们同样外行的作战方案。波拿巴听了后认为他们的计划完全不切实际，于是他连放4炮，用实际行动证明炮弹根本打不到海里。两个外行惊呆了，连忙请波拿巴留下相助。波拿巴看到了机会的身影。必须立即抓住，机会稍纵即逝！他鼓足干劲，将内陆的大炮调至沿海。一个半月后，百余门重炮集于海边。现在，波拿巴上尉要以什么样的作战计划来展现他的军事才能呢？

一个岬角伸向海中，将土伦的海湾分为两块。波拿巴欲将炮队部署于此，以封锁出海通道，切断敌舰退路。敌军舰队的指挥官肯定不希望被堵在海湾里挨打，那么他就会命令部队炸掉弹药库，撤出土伦城。但是军事外行们对这一计划嗤之以鼻。波拿巴上尉只好向国民公会申诉，并寄去了他制定的炮轰土伦的计划，从中也可以看出波拿巴的一些军事思想："必须要集中运用火力。大炮轰击下，缺口一开，敌阵必乱，纵然顽抗也没用，阵地终将为我所得。打仗要统一指挥，团结作战。兵贵神速！"

在巴黎，波拿巴有一位强势的朋友——小罗伯斯庇尔。尽管他哥哥喜欢独掌大权，但小罗伯斯庇尔的话他还听得进："如果你想要一个勇猛善战的战士，那么有一个年轻的新人正是合适的人选，就是波拿巴。"此前，波拿巴曾婉拒这些激进分子的卫队长官一职。而这一次，波拿巴的建议被采纳，那位外行将军被撤职。但是画家将军的继任者是一位医生将军，又是一个外行！这令波拿巴气愤难平。

新将军到任后立即着手肃反，于是敌军先行占领了波拿巴选定的那个岬角。这时，从巴黎来了一群身着华服、乘坐豪车的人，唱着高调说要一鼓作气拿下土伦。波拿巴上尉将这些斗志昂扬的人带到几门毫无工事掩护的大炮前。敌人开火了，这些人忙高声询问哪里有掩体，而波拿巴上尉却一本正经地回答："不需要掩体，我们有伟大的爱国主义精神就够了。"这是个务实的年轻人，讨厌那些空洞的口号。波拿巴再度上书巴黎，结果指挥官又一次被撤换。好在这次来的新将军是个内行，而波拿巴立即得到重用，被升为营长，并且他的作战计划也被付诸实施。

战事终于进行到了冲锋的时刻。波拿巴也参与战斗，他的坐骑被子弹击中，而他的小腿则被长矛刺中。这是他第一次负伤，但也几乎是最后一次。这也是他的第一个胜仗，而且是对宿敌英国的胜利。战斗的结果正如波拿巴之前的预测：敌军连夜逃离土伦，撤至军舰，而且撤之前不忘炸掉弹药库。

火光布满了战场，杀戮播撒着恐怖，成千上万的人狂奔逃命，那是土伦城里的叛国者。12月的这个夜晚，破城的士兵呐喊着，受伤的人们惨呼着，落水的市民叫骂着。一将功成万骨枯！在冬夜的天空中，在枕藉的尸体上，一颗新星被腾空的烈焰和滚滚的硝烟托起——那，就是拿破仑·波拿巴。

十一、蒙冤入狱

土伦解放，北线和东线告捷。为了庆功，巴黎举行盛大的集会，波拿巴晋升为准将，名扬四方。土伦之战的指挥官将波拿巴作为作战计划的制定者写进报告，并用颇为钦羡的语气写了一句评语："即使受到上司的排挤，他仍能闯出一条自己的新路。"波拿巴的名字第一次出现在政府的《通报》上，然而他并不是唯一的焦点，还有 5 个人与他一起出名。没能独自出风头也许令这个孤傲的年轻人很不满足，不过还是有人注意到了这颗新升起的明星。两个并不出名的年轻军官，马尔蒙和朱诺，愿与他一起闯出一番事业。他将这两人以及他 16 岁的弟弟路易一起任命为副官，于是，波拿巴有了自己的亲信部属。

波拿巴受命加强土伦至尼斯的海防。这段海岸线的的东端，就是科西嘉的宿敌热那亚，控制了热那亚就能控制科西嘉。热那亚持中立的立场，各国的外交、情报界人士往来穿梭，聪明机敏的人可以不动声色地搜集大量情报。波拿巴想办法弄到一个特派员的头衔，并以商谈边界问题为由出访热那亚。这只是波拿巴计划中的一个步骤。他在那里建立了很多情报来源，留意驻热那亚的法国代表的政治倾向，当然，还有大炮。但当他返回尼斯准备撰写报告时，却突然被捕。

原来，罗伯斯庇尔此时已被推翻并处决。所有人都害怕被划为罗伯斯庇尔一派，立即重新站队，极力撇清与他的关系。人们纷纷揭发甚至诬陷别人，以洗脱自己的嫌疑，那些身在外地、无法辩解的人自然是首选的替罪羊。噢，对了，那个叫波拿巴的家伙不是刚去敌国热那亚吗？一定是肩负着罗伯斯庇尔的秘密使命！或许他们要勾结敌人出卖我们南线的部队。快把那个叛国贼抓起来，押回巴黎受审！

就这样，在波拿巴25岁生日那天，他被关进尼斯附近的卡雷堡垒，全部证件均被没收。波拿巴透过铁窗望向大海，如果能探出身去，也许还能看见科西嘉的海岸。他不由得心想：有哪个青年志士如我一般命运多舛？如果让普鲁塔克评价，他会怎么说？在我的故国，我屡战屡败，被驱逐出境；在法国，我又带着满腹才华蒙冤入狱，也许过几天就会被几发子弹要了性命。我该怎么办？

他的部下建议他逃走。波拿巴在回信中，用毕生罕见的感激语气深谢部属的关切之情，接着又说道："别人可以误会我，但我清者自清，不会在意。人是无法欺骗自己的良心的，而我现在问心无愧。所以你不要鲁莽行事，否则只会坐实我的罪名。"这些话看似充满舍生取义的意味，但只有最后一句才是真话。这也点醒了冲动的朱诺：并无切实的证据证明波拿巴勾结罗伯斯庇尔，而他一旦越狱就会被认为是畏罪潜逃，等于认罪。

他给一位颇具影响力的外交官写信说："小罗伯斯庇尔惨死，我很难过，因为我相信他是正直的。但假如他也想做个暴君，那么就算他是我的父亲，我也会大义灭亲。"古罗马的风格！在给国民公会的申辩书里，他的表现更加老练："我无辜蒙冤，但我毫无怨言，不论公会如何裁决……但请听听我的心声！请打开我这个爱国者的枷锁，还我自由与尊严！我随时可以舍生取义。我并不贪生惜命，战场上我经常出生入死，只是我心存报国之志，所以才忍辱负重，留着有用之躯。"

一个星期后，波拿巴重获自由。是萨利切蒂诬陷了他！当萨利切蒂觉得风声过去时，又把波拿巴担保出狱。在担保书中，这个狡猾的科西嘉人无意中作出了预言："军队正需要这个人。"

十二、赋闲岁月

波拿巴为朋友们所疏远，他给那些有地位的友人们写信，却总是得不到回音。因此他不得不要点手段，例如他曾向一位有权力的朋友索要一台军用高级测量器，目的就是得到对方的回复。

科西嘉传来了最新消息，保利正在寻求英国的援助。这是唆使法国出兵科西嘉的好借口。应该到巴黎去将这一矛盾激化！而巴黎方面已决定出兵。波拿巴惶恐地请缨挂帅，但迟了一步，半个月后法军即败回土伦。波拿巴颇感失落，心想，要是能让他领军就不会是这样了，毕竟他曾攻占土伦并主持那里的海防，还考虑过控制科西嘉的方略。

然而政敌犹在，波拿巴依然受到排挤。波拿巴被贬到旺代任职，以使其脱离亲信部属。而且他作为一个军校毕业的炮兵军官竟被调入步兵部队，这名为调职，实为降级。波拿巴阴沉得面无血色。不能这般逆来顺受！他向主管军事的官员申诉，而对方给出的理由竟是他年纪尚轻！他直视对方说道："我有实战经验，而那会让人飞速成长！"他默然抗命，等待时局转变，一如三年前那般。

以什么借口来推脱呢？这让失业的波拿巴费了些心思。但不管怎样，他还是决定留在巴黎这座国际都市。马尔蒙和朱诺也来陪伴，但他们几人都没有钱，闲聊着各种话题：那位做生意的朋友布里昂现在在搞投机，这倒不妨尝试一下，但纸币在迅速贬值……波拿巴上次在科西嘉的夺权冒险真是胆大包天，没有大炮也敢搞政变……萨利切蒂也被控以重罪，那家伙躲到一个科西嘉女人那去了……波拿巴给萨利切蒂写了一封信："你该清楚，我是有理由报复你的，因为你曾诬陷我。但我并没报复你，你该好好反省一下，多想想祖国的命运。我不会宣扬你的所作所为，你该珍惜我的宽容。"这些高尚宽仁的言辞背后隐藏着什么居心呢？也许波拿巴的生活真是无聊至极，才会有精力进行这样的表演。

在这一年沉闷的夏天里，波拿巴迷上了诗人奥西昂那阴郁中不乏激情的作品，尤其是那些悲剧的结局更是符合他此时的心境。但他从来不看在剧后加演的破坏气氛的滑稽戏，也讨厌将悲剧安个喜剧结尾。有人问他："你认为什么才是幸福？"波拿巴给出的回答是："幸福，就是物尽其用，人尽其才。"

然而此时的波拿巴空有不世之才却无处施展，这对他来说就是一种折磨。他的心情变得越来越差。一位友人之妻曾回忆道，别人看喜剧时都在笑，而波拿巴却面色冰冷地坐着，时而离座而去，再出现时已在大厅的另一端，依旧面色阴沉。有时他也会笑一下，但却不是时候。不过他在说到战场趣事时却会绘声绘色，还会笑得很狂野。他在人前的形象经常是：矮小瘦弱，心情烦躁，衣着不得体，又脏又旧，在街上游荡。

波拿巴也尝试卖书赚钱，但第一次就赔了。有时他会参加达官贵人的聚会，有他给约瑟夫的信为证："人们都在休闲享乐。各种场合都有女人的身影，最美的女人属于学者。这是她们的世界，因为她们征服了男人。"督政官巴拉斯奢侈腐化，还很好色，备受巴黎人的非议。波拿巴也参加过他家的聚会，那简直就是一个美人窝！波拿巴吸引人的优势只有他的睿智，但他的外形与情绪仍然与聚会的气氛很不协调。

拿破仑给兄弟们写了很多信以排解孤独。在信中，他认为二弟路易是个合格的士兵，健康阳光，具备仁、智、信等各种优秀的品格。拿破仑预言路易会成为他的四个兄弟中最棒的一个，而且他受的教育比其他几位都要好。路易的教育一直由拿破仑负责，现在拿破仑想将他的幼弟热罗姆也接过来。而他的大弟吕西安却并不甘心居于他之下，他同样是个天才，与拿破仑一样看人非常准，包括看透拿破仑。吕西安在给长兄约瑟夫的信中说道："拿波里奥尼的心里藏着一种欲望，这将使他成为一个乱世枭雄，甚至暴君。至少，他的名字将令后世为之胆寒。"吕西安的预言并不离谱。在当今这个乱世，拿破仑一朝称雄也并非不可能，对此，吕西安总是心有不甘。

拿破仑却是萎靡不振，连约瑟夫的生活都令他颇为羡慕。他为大哥提供力所能及的帮助和建议，但也会有批评之语——比如约瑟夫的文笔。拿破仑很想如约瑟夫一样，成家安居。他拜托约瑟夫帮他娶到"财"貌双全的德西蕾。她与他互通情书很长时间了，但德西蕾仍然没有作出嫁给他的决定，这让拿破仑急不可耐。他身边的亲友们，有的事业有成，有的家庭幸福，只有他，事业爱情皆无所成，空有满腔的壮志与雄才，焉能不急！寂寞的波拿巴此时特别依恋亲情，情绪敏感而善变，甚至发出过"人生如梦"的感慨。

十三、柳暗花明

转机突现，柳暗花明。新的军事部长新官上任三把火，首先就想要改善意大利前线的战况。"有没有意大利前线指挥官的合适人选？"很快，部长的问题有了回音，波拿巴被提名。这位候选者被召到军事部。这下，波拿巴多年来的知识储备有了用武之地：他关注意大利的陆海边境，知晓阿尔卑斯山的各处险要，甚至了解这一地区的气候、地理、农政民风等方方面面。他已成竹在胸，当场就向部长提出了自己的作战计划：首先发兵意大利北部，攻占伦巴底，然后务必在2月至7月间拿下奥地利控制下的曼图亚，随后挥军北上，与莱茵河畔的友军合兵进抵维也纳，逼降奥地利，从而实现法兰西的夙愿。

部长听完这一天才的构想后被深深震撼了，平静了一会儿才说：

"将军，你的作战计划既精妙又新奇，我们必须仔细研究再作决定。请你再提交一份书面报告，不必太着急，好好写。"波拿巴答道："我头脑里的计划已经成形，很快就能写出来。"波拿巴的报告被提交给公安委员会。委员们评价道："真是绝妙的计划！尽管现在我们无力实现。"于是，波拿巴因其才华被建议留在参谋部门。数天后，他进入了军事部参谋本部，那是决定各种战争事务的机构。

这是重要的转折，从此，波拿巴踏上了通向成功之路。在这沸腾的年代，世事难料，就像这一次，机遇突然降临。从这一天起，不满26岁的波拿巴以其伟大的思想和行动开始了长达20年的漫长征程。波拿巴投入了火热的新工作。为了伟大的目标，他丝毫不敢松懈。他进入了一个圈子，能够看到国家最高级军事机密，也能接触到最高层的军政要人。他的权势在提升，他也成为了有一定影响力的人物。

波拿巴想要的究竟是什么呢？是旺代或者莱茵部队的军权吗？都不是，这些都不难得到。他想要的权力在现实中还不存在，但他准备亲自开创出来，甚至17年后仍然在坚持——那就是亚洲战场的指挥权。所以刚一履职，他就强烈建议调动土耳其为己所用，将先进的炮兵和现代技术传输到博斯普鲁斯海峡那边的帝国，以便让土耳其牵制俄国和奥地利。如果到了土耳其，就可以远离国内那些讨厌的反对者了。在专制的土耳其帝国，他可以不受任何自由思想的牵绊而随意施展自己的能力。于是，在进入军事部才13天的时候，他就请求调往土耳其。

但他的申请被拒绝。他的能力让对手们感到地位受到威胁，于是受到了排挤，被调至前线任职。这时的波拿巴用一种全新的口气表达了抗议："波拿巴将军受命于危难之际，统领炮兵部队屡建奇功。切望委员会秉持正义，复其职位，以免无耻之徒窃居高位。彼等小人惧险怕死，隔岸观火，如今却跳将出来妄图坐收渔利。"通篇的第三人称，史诗一般的风格，就像是罗马式的英雄。

抗议无效。波拿巴不得不接受又一次被开除的事实。但他预感到下一次机会的到来不会太久，于是他暂且蛰伏待机而动。他在给约瑟夫的信中透露：政权更迭近在眼前。而他与各派别的关系都很友好，不论将来谁掌权情况都不会太糟。他对未来非常乐观，即使未来不那么令人乐观，他也会面对现实。"勇者傲视前路。"

波拿巴傲视前路，则前路被他踩在脚下。就在他作出乐观预测的两个星期后，现政府与保王派摊牌了，街道成为决斗的战场，一如三年前的情形。国民自卫军的兵力4倍于政府军，这促使国民公会的将军选择和谈之路，而他因这一举动而被骂为叛国贼并被逮捕。没有军队的庇护，国民公会陷入一片混乱，惊惧不定的左右两派决定携手合作，共渡难关。

当晚，国民公会要表决继任将军的人选，波拿巴匆匆赶来。还没进入会场，他就听到下面正在提名候选人，连续几个名字都不是他，这令他渐渐紧张起来。会有人提名他吗？如果有，该不该接受呢？他曾拒绝执掌罗伯斯庇尔的卫队，可现在他该统领政府军与人民对立吗？在这个职位上的人越是尽职，民怨越深。"任命波拿巴！"是他的名字！波拿巴沉思许久：这一职务虽不光彩但却有实权。接受任命！时过午夜，留给他的时间不多了，天一亮国民自卫军就可能发动攻势。

形势危急，波拿巴请求不受政界的监督，这在革命时期是有违常规的。"既然选择了我就该用人不疑，我必须有权临机独断。前任将军就是前车之鉴，你们还敢奢望民选的委员会准许我们镇压民众？"波拿巴只愿和势力最大且与他交好的巴拉斯共享指挥权。没时间改主意了！波拿巴被赋予捍卫政府的重任。7年来的历次民众暴动，政府方面都是仓促应对，所以才有一次又一次革命的胜利。而这次的对手是第一个存心动武的人。波拿巴在国民公会构筑工事，给慌乱的委员们分发武器，而他要动用大炮的决定则使委员们更添惊惧。

缪拉，一位青年骑兵军官，受命抢运郊区的40门大炮来此，而这项任务正是他平步青云的起点。国民自卫军一方也在寻找大炮，如果不能抢先一步运回大炮，波拿巴就无以为战。这几个小时真可谓生死竞速，而波拿巴还要故作镇静地指挥那一点点兵力分头据守。5点钟，传来了大炮行进时发出的轰鸣声，老朋友来啦！多亏派去的是速度快的骑兵。没时间耽搁了，两小时之内全部大炮必须架设完毕。

夜色中，大批武装的民兵渐渐逼近杜伊勒利宫。而宫里的委员们惊恐不已，闹哄哄地表达新的意见，纷纷要求罢兵和谈。天亮后一切看得更加清楚，民兵的阵势让那些文官吓破了胆，甚至有些士兵也开始动摇。到了下午，有部分士兵也主张求和。傍晚，波拿巴必须作出决定——再不开战，就再也没机会开战了。他该纵容暴民吗？他曾嘲笑国王的软弱，可他现在一切准备就绪，难道也会软弱得不敢应战吗？

开火的命令也许直接来自波拿巴，也许是经巴拉斯之口下达，尽管波拿巴后来多次赌咒发誓推卸责任。无论如何，战端已开，枪炮骤起，血染街路，民兵溃散。两个小时过去，街道重归宁静，这都是大炮的功劳。波拿巴给大哥写信告捷："这一切终于过去了。我首先想到的就是通知你。我们在杜伊勒利宫枕戈待旦。敌军进攻，我们还击，毙敌甚众。我军以伤60人亡30人的代价将敌方缴械，我依然毫发无损。准将波拿巴。附：好运永远伴随我。代我向德西蕾和朱莉问好。"

这就是波拿巴的首份捷报：在巴黎，打法国人，对手是暴民，伤亡情况为敌方多我方少。只有这份捷报的落款中带有军衔，这纯是为了更好地炫耀。信的附言部分透露了他心里最在意的两样：运气和女人。他自己也承认："我既是理智之人，也是性情中人。我是二者的复合体。"

十四、恋爱结婚

波拿巴将军及其部属们被国民公会的掌声淹没了，但他毫不在意。不论何时，他都不会重视这些虚荣。他冷眼注视着大厅里的人们，暗想：这就是国家的领导者？当时他们被炮声吓得战栗不已！等着吧，还有你们战栗的时候。我是你们的庇护者，我会尽职尽责地做好，直到所有人都俯首称臣！波拿巴众望所归地被任命为内防军司令，帐下云集了大批追随者——曾受排挤的军官，害怕政敌的文官，总之都是看好波拿巴前途的人。而他却被民众恨得咬牙切齿，因为他杀害了包括妇女在内的几百名普通市民。但他毫不在意，他并不奢求民众的拥戴。

他陡然间得到了富贵，仆从车马样样不缺，但都被他给了家人，他自己别无所求。母亲又过上了富裕的生活，大哥一人独得几个职位，两个弟弟也都得到了好职位，甚至远房亲戚都沾了光。只不过他写给家里的信越来越少，升官后的第一封家信就变了语气："我会尽己所能，让你们幸福。"他已经以一家之主自居。

就在这个时期，官场得意的波拿巴坠入了爱河，他这一生只此一次。

是德西蕾？那已成往事。就在几周前，他还催约瑟夫帮他说服德西蕾同意下嫁，他太想有自己的家了。可现在，他的书信中提到富家美女的文字渐渐增多。他越来越有女人缘，心情也越来越好。他结交了几个貌美迷人的少妇，并先后向其中的两位表达爱意：一位是他母亲的朋友，科西嘉贵族出身；另一位是作家谢尼埃的情妇，漂亮的交际花。但这两个人都拒绝了他，不过这两位风流艳妇带给他的美妙感觉却唤醒了他沉睡多年的心。此前，他的生活中少有异性，可是他却亲吻过这两位年长于他的少妇，"一位在双唇，一位在脸颊。"

波拿巴刚一就任内防军司令，就下令查禁民间私藏武器。一天，他的办公室里来了一个大方可爱的十二岁男孩，请求归还他父亲的遗物——一把剑。波拿巴同意了。不久，那男孩的母亲约瑟芬来道谢。好一个美少妇！活泼、优雅、迷人，这般成熟应该已过三十岁，但却找不出更多年龄的证据。这个女人如此美丽，更确切地说，是勾人心魄！窈窕的身材，宽松的衣服，典雅的气质，棕色的肌肤，透出一股异国风情，因为她是克里奥尔人。残酷的岁月迫使她善用自己的最好的武器——她的美貌与风情。

波拿巴造访了她郊外的小屋。贫苦出身的波拿巴一眼就从室内陈设看出她极力掩饰的秘密——她的贫寒，但他才不在乎。年少得志的波拿巴将军有钱、爱钱，但并不喜欢有钱人。他注重的是本质的东西。对于女人，这些本质的东西就是：外貌、性格和风情。

约瑟芬正是一个风情万种的少妇，她将她的女性魅力发挥到了极致，是苦难的现实把她变成这样的。她与丈夫博阿尔内子爵曾长年两地分居，后来在巴黎得以团聚。大革命爆发，她的丈夫作为保王分子而遭处决。她失去了丈夫，也失去美洲家里的一切，还遭受了可怕的牢狱之灾。3个月后，罗伯斯庇尔一派倒台，她才重获自由，那正是波拿巴入狱之日。她已窘困至极，虽有友人的接济，但她和两个可爱的孩子奥坦丝和欧仁一直过着穷苦的生活。

她需要征服男人以安享荣华，或许她的本性中就有风骚和欲望。总之，她似乎命中注定是个风流红颜。她的现任情人是巴拉斯，因为她的闺中丽友塔丽昂夫人移情于一位银行家，所以才将巴拉斯转让给她。不过，塔丽昂夫人并未完全放弃，而是与约瑟芬共享巴拉斯。她们可以享受特权，比如公安委员会的车马。出身高贵的约瑟芬在交际圈八面玲珑，只要她组织聚会，各个政治派别的人都会来捧场，只是那些侯爵伯爵们都不带夫人。在这革命时代，约瑟芬在进行疯狂的投机冒险。

波拿巴也不比约瑟芬强多少。假如再有一次政变，他现在的地位又将失去。假如上一次对阵国民自卫军时，缪拉没能抢到大炮，波拿巴恐怕已经死了。他和约瑟芬是半斤八两，都在险中求富贵。

这个没怎么接触男女情事的男子应该更好控制吧？波拿巴这个感情上的嫩手遇到了约瑟芬这位风流场上的老将，他拥有了自己第一个女人。正如布里埃纳军校的老师的评价：这个岩石般的躯体里隐藏着一座火山。现在他内心的火山真的爆发了，正是为了这个克里奥耳女人。约瑟芬简直不敢相信这样的好事是真的，因此一时没敢答应波拿巴的求婚。

她在给塔丽昂夫人的信中说道："波拿巴将军，您在我这里见过，他想要做我的丈夫，做我孩子们的父亲。我必须承认，我钦佩他勇敢的气概和渊博的学识，但我也害怕他那种想要征服一切的狂热。他有一种难以言表的独特气质，连督政们也深有同感。他那火热的激情熔化了我的心，我也有几次险些应允了他的求婚，但是这种激情我觉得靠不住。美好的青春已经逝去，恋爱的激情能保持长久吗？"聪明的约瑟芬也感到一种莫名的困惑，也许是对波拿巴那强大的控制欲感到不安：他要么毫无所求，一旦有所追求，不达目的誓不罢休。他从未被征服，因为他一直都是征服者。这样的人如果付出了真情，他会将全部身心投入到对方身上。

"我想见到你，我的心里全是你。我看着你的画像，想着那个醉人的良宵，汹涌的感情不能自已。甜心宝贝约瑟芬，你要把我的心折磨成什么样子啊？你生我的气了吗？你感到悲伤？或者是害怕？可是，你的双唇带火，轻轻一吻就会烧遍我的心胸，我该怎么才能平静！画像再美也不能替代真人。快来吧，你中午出发，三个小时后我们就能见面。到时见，亲爱的，吻你千万遍！但你不要吻我，否则会点燃我的血液！"

除此之外，波拿巴的信中也会透露一些他的计划："那些督政还以为我会依靠他们的庇护，等着瞧，他们终将会寻求我的保护。我会用武力实现志愿！"约瑟芬在与别人的一封信中表达了疑虑："您是怎么看他的自负呢？这极度的自信不正是来自于极度的个人主义吗？他竟然声称要保护政府！我没有主意，也许这个极度自负的人真的会实现他的目标。"

波拿巴紧闭的心门开了一个孔，从中可以看到他内心的炽烈。但他又何必娶这位他已得到的女人呢？是出于占有欲？他没那么笨。是出于利益的考量？约瑟芬既没钱也没权，只有贵族血统。这桩婚姻既可以抬高他的身份，也可以让人觉得他不再仅仅是一个科西嘉人而已。正因为科西嘉人那源自意大利的家庭观念，他才会看重贵族血统。这个极度自我主义的人，也必定极为重视自我的传承。这世上之事，唯有生育后代他不能独立完成。他认为他的后人必须具有优良的血统。他自认为出身贵族，而他是不会与平民血统结合的。他已完全拥有约瑟芬，之所以要付诸婚姻，就是为了她的贵族血统。而像约瑟芬这种人之所以能在交际圈里广受欢迎，既是由于她的魅力，也是因为她出身贵族。而巴拉斯为了能掌控政局而极力拉拢波拿巴，所以也愿意成全他的这个放荡情妇与波拿巴准将的好事。

巴拉斯想让波拿巴到意大利战场上独当一面，而且也向约瑟芬透露了他对波拿巴的重用。这个危险的家伙最好远赴前线。他将波拿巴初入军事部时作的天才计划递送尼斯驻军，很快就被退回，还带着尼斯驻军指挥官的批语：这个疯狂的计划是谁制定的，就让谁来执行吧！这正合当局之意，他们顺理成章地派"疯子"波拿巴接任尼斯驻军司令。

如今，波拿巴的前途一片大好，精明的约瑟芬也不再迟疑。一位友人证明了约瑟芬的出生地——西印度群岛，而那里已被封锁，无法取回出生证。那么只能相信约瑟芬自报的年龄——只有 28 岁。而波拿巴则多报了岁数，这样，他们显得很般配。这桩婚姻开始于谎言。他们还签订了财产独立协议，约瑟芬只有一些债务，波拿巴只有一些衣服。婚礼呢？免了。他送给她一枚戒指，上面刻的是"命运"。

　　两天后，波拿巴离开巴黎去赴任。沿途休息 11 次，他就写了 11 封火热的情书。到达尼斯后，他正式履职，这次将会超出欧洲的范围。

　　仲春时节，海涛澎湃，他登上高塔远眺敌方海岸，想道：我终于找到了我功业的起点！背后是巴黎和她，这是我已拥有的幸福；而前方则是敌人的土地，是我将要创造荣誉的地方！

　　转身时，他看到了海平线上一抹熟悉的山形岛影，但他已不在意。那是他失落的故乡——科西嘉。

第二章　溪

　　只有富于青春朝气且锐意进取的智者才能拥有这般伟大的创意，而集这些优点于一身的波拿巴正是自古以来最能创造历史的杰出人物之一。

——歌德

一、扬威意大利

阿尔卑斯山脉雪峰映日，蔑视着脚下的法兰西士兵。乱峰如牙，直插苍天，这道天险的不可逾越就是一道无声命令，让法军的新统帅波拿巴无法率部前行。天险这边是他的国家，而那边则是他先辈的祖国。

波拿巴不是有勇无谋之辈，他早就苦思跨越这道天险之法，终于有了主意：他要绕山而行，而不是像汉尼拔当年那样翻山越岭。对付自然，也要攻其弱点：亚平宁山脉与阿尔卑斯山脉之间有一条隐蔽的山谷可以过山，这样就不必苦等盛夏天暖。事不宜迟，天越冷雪崩的可能性越小，兵贵神速！

迟则有变，但威胁并非来自敌军。恰恰相反，他们在军营里安睡呢。伦巴底以东驻有奥地利军队，以西则是撒丁军队，此外还有很多小国军队。在天暖雪化以前，他们不会有丝毫戒备。但是法军给养匮乏，后方经济崩溃，只能拨付一些急剧贬值的纸币，还要经过后勤部门的克扣。波拿巴履职前，一位将军的家信中透露："这里饿死和病死的人不计其数，其真相将令全国为之震惊。"士兵们对新统帅的最大期望就是粮饷，而波拿巴又能带来些什么呢？

"勇士们！你们在忍饥受冻，而政府却无力解决你们的问题。你们的宽容和坚守值得敬佩，但这既不能带来荣誉，也不能带来温饱。我将带你们前往世上最富饶和繁华的平原，在那里我们将得到光荣与财富。士兵们，你们有没有勇气和决心？"

这是他首次阅兵时的讲话，而回应者寥寥。解散后有人在营帐里私下议论道："他看起来体质很弱，眼睛黄黄的。'最富饶和繁华的平原'？净挑好听的说。总得有双靴子才能走到那里啊！"一切正如当年摩西向以色列人讲起上帝应许之地时的状况，这位新统帅得到的反馈只有抵触。

这支军队已在此驻防三年之久，四分之一伤病住院，还有四分之一或逃或亡或被俘。而军官们就能理解这位怪异的上司吗？他的头发前短后长，衣着毫无装饰，有时写写算算，有时徘徊思考，但他一旦张口就暴露了他糟糕的法语。除了他的几个亲信随从，别的人并不怎么友好。他的一位亲信部属说道："他或者被当作数学家，或者被当作幻想家。"难道他就不能兼具二者之长吗？

波拿巴给人的印象首先是精于计算。无论是与敌人作战还是向上级报告，他都激情满怀而且都很成功："你们的要求高得超出了现实，宏大的理想只有稳扎稳打才能成功。一招不慎则满盘皆输，成败取决于细节。"但他对伟大的军事家卡尔诺却可以直言心声："您可能难以置信：我这里没有工兵军官，没人打过攻坚战，也没有炮兵！您无法想象我的愤怒！"的确，他只有 24 门山炮，4000 匹瘦马，30 万枚银法郎，3 万人一个月的半额军粮。他奉命以这样的军备去攻占意大利。

但他既已受命便须尽己所能，善用现有的每一点资源。这支糟糕的军队人心涣散，甚至有人又唱起了国王颂歌。但是经过波拿巴坚定而严厉的整顿，它终于被改造成共和国之师。

以他到任第三天的命令记录为例：派 110 人修路；平定某旅叛乱；安置两个炮兵师；就偷马事件作出指示；回复下属关于指挥权的问题；调土伦的一支军队去尼斯；下令集合昂蒂布的国民自卫军；命人到发生叛乱的旅选拔人才；给参谋本部写作战计划；用当天口令巡视部队。在开始的 20 天里，他单是针对给养问题就下达了 123 条命令，内容多为申斥克扣粮饷等贪腐行为。在此期间，他们在进军过程中变换过 12 次指挥所，打了 6 次仗。

波拿巴将作战原则调整为：集中全力，各个击破。刚一突破狭隘的关口，他就发动了两场战斗，切断了敌军之间的联系。其实法军更适应这样的遭遇战，但在防守不严的漫长战线上进行大规模作战却不是他们的长项——这种情况下要求指挥官胆大心细反应快，根本来不及从长计议。

他在山谷里冒着两军的炮火策马飞进。突然，他上衣口袋里那枚被他一吻再吻的约瑟芬小像章的玻璃盖碎掉了。对此，他的表现像个迷信的庸人一样——脸色变白，勒住坐骑，对布里昂说："玻璃碎掉了，我妻子不是身体有恙就是红杏出墙。继续前进吧。"

他对士兵们许下的宏愿能否实现将决定他能否得到部队的信任。在他动员演讲两周后，一路顺利挺进的部队来到了山区的最后一个小丘上，大家不禁欣喜若狂——因为他们终于走出崎岖的山谷，皮埃蒙特平原就在眼前：平坦无垠，河流蜿蜒，春暖花开，他们急需的补给这里都有。终于走出了冰天雪地！曾经，这道天险的另一边似乎是一个遥不可及的世界，如今却被奇迹般地征服了。

波拿巴通过虚张声势的战争威胁逼降了撒丁国王，令其献出一切物产，而其实波拿巴在两线作战的情况下根本无法对撒丁王国实施他所宣称的军事打击。但是士兵们为之折服：他果然说到做到！仅仅用了两周的时间！波拿巴得到了士兵们的拥护。

自此战伊始，波拿巴将军在签署文件时就将姓氏 Buonaparte 中的 u 去掉，从而淡化敌国意大利的色彩。不久之后，他还会再次改名。

二、成功的秘诀

波拿巴何以连番取胜？他的成功秘诀是什么？

健康的身体是首要的因素。他不惧行军奔波，他的睡眠很好可以及时恢复体力，他的肠胃吃什么都能消化，同时他还有着敏锐的观察力，能够明察秋毫。他才27岁，如此年轻就能担此大任，真的该归功于革命的平等观念打破了论资排辈的旧俗。而他的对手们呢？卡尔大公长着典型的哈布斯堡家族的鼻子，以他的出身，怎可能如波拿巴一般与士兵同甘共苦？奥军统帅博利厄已是72岁高龄，科利将军患有足疾，阿尔文齐已年过六旬，撒丁国王更是垂垂老矣！维尔姆泽谨慎过度，常常坐失战机，而波拿巴则信奉"兵贵神速"。

波拿巴身边的人也都非常年轻，年龄最大的贝尔蒂埃也不过42岁——他因熟悉意大利而被留任。此后他一直任波拿巴的参谋总长，为他忠心效力20年。性格如火的马塞纳曾经辗转漂泊，服役于波旁王朝军队14年，连个中士都没当上，但在波拿巴手下几周时间就升为将军。大话连篇的奥热罗曾当过多次逃兵，胆大包天，干过不法勾当。总之，这是些社会边缘的失败者，而他们的年轻首领波拿巴不拘一格地起用他们，给了他们通向王侯将相的阶梯。

波拿巴的原则是论功行赏。有个掷弹兵，三战之后即荣升为上校，后来还被继续提拔。而对那些留任的将军他却不加重视，认为那些没打过仗的人只适合坐在办公室里。但是战败者未必被罚："战事无常，明朝我们将会赢回今朝失去的一切。"但有个师因为表现很差而被他集合训斥，还要在其军旗上写上讽刺性的文字。知耻而后勇的士兵们纷纷请愿当先锋，就这样他的麾下多出近千名热血勇士。部队取胜后，波拿巴会以战友来称呼他们，这就是他的领军风格。

波拿巴的第二个成功秘诀就是：他所领导的是人民的武装力量，这也要归功于革命。敌军的雇佣兵耗资巨大且难以补充，因此不得不谨慎用兵。而且敌方联军的民族构成复杂，使用的语言多达6种，没有共同的思想纽带凝聚彼此。而法军背后则是有3000万人口的法兰西民族，一个在接下来20年里处于扩张势头的民族。

法军为何而战？为了将自由传播到全世界，为了使革命席卷全世界，仅此而已。但他们并不是主动输出革命，而是被迫保卫难得的自由成果。周边那些以正统自居的封建统治者已勾结起来，准备扼杀新生的法兰西共和国。他们打着保护波旁王朝的旗号，实则是为防止革命浪潮波及本国，所以入侵法国。因此，法国人民要捍卫自由就必须走出国境，主动出击，攻占敌国，这完全是正当的自卫。这正是波拿巴成功的第三个原因。当波拿巴不断征服伦巴底和意大利的土地时，他始终向当地人宣称，他是来将当地人民从哈布斯堡王朝和撒丁王朝的压迫下解放出来的。这些宣言极具吸引力，因为民众早就受够了压迫。而且，革命的思想早已超越国境，引发了渴求自由、盼望统一的人们的反抗浪潮。虽被压制着，但反叛之势却越积蓄越强大。这些人信任并欢迎法军的到来。看啊，法军的统帅是意大利后裔，他的名字和他的语言就是证明。他不是个法国的侵略者，而是个自由和平等的传播者。对，自由和平等，波拿巴的每一张信纸都在标榜这两个词语。如果被当作异族侵略者，当地民众将会何等对立！波拿巴当然清楚民心向背的力量，但也陷入了两难之中：他该如何管住饥贫已久的士兵，使他们严守纪律？

他的信中说道："抢掠在减少，部队已不像最初那么疯狂。这些人其情可悯，他们在边远山区苦熬三年，突然攻占了富庶繁华之地，难免行为不检。我将惩处他们的非人行径，我可不想做一群土匪的首领。我会尽快重肃军纪，意大利人将为我军的自律而折服。"

波拿巴敦促全军注重声誉："请发誓：保护被解放的民众！否则你们以勇气和鲜血换来的胜利和荣誉将付诸东流，毫无军纪的部队也会使我和将领们蒙羞！"尽管如此，仍然有人会违犯军纪，他一直都要劳神于惩治抢劫者，不论所抢为何物。

暴乱和反扑时有发生，波拿巴会无情地镇压任何反抗者。但是这类事件日趋减少，因为城里的进步人士能够引导市民接受新秩序。波拿巴还有一个制胜法宝——他善于利用意大利人的名人名言和历史典故去唤起民众的认同："意大利各族人民：法兰西军队是来帮你们争取自由的，我们是你们可信赖的朋友！你们的财产与信仰都将得到保护和尊重！"然后，他从古希腊讲到古罗马。历史塑造了他的思想，在他创造历史的同时，历史也赐予他灵感。他可以随时运用自少年时代起学到的历史知识，因为他深刻了解被推翻的旧统治是什么样子，所以他能在各地都建立起全新的管理模式。他在心中追慕着先贤并要赶超那些不朽的榜样，他会用长远的眼光看待如今的一切，并且他会将这种思想扩展至全军全国乃至全欧洲。开始时，他只是打赢了几场遭遇战而已，但在他的笔下却被演义成重大战役，这都是文字之功。他努力使士兵们与被解放的民众相信，他们是为了自己的利益、凭自己的力量做到这一切的。

在米兰他曾发表演说："勇士们，你们如湍急之溪，自亚平宁山中奔涌而下。米兰已被解放。我们要与各民族成为朋友，尤其是布鲁图、西庇阿等伟人的后代。我们要重建古罗马的朱庇特神殿，为英雄塑像，唤醒被压迫了几百年的罗马人。你们的这一荣誉将为后世所景仰，你们使这个美好的国度重焕生机！当你们荣归故里，会有人指着你们说：'看啊，那就是解放意大利的英雄！'"

何曾有过哪位将军会向士兵、伙伴甚至敌方民众发布这般感人的演说？波拿巴懂得唤起人们思想上的认同，而非简单地强制服从。在阿科拉，他向士兵动员道："你们是懦夫，还是洛迪之战的得胜之师？证明给我看！"之后，阿科拉的胜绩又成了他鼓舞军心的材料。他的每一份报告都经过完美的修饰。虽然他所言不虚，但巧妙的修饰使其影响倍增。笔与剑相得益彰，波拿巴的文采为其军功添色增辉。

三、开始书写历史

"你们与撒丁之和约已知悉。批准。"

这句话让督政官们胆颤心惊，甚至盖过了纷至而来的捷报带来的欢乐。何曾有过为将者敢以如此口吻与政府对话？波拿巴的政敌们叫嚷道："仅凭此信，波拿巴就该被处决！"但是，他攻城略地的赫赫战功使他名高望重，不容撼动。这之前不久，他曾自作主张与撒丁协议停战，首次展示了外交手腕。当对方代表犹疑不决时，他看着表，定下了发动进攻的时刻，敦促对方速作决定，"我虽不确保必胜，但更不想因为自大而浪费时机。"协议通过，国王退位。接下来，他的谈判对手是各位大公，还有托斯卡纳。也许他会直接与教皇谈判，怎么才能驾驭这个野心家呢？

督政官们有了主意。他们派克勒曼与他共享军权，派萨利切蒂掌管政务。波拿巴在洛迪之战的次日接到了这一命令。

洛迪之战是他第一个真正意义上获胜的战役。他大张旗鼓地勇猛进击，攻占了阿达河桥，击溃了奥地利守军。虽然后来他取得了许多更为辉煌的胜利，但要论对他心理的影响，这个胜仗无疑是最重要的。这次战斗锁定了此阶段战争的胜局，他斩获极大，但代价却很小——激战1小时，他就得到了大片领土。当夜，他头脑中的宏图大志渐渐清晰。他首次谈论他的愿景，诉说对象是马尔蒙："我觉得，上天将降下前所未有的伟业于我。"之后他又曾回忆道："直到洛迪之战那天，我才意识到自己的不凡，坚定了我的壮志雄心，而不再只是有一些虚幻的想法。"正当此刻，巴黎的命令到达。波拿巴的雄心已膨胀到欧洲之外，如今却要被克勒曼分权？他徘徊沉思，口述了回复："若你们派人掣肘，则无望再传捷报。用人不疑，疑人莫用，即使将我调至其他职位，我也会无怨无悔地以实绩赢得尊重。行事风格人人不同。克勒曼将军很优秀，但我俩一起指挥只会坏事。只有被充分信任，我才能安心报国。我写这份报告有可能被指为狂傲不羁、野心勃勃，但我必须说实话：我无法与一个目空一切的人合作，两强不同心，还不如一个弱者。正如执政，重在团队和谐。"

显然波拿巴将军坚决反对分权。如果巴黎当局坚持下去，难保他不会铤而走险，挟胜利之威倒戈推翻政府。还是让步吧，督政官们无奈地决定。波拿巴首次战胜政府，无声无息。从此，他可以独裁军务。但在后勤支持方面，他还要以属下的口气好好商量才行。除此之外，他俨然就是个乾纲独断的王者，这使得他异常向往东方的苏丹。

经过一个难眠之夜，迎来了米兰的入城仪式，完全是古罗马式的：俘虏在前——只是不戴铁链，五百骑兵在后。令米兰人震惊的是，这次他们没看到华丽的军装，而是一支破衣弱马的疲惫之师，连它的统帅及其亲兵都显得瘦小枯干，阳光下的这一切显得多么不协调！大主教带领公爵伯爵们出城相迎，波拿巴下马，但没有靠近迎候的人群，只是礼貌性地作出倾听的样子。众人都在等着看他如何回应。稍过了一会儿，他才开口说了一句"法兰西对伦巴底人民心怀友好"，然后上马，还礼，继续前行。在场之人对此印象深刻，没有欢欣，唯有惊异——因为这位征服者毫无傲慢，唯有令人折服的坚定意志。他从无类似经历，假如这都是他预先设计好的表演，那只能说明他是个洞察人心、深谙统治之道的天才。但他自己却不以为意。之后的环节轻松一些，人们开始欢呼：统帅身后的近千名士兵进城了。这些人形容疲惫，队列无序，军服破旧，甚至还不如那些俘虏。

波拿巴唯一的特权享受，就是在大主教的宫中休息沐浴。他的这一爱好越来越甚——时间越来越久，水越来越热，终其一生没有改变，唯有这样他才能放松下来。招待晚宴上，波拿巴致辞道："你们将拥有自由，像法国人一样。米兰，将成为拥有 500 万人口的新共和国的首都。你们将会得到 500 门大炮，带着法国人的情谊。你们中的 50 人将被选出，为法兰西治理这个国家。请接受法兰西的法律，当然，可以酌情修改……智慧和团结将会让我们无往不利。假若哈布斯堡再来侵犯伦巴底，我发誓将与你们并肩作战，同生共死！"自普鲁塔克笔下的英雄们以后，何曾有人如此讲话。波拿巴此次讲话包含了此后 20 年他影响欧洲的主要思想内容。一切简单明了，令人毫无疑惧：你们是附庸，但享有自由的权利；我是宗主，但我有保护你们的义务。500 门大炮，法兰西友好。好的，就是这样了。

时值 5 月，夜色中繁华的米兰城烟花烂漫，歌舞升平。年轻的准将站在下榻的塞贝洛尼宫的窗口。胜利的晚宴，威风的入城仪式，人生的第一个辉煌时刻就这样过去了。他在想什么？过去，还是未来？

他问马尔蒙："你说，巴黎人会怎样看待我们？"马尔蒙给出了常人的答案。波拿巴看着他继续说道："可惜，巴黎没看到！未来我们会创下更辉煌的业绩。幸运女神对我恩宠有加，是因为我珍惜她的每一点恩惠。她给得越多，我要得越多。数日后我们将进抵阿迪杰河，到时意大利就在眼前。也许征服意大利后我们还会继续远征。当今时代还无人建立不朽伟业，就从我开始吧。"

四、单方面的真情

塞贝洛尼宫里，波拿巴躺在一张舒适的大床上，但这大床对一个人来说太宽了。约瑟芬在哪儿？没有她，种种辉煌荣耀又有什么意义？她怎么不来？病了？该不会是有了外遇？他不禁胡思乱想，睡不着觉。

这位青年将领深受敬重，包括那些老资格的将军。但他闲暇时总爱展示约瑟芬的画像，这使别人对他的敬重大打折扣。他几乎每天都写情书："你就快到来了，是吗？你必须在我的怀里陪伴我！快来，快飞过来啊！"他知道约瑟芬风流成性，随时都可能献身于新的追求者。那么现在她是被何事缠身不能前来？他希望她能快来与他共享这帝王般的奢华，感受她的娇嗔。但纵使精明如波拿巴者也未曾料到，正是他在战场上的春风得意，使他在情场上难偿心愿。约瑟芬多年来苟且求存，如今一朝得志：她的丈夫是各界敬仰的统帅，她可以名正言顺地显示她的风采。难道她嫁给这位矮个准将真的是因为爱他吗？胜利的旗帜来到巴黎，她随之一起穿街过市，享受人们的欢呼和敬意。这样多好，她才不要远赴异国去与兵卒为伍。她很少理他，而他的情书却越来越火热。他在一封信中说："你是否另有新欢？小心奥赛罗的拳头！"她看后笑了，对塔丽昂夫人说："这个波拿巴呀，真是古怪！"

有一次，波拿巴在处理公务时给卡尔诺的信中说："我太太不肯来，我毫无办法，她一定是另有新欢了。我恨女人！"意外的是，约瑟芬竟然回信了。军旅艰险已不能再作理由，所以她的新借口是：怀孕。

波拿巴喜出望外，难道是所有神灵共同降福于他？事业成功之后，这是他最大的愿望。他未来的人生之路将会一峰更比一峰高——这是信念，也是志愿——如此他就更需要后继有人。只不过现在战役还未确保胜利，危险犹存。

这是真的吗？我将有自己的孩子？波拿巴激动难抑，直接在公务信纸上飞笔狂写，字迹潦草难认："我错怪你了，你身体有恙而我还怪你！对你的爱彻底赶跑了理智，原谅我！一切朦胧不明，令我惦念不已，焦虑难安。快给我写信，唯此才能给我以抚慰。你爱着我，有孕在身，而我却看不到你的情形。谁在陪着你？是奥坦丝吗？这个可爱的姑娘在照料你，我就更加喜欢她了。我们就要有一个像你一样迷人的小宝贝啦！我真想陪着你，哪怕一天也好！要是让我知道你身边有情人，我会将他撕为碎片！"

谁能帮助约瑟芬呢？友情靠不住，只有血缘关系可以信赖。当天，他又给约瑟夫写了一封信："我妻子病了，我很无助，不知怎么办才好，我深受忧虑之苦。求你给我回信。我们自幼亲密无间，请你替我照顾她一下。换作是你遇到这样的困难，我也会帮你。你知道我的爱有多么狂热，前所未有，她是第一个。我为她担心得快疯掉了！等到她的身体状况允许长途旅行，就让她来，我要拥抱她！我爱她，没她不行，没有她的爱生无可恋！别让信差久等，让他快点带来回信给我！"

同一天他还口述了以下指令：命贝尔蒂埃进占亚历山德里亚；给督政官们打报告索取给养；就士兵被杀一事发最后通牒给热那亚元老院，并给去往那里的缪拉开具介绍信；筹划出售里维埃拉的大炮；命马塞纳从威尼斯采购军火；命拉纳停止进军；将可疑分子转押至托尔托纳；将一个大队调往土伦；知会克勒曼，钱和援兵已经上路。

约瑟夫劝说约瑟芬同赴米兰，而她已没有推辞的理由，只好无奈地打点行装。在卢森堡宫的饯行宴上，她难忍泪水，但终究还是上路了。不过，旅途并不是很差：虽然约瑟夫可能对自己有看法，但朱诺这小伙子不错，小狗"幸运儿"一如既往地逗人，还有那个相识不久的伊波利特·夏尔，他一直伴随左右。他是为了仕途，还是为了她？伊波利特，真是个好名字。他一身轻骑兵军服，好帅啊，连腿都那么完美！他风趣幽默，了解流行时尚，比如披肩或假发之类的。

终于到米兰了！波拿巴不在？去维罗那指挥战斗了？不要紧，这里很好，华丽的宫殿里人们都要向她行礼。但最棒的还是伊波利特，他佩剑而行的风度真是无人能及。可是她不得不小心行事以避人耳目。不过还好，伊波利特已经找到一条僻静的楼梯。

忽然间人声喧闹，继而有人通报：统帅大人自维罗那归来。接下来的两日两夜，约瑟芬被那团火山熔岩吞没了。

五、卑微的情信

奥地利皇帝掷下严旨，起用老将维尔姆泽领兵，以图夺回被波拿巴围困的战略要地曼图亚。法军被沿加尔达湖而下的奥军击退，为保存实力不得不撤离曼图亚。而法军因后路被堵无法撤往米兰，形势危急。波拿巴冒着 7 月的酷暑，在波河平原上奔走收集部队，异常忙碌。

但他仍然在给约瑟芬写情信："别后，我一直不开心，只有和你在一起才有欢乐。你的一颦一笑，你的柔情与泪水，你倾国倾城的魅力让我承受着爱情火焰的灼烧。我几时才能摆脱俗务的纠缠，而只与你相伴相守？我抗拒不了你的美丽，你的柔情，尤其是你的醋劲儿，因为你的泪水能点燃我的血液！快来陪我！千百万个吻送给你，还有'幸运儿'那家伙！"波拿巴一直没能赶走这条小狗。据他回忆，新婚之夜，它就出现在约瑟芬的床上，"当时我必须作出选择：要么加入，要么独睡。真是可恶！最终我只能屈服。但这个小家伙一点都不乖，它留在我腿上的印迹至今还在！"

混战中，统帅夫人被送至布雷西亚，又匆匆折返米兰。乱军之中的她险些被俘，这成为她此后回避波拿巴的最好的借口。

在这严峻的时刻，一向英明独断的波拿巴竟然犹豫不决，召集众将开会商议，实在是罕见。他想撤到波河以后，但奥热罗拍案而起："你的威名不能丢！我们不可以退缩！"说完离席而去，其余众将意见不一。

波拿巴需要独自冷静地思考。他看着地图，心里盘算该打还是该撤。飞蛾围着烛火翻飞，最终难免被烧到。真是个闷热的夏夜。鼓声和喊声不断传来。能不能保住伦巴底，全在于明天的战局了！

也许这将是我命运的转折，我该冒险吗？若是关于维尔姆泽兵力的情报不准确怎么办？约瑟芬应该已经睡了，也可能正与某个情人偷欢，管她呢！

他终于决定：打！次日，他在卡斯蒂里恩附近再创胜绩。

他给她写信说："3 天没收到你的信，而我每天都写给你。分离真是折磨人，白天无趣，长夜无聊。"而同时，她却给闺密写信诉说着自己的"无聊"。他忙于征战，她忙于庆典，不一样的忙碌，不一样的无聊——他觉得她太远，而她嫌他太近。又过 3 天，他写道："亲爱的，敌人败了，除了死伤者共有 18000 人做了俘虏！维尔姆泽只能困守曼图亚。这是我们前所未有的胜利，我们守住了意大利、弗留里和蒂罗尔。辛苦没有白白付出，我们又要见面了，千百次地吻你！"

作为统帅的波拿巴，军务一有空闲就会扮演起政治家的角色。他于摩德纳召集南至波伦亚的各邦议员开会。他定下一部宪法，让他们联合起来组建共和国。这个新国家的缔造者快乐吗？

他在为米兰的来信而烦恼。他埋怨道："你那冰冷的语气拒人于千里，仿佛激情褪尽的老夫老妻。您真是很伤人啊！您还想怎么样？不爱我了？我知道。恨我？我正求之不得。只有恨能为我找回一丝尊严，但我难以抗拒你的冷漠与娇柔……千百个吻送给你，来自我温柔的心！"

新的军情出现，他挥军北上作战，但却失败撤退。艰难的 11 月，他身陷危局，心却得不到她的安慰。而几个知情者含蓄地告诉他，他妻子过得很舒心。他在卡尔迪埃罗再遭新败，次日，他无奈地向巴黎请求援兵。

军心渐乱，而他是将士们的主心骨。那些天，他要以几十倍的效率来思考问题，因为他正筹划着阿科拉大战。但当晚，他仍没忘以同样的高效率给她写信："我恨你！你这又丑又没脑子的女人。你不爱你的丈夫。尊贵的女士，您在忙些什么要紧的事以致于没时间写信给您最爱的人？您的时间都被哪个情人占据了？小心，约瑟芬，我会在某个良宵突然出现！我真的很烦闷。亲爱的，快给我寄来几页甜言蜜语哄我高兴！我真想很快能抱着你，吻遍你的每一寸肌肤！"

他不知道约瑟芬是否值得信任。与战场类似，他的情场也是危机四伏。他在家庭中已彻底放弃尊严，随后又可能在战场上一败涂地，但他其实是个胸怀天下之志的人！那些天部队里偶有士兵自杀，他还要发令教育全军："军人不应被苦闷和忧愁的情绪所打败。"

两天后，阿科拉附近，他在阿迪杰河上的一座桥上督战。敌军的炮火已打到此桥，法军纷纷后撤，一时难以攻过此河。士兵们在统帅的指挥下再度冲锋。这时有人大叫："将军，不要太靠前！你若性命不保，那么我军将必败无疑了！"冲在他前面的马尔蒙回头招呼战士们，却看见波拿巴倒在副官米尔隆怀里。随从们立即停下，冲锋的士兵们也纷纷后撤。波拿巴渐渐苏醒，却一下掉进堤下的水坑里，多亏马尔蒙和路易将他救起。突然炮声炸响，众人一阵慌乱，米尔隆以身护主而自己却倒下了。波拿巴上马逃回。到了军营里，他无言地坐着。次日，他们再战再败，仿佛这条河是不可突破的。第三天，依然如故。

无奈之下，他终于想到了以计取胜。正面战场激战正酣，而他派出的一个小队带着鼓号悄悄迂回至敌后，突然枪声大作，鼓号齐鸣。早已疲惫难支的敌军顿时惊慌失措，有一部分开始退却，而法军则士气高涨，敌军由部分退却演变为全面败退。在绝望的沼泽中，勇气加智谋创造了新的胜绩，也使这个村庄载入史册。不久之后，巴黎发行了阿科拉纪念币。在画家创作的纪念画像中，波拿巴在桥上督战，举着一面他并没有举过的旗。

危险过去了，曼图亚迟早会被拿下。波拿巴重新部署了军队，然后抽身奔回米兰。如今，他可以安坐后方指挥全局，还可以和约瑟芬在一起相守。但想见约瑟芬比俘获维尔姆泽还难。"我抛开一切事务冲回米兰，只为见到你，而你却不在！你巡游于各个城市的庆典，却躲着我！当初你一时冲动嫁给我，而今又变心不理我。我已学会应对生活的各种捉弄……我说的你别往心里去，玩得高兴些！你理应得到幸福，不幸就由你的丈夫来承受！"

次日早晨他又写了一封信："你不必在意你不爱的人，但爱你却是我的义务。你的丈夫是为你而生，他没资格要求你给予他对等的爱！我错就错在没生得足够的魅力留住你。只要约瑟芬对我有一点点好，我就会受宠若惊……保重，我的女神！……即使明知她不再爱我，我也会将悲伤留给自己，继续衷心效命于她……我再次展开信吻你。我的约瑟芬！"

看这一番告白！他满腔热望地扑向她的怀抱，而她却不见踪影，这该如何是好？受挫之后要冷静而不要动怒，不能失了风度，要理智行事。用自嘲来稍作掩饰或许会有用。第二天，他认识到自己不能没有约瑟芬。如何才能赢回她的心？他战场上的辉煌，她全然不在乎。嗯，那就讨好她，衷心效命于她。这就是他的如意算盘，可惜打错了。他虽能号令群雄，但却没看透约瑟芬虽然不爱他，但至少还有所敬畏。现在他这般低声下气地表白，反而让她无所顾忌。早已能洞察人心的波拿巴之所以会这般幼稚，根本原因在于他极度的骄傲，那令他犯下一生最大错误的骄傲。这种骄傲令他不屑于掩藏自己的真情实感。写完"衷心效命于她"等字斟句酌的告白语后，他又开始犯傻，再次展开信"吻你"。

六、政治手腕

巴黎的民众欢腾振奋，他们终于又迎来一位可以崇拜的英雄。波拿巴将军的画像被商家悬挂，他的事迹被文艺界歌颂，他缴获的军旗摆在卢森堡宫中，他的报告经过删改后被发表，波拿巴出现在各个地方——歌曲、纪念币甚至英国的漫画。整个城市因此充满了喜庆祥和的气氛。

波拿巴对此很清楚，他的名望越高，督政们对他越是猜忌："再这样下去，我们早晚会被取代！"他们认为，一支不能完全顺从听命的军队，战斗力越强就越危险。7年来，政府处理每一个不驯服的将领都毫不手软。对于不听命令的人，对于藐视政府特派员的家伙，必须严办，波拿巴也不能例外！他的同乡萨利切蒂对他心怀愧疚，总是让着他。应该换个特派员，就让既精明又有心机的克拉克去好了。

同为将军的克拉克风度不凡，他原本认为那个衣着破旧的矮个子波拿巴很容易对付。但他在塞贝洛尼宫见到波拿巴的情景却令他惊异并折服：所有人都恭候并礼让他，他的个子并未长高，但他俨然一副君王气派，而不仅仅是一个将军。

波拿巴对特派员以礼相待。结果，政府的特派员将督政们的秘密计划向波拿巴和盘托出——他更看好波拿巴的前途，所以重新选择了政治阵营。波拿巴所料不错：巴黎当局只是将他们的战果当作与奥地利谈判的筹码，并没想将革命带到意大利。这样，波拿巴决心做好准备对付督政府。

但还不是公开翻脸的时候。"快派援兵！别光说不做，我要的是人！我的部队因伤减员严重，将军们力不从心。新征召的兵缺乏经验，战斗力弱，尚能战斗的少部分人马也已疲惫不堪，在如此危险的境地恐怕也将折损殆尽。也许不久后，骁勇善战的奥热罗、马塞纳、贝尔蒂埃甚至是我都将性命不保，更何况那些士兵？我每念及此，不得不小心从事，因为我不能拿将士们的生命当儿戏。"

多么狡黠的言辞！但他的手段可不只是威胁，他还善于利诱。他不时地将战利品中的黄金拿出一部分送回巴黎，以支持陷入财政危机的政府。他是第一个不要钱还送钱的统兵将领。当然，他也没忘记打点督政官们："特精选骏马百匹，供诸位乘用。"

巴黎当局借口国内需要，拒绝将南部的军队划拨给他，他回信说："对意大利的占领要比应对里昂可能出现的骚乱重要得多。"督政府又下令由特派员负责一切外交工作，他在回信中说："我方的将领不但要有军事指挥权，还要保证其行动不受掣肘。我很清楚自己该怎么做。我们勉强以一支弱旅承担重任：抗击奥军，打要塞，保交通，震慑热那亚、威尼斯直至那不勒斯的广大地区。我们要强力地执行这些任务，就要统一行使军政财权，否则，政府的地位也会不稳。希望我不会被误会为野心家。我的身体很差，也许要考虑继任者的问题了。我已经骑不动马了……我会坚持谈判，但如果要真正保住意大利，就快派援兵来！波拿巴。"

他的名望越来越高，也越来越多地提出退职。但实际上他非常健壮，每天都会累垮一匹马。在意大利，他强化法国的占领，在巴黎，他在谋求更多的权力。尽管他并不真心想给意大利独立和自由，但还是顶着巴黎的压力，强行组建西沙平共和国。这是波拿巴第一次将各种势力整合为一个国家，此后他还会将这一行为发扬光大，朝着他一统欧洲的目标迈进。他这次整合了北意大利 6 个小国，制定了一部宪法，还自行任命了官员。虽然独断专行，却也顺情合理，能针对具体问题变通处置。不用意大利人恳求，他就主动给他们以自由，但是也以此为由征收财物：

"法兰西共和国及其军队反对君主专制，真心支持各兄弟民族的人民。伦巴底的暴君压迫着人民，也威胁着法兰西的安全。法兰西的军队被迫与共和国的敌人们血战到底，并友爱地对待所解放的人民：尊重兄弟民族人民的财产、人权和信仰。因此，伦巴底人民也应给法兰西兄弟必要的支持。战争时期，请你们从两国友谊的大局出发全力支援我军：我将向每个省征收 2000 万法郎，这对于富饶的省份而言不算难事。"

他凭借税收以及占领区的资源满足军队的需要。每次议和，他都会索要金钱和艺术品，虽然后者无助于稳定纸币的币值，但却能增加法国人的自豪感。如今国家财政拮据，他却能送来多于以往任何时期的艺术珍品。

同样无情的还有他对付军内蛀虫的手段。"军队所耗数倍于所需，全是因为惊人的贪腐。只有一个应对的手段：授权于一个三人小组处理所有的贪腐分子。"当一起克扣草料案件被查实后，他表态说："贪婪害军误国已久，不可以再姑息养奸了。"对于卖淫妇女，他的惩治手段是"将脸涂黑示众两小时"。然而他在革除军中野蛮陋习方面所表现出的人道精神则与之前形成鲜明对比。"刑讯逼供的陋习早就该废止了，那只会导致屈打成招。我现在正式命令禁用这种非人道的野蛮手段。"

七、外交手腕

波拿巴善用各种外交手腕——奉承与威吓，诚实与狡诈，甚至还有粗野。他最机智的外交体现在对教皇的策略。

法国的坚定的革命者们不但废除了基督教，还要彻底铲除其总部梵蒂冈。巨大的名与利的诱惑远胜于波拿巴在北部建立的小国，因此督政们命他出兵罗马。自幼以来，那就是波拿巴心中的圣地，如今近在眼前，教皇国的军队根本无力阻挡他摘取朱庇特神殿的桂冠——就像恺撒那样。但他保持了克制。他很清楚，唯有教皇，是无法用武力打倒的。他更明白，对于千年以来的法国乃至欧洲，以身殉教意味着什么。所以他决定，只作出个进攻的姿态。"罗马不可小觑，与之决裂是重大错误。"

他率兵南下，过卢比孔河后即驻军不进，以强势地位提议停火——后来他经常如此。教皇没有拒绝，因为波拿巴给足了面子，没提及任何教会问题。教皇同意向法国支付数百万法郎，以及后者的一个委员会挑选的艺术品，包括一百幅名画和若干雕像——其中有两件是波拿巴指定的：朱庇特神殿里尤尼乌斯·布鲁图与马尔库斯·布鲁图的胸像。

他不久又挥军向罗马进发，因为教皇又不愿意支付赔款了。不过他没有攻入罗马。要签订和约，一次小战斗就够了。他将要在北方战线上用兵，而且若把教皇吓跑，那些艺术品也会一起消失。他还擅自赦免了那些在罗马政治避难的法国神甫，并与宗教界人士拉近关系："福音书的基础是平等，这是有利于共和的。"真不知巴黎当局对此会怎么想！

他还捎去口信以安抚教皇："请转告圣父，波拿巴并非阿提拉。即使他是阿提拉，也别忘了，他可是列奥的接班人。"对待这古老的王座，他显得颇有历史涵养。但当对方不肯签署协议时，他又扮演起莽夫的角色——他将文本投进火炉中："阁下，这仅仅是停战协议，远非和平。"这令教皇的使节大惊。他趁机将要求翻番，并得偿所愿。教皇在信中祝福这位"亲爱的儿子"。

一小时后，波拿巴便超然于外，如历史学者一般向战败的皮埃蒙特代表评论道："我进攻萨里阿城堡是一着废棋，而你们17日却干得不错。"

3月底，他已率军进抵施蒂利亚，维也纳已不遥远。如果莱茵战线的法军也能获胜，奥皇弗朗茨将不得不签署和约。但恰在此时，他选择了驻军不进并主动议和。作为一个征服者，他本该等待友军并威慑敌军，但波拿巴更是一名政治家。面临选举的督政们需要和平，而他需要督政们。如果他能为法国谋得梦寐以求的和平，将会怎样？难道让他与莱茵的竞争者分享这个机会？只有莽夫才愿意在变幻莫测的战场上冒险！这位军界新秀已令整个欧洲惊惧，现在他要用和平的面孔，使自己成为一名受人敬重的政坛新秀。他以平等的口气写信给他的手下败将、奥皇之弟查理大公：

"统帅阁下：我们的勇士在鏖战中也企盼着和平。6年来的战争中，难道我们彼此的杀戮与伤害还不够多？各国都已顺应和平的民愿而不再与法国为敌，唯有贵国仍孤军独战。新的战役定会让我们每一方都损失几千人，而无论谁胜谁败，战争结束时我们依然会签订和约。您是皇室成员，远比那些政客高瞻远瞩，难道您不想成为带来和平的救星吗？您当然能以武力保卫德意志民族，但贵国也将变成一片瓦砾。我只盼我的话能避免战火涂炭生灵，而不在意那可悲的战功。"

这封信感动了本性爱好和平的查理大公。现在他可以用波拿巴的信来劝说奥皇及主战派停战议和：假如他们反对和谈，波拿巴会公布往来信件并借机鼓吹法国的人道理念，然后纵兵攻击顽固的德意志好战分子。而实际上，波拿巴的军队紧随那封信之后，攻占了累欧本。

奥地利的代表到来时，波拿巴降阶相迎，谈及奥皇和查理大公时语带恭敬。奥方代表提出停战10天。晚宴后，波拿巴同意停战5天。维也纳暗松一口气，而巴黎则不免心惊。这位将军竟然擅自与敌媾和？那么日后他推翻政府也不是什么难事。政府连忙派出代表，并通知波拿巴在代表到达之前不要擅自决定。波拿巴知道巴黎方面的用意，他一边催奥方代表速作决定，一边回复督政们说："我请诸位放宽心，信任我。我的行为给我带来很大风险。我离开意大利的富饶平原，进逼维也纳，只是为了给这支军队找一条活路。我在政治方面单纯无瑕，诬陷者的阴谋都只是徒劳。"

那啰嗦的谈判何时能有个结果？比利时和伦巴底归我们，你们在国内安置那些诸侯！哈布斯堡同意了，因为上自奥皇、下至诸侯，都已对腐朽没落的德意志帝国失去信心。就这样，法国的势力越过了莱茵河。

威尼斯发生骚乱，有法军被杀！好啊，我们现在有了复仇的借口！腐朽的威尼斯也该作古了。"随着好望角的发现以及的里雅斯特和安科纳的兴起，威尼斯就衰落了。"波拿巴在致督政们的信中说。"威尼斯脆弱不堪，那些可怜的人没地少水，欠缺自由素质，应该交给那些占据他们内陆的人。不过我们要先拿走他们的船只、军火和大炮，关掉他们的银行，并保留科孚岛和安科纳。"这样，哈布斯堡只得到一个空空的威尼斯。

威尼斯被几大强势家族控制了几个世纪，极为反动。波拿巴对那些贵族并不客气，他致信威尼斯总督说："在你的鼓动下，到处都是'杀死法国人'的声音，我军已有几百名士兵因你丧命！你不要以为我身在异国就无能为力，我会替他们讨还血债！交出凶手，否则我会立即宣战！"

不久，元老院遣使谈判，他以狂怒的语气恐吓他们说："我不想再保留宪法和元老院了，对待威尼斯，我该做阿提拉第二！我将给你们制定法律！"在城市交接时，90岁的总督当场昏绝身亡，他是威尼斯的末代总督。

现在，他已达到所有目标了吗？不。他每迈进一步，就会有新的目标，威尼斯也只是一块通往大海的跳板。前不久强迫罗马接受和约时，他站在安科纳的海边远眺：那边是伊奥尼亚群岛，再往那边就是土耳其了。他写道："从这里到马其顿只有一天的路程，那是控制土耳其帝国的要地。"他在参谋本部时就已有进入土耳其的想法，于是他派出密使，去简尼纳、斯古塔利和波斯尼亚等地，结交有权有势的帕夏。

在累欧本，他强化了对威尼斯的统治，又下令进兵科孚岛和藏德，"好一并控制亚得里亚海和东方。不用多久，土耳其帝国将终结，伊奥尼亚群岛将是我们控制土耳其的基础，至少能分得一杯羹。"

这一切背后的政治考量都是针对英国的，法国早就想控制地中海，进而隔断英国与印度的联系。但波拿巴是在为自己的目标而使用这些手段：他不是为对付英国而争夺东方，而是为争夺东方而对付英国。

他的思维总是极为超前，刚刚被他占据一角的欧洲现在已经太小了。他对布里昂说道："庞大的帝国与伟大的进步只在东方出现过，那里有6亿人！欧洲就是鼹鼠掘出的一堆土！"

八、在芒泰贝洛宫的岁月

一座高顶的巴洛克式大厅里，一个似乎颇受娇宠的少尉坐在沙发上，身边的两个成熟妇人中有一个是他母亲。她的媚眼扫视着那些军官，似乎在诱人产生欢爱的遐想，"这是我们克里奥耳女人的强项。"她身后的将军也很风流，正在向她的胸口里窥视——这能满足她的虚荣心，而他也不认为这是无礼之举。他就是马塞纳，勇猛少谋且粗鲁的马塞纳。他常能救军于危难，身边必须要有几个女人才行，还有钱。他会偷钱，也会偷女人，只要有机会。

总参谋长贝尔蒂埃相貌丑陋但却具备马塞纳缺乏的一切，他是个受过理论训练的全能高级军官，哪里需要去哪里，他用他独特的魅力吸引着漂亮的维斯康蒂女士。

身着绿色丝绒衣，手提羽饰大帽子，同属无产阶级，打扮得像是要去演戏似的军官是缪拉。这个少言寡语的军官正在因粗俗、贪婪的农民之子奥热罗所讲的低俗笑话而捧腹大笑。当波拿巴夫人说她也要听这个笑话时，无所畏惧的猛将竟一脸尴尬。

老练的约瑟夫怕这个粗人口无遮拦，便打手势要他无论如何别说。因为他妹妹爱丽莎正坐在一个窗龛里。爱丽莎相貌平平，又不喜欢她的丈夫，因此她对一切风流韵事都特别留意。要是让她听见，她一定会马上转告母亲莱蒂齐娅，而后者早就对约瑟芬的放荡心存厌恶。

此时，波丽娜正在花园里与伊波利特捉迷藏，享受这所剩无几的婚前自由时光。同时，这可以让约瑟芬生气，所以她更加高兴。

当总司令与大肆宣扬他的英勇事迹的巴黎作家阿尔诺走进大厅时，所有的军官都站起身，静静地、充满期待地望着这位27岁的统帅。总司令语重心长地对阿尔诺说："我对这些危机能否解决深表怀疑，除非有一位强有力的人物出来主持局面。可是这个人在哪里呢？"

在这个政治家坐镇泰贝洛近半年的时间里，米兰附近巨大的芒泰贝洛宫成了他的司令部。他在累欧本的停火协定结束了战争，只是真正的和约尚未签订。他梦寐以求有一天自己可以统一国家，接受巴黎人民发自内心的欢呼。波拿巴是位智慧且乐于助人的男人，是主张平等的革命之子，即使有很多人要巴结他，他从不失去自己的立场。他从不隐瞒自己的出身，把家人接来与他共同生活，接受那些想要巴结他的人的恭敬，因为他已被看作是上天派来改变历史的人，他的名字已经与某种神秘的力量联系在一起。

他那高傲、正派的母亲很难容忍约瑟芬这个他最心爱的女人，除了不能容忍她的不良名声外，更不能容忍她不为家族传宗接代，这是会被某些人耻笑的。这是他打过胜仗后第一次见到母亲，母亲拥抱着他说：

"你又瘦了！你是在消磨生命！"

"正好相反，我真正地感觉到生命的存在。"

"对后人而言是这样，对现在而言却不是！"

"你看，我这能算是在消耗生命吗？"

出门时他又说："保重身体，母亲，这世上只有您能管得了我！"他有着强烈的家庭观念和统治世界的自信。

他与三兄弟三姐妹同住芒泰贝洛宫。他包办了妹妹波丽娜的婚姻，并在教堂举行婚礼，因为他非常在意教皇方面的看法。莱蒂齐娅对这一切都颇不习惯，婚礼结束后就匆匆返回了科西嘉。由于当年保利发出的求救，科西嘉被英国人所占领。波拿巴坐镇百里之外，指挥着携带大量的资金、武器的二三十人的团队，实现了他三次亲为都未果的目标——收复科西嘉。

仅仅时隔4年，当莱蒂齐娅女士再次回到科西嘉这片熟悉的故土时，这里几乎已经成为他们家族的堡垒，重要职位都是由她的至亲或是次子的亲信把持的，这座浪漫而古朴的小岛俨然已成为波拿巴的小王朝。

波拿巴是一位天生就爱学习的统治者。通过前人的经验教训和自己的亲身经历，他决定将芒泰贝洛宫的保卫工作交给手下一支300人的波兰雇佣军，而不是法国人。他还精选了40人的贴身卫队来保卫自己。

他经常会在宫里举办大型公开宴会宴请各地派来的使节，以显示他的威严、从容、高贵和自然。在宴会上，他懂得与每个人保持距离，而且谦虚地接待每个与他交谈的人。他们对这个个子矮小的人毕恭毕敬，以表明他们求助的地位，还有很多好奇者可以在长廊观看。当时一个拜访过他的人写道："这个人若不战死，那么再过四年，他要么为寇，要么成王。"事实被他言中了，只是时间上差了3年。

为了让民众尽快知道自己的英雄事迹，波拿巴找了许多名人为他造势，他知道什么人能让他名传后世。虽然有大量繁忙的公务需要处理，他还是会抽空把意大利各界诗人、学者请到宫殿里做客交谈。他曾给一位著名的天文学家写道：

"科学鼓励创造，艺术美化世界并传播伟大。在自由的国度中，这两者都应被特殊保护。所有学术界和艺术界的人才都是法国公民，不论他的原国籍是哪里。"此前，面对思想的禁锢和暴君的压迫，他们只能隐居简行，现在是思想自由的时代，他们能自由集会，畅所欲言。谁想去法国？欢迎！"因为法兰西将一个伟大的科学、艺术人才看得比一个富省还重。公民们，让米兰的名流们都了解我的想法吧！"

在这方面，波拿巴起着表率作用，让艺术家们心悦诚服。他专门抽调一位公使负责去部队记录意大利各小国的收藏珍品，并在条约中索要过来。他还请专家替巴黎音乐学院抄录所有有底稿的意大利音乐作品，因为他觉得在所有的艺术种类中，音乐最能够触动人的情感，影响人的激情，其影响力远远超过道德教育书籍。他还荣幸地被授予科学院成员的头衔，他很重视这一头衔，并把它印在所有公务信件上，以表明他对此的重视。

波拿巴是个政治家，同时也是个天生的统治者。他很注重自己的语言艺术，只有在与知心者交谈时才会完全放松。当时曾有人这样评价他："虽然他的举止有些笨拙，但他却天生有一种令人钦佩的力量，哪怕一个眼神、一句言辞。生活中，他平易近人；工作上，他驾轻就熟。他可以根据工作随意调整睡眠时间。闲暇时，喜欢骑马，与大家开个玩笑，讨论政治或生活中的一些问题，或者讲个简洁而幽默的笑话。"

情感方面，他是个情感专一的痴情汉，无数美女想要博得他的好感，他却不屑一顾，因为在他心里只有约瑟芬一个女人。尽管这个女人曾经欺骗他，对他在战场的情况不闻不问，他还是经常在给约瑟芬的信里怀念他们曾经的浪漫与温情。回到芒泰贝洛宫后，妻子在社交场合的魅力令他心醉神迷，激情再次燃烧，无论是马车里、花丛中，他们都表现得无比亲密。这些都是波拿巴的真情流露。

九、历史与民心

巴黎政府是怎么想的呢？

塔列朗—— 一个出身法国贵族家庭、信奉共和并在美国潜伏多年的政治家，已经进入内阁这个核心机构。之前，这里的部长全是律师。

议会两院里占多数席位的右翼分子们早就对督政官们不满，他们想尽快结束战争，更不支持抢占威尼斯。波拿巴对此写了份充满鄙视的警告："我以8万将士的名义向你们宣布：由懦弱律师领导勇敢士兵的时代不会再来。"

波拿巴是位有忧患意识的领导人。为了防止波旁王室兄弟和其它反对势力威胁新宪法，他派奥热罗去保卫发动政变的五位督政官。在政变后，塔列朗登上法国外交的政治舞台。他与波拿巴是截然不同的两种人，贪婪、冷漠、奸诈、狡猾，在长达40年的时间里，政权不断地更换，但他却能一直依附在新掌权者身边，成为他们的左膀右臂。因为腿部有残疾，他成为继黎塞留大主教之后又一位穿着长袍为领导人做事的人。

在波拿巴去乌迪签署筹备了半年多时间的和约时，塔列朗这个冷漠的虚无主义政治家成了他很好的利用工具，即使他们互相憎恨，貌合神离。二人经常书信来往，商讨政治，从往来的信件中，波拿巴表达了他已厌倦战场生涯，觉得战争是立法者的负担；相比之下，他更倾向于用一部新宪法统治他的人民。在雄霸欧洲的同时，他已经开始觊觎遥远的东方。

在与优柔寡断的奥地利外交官们谈判了几个星期后，波拿巴这位统治者终于无法控制自己的焦躁，向对方怒吼道："请把你们那象征皇权的椅子拿掉，要不然，我会忍不住坐上去。你们不要再妄想浪费我的宝贵时间，否则，我会给你们来点更严厉的打击，两年内便可占领整个欧洲。我希望能给民众带来和平，这是欧洲人民盼望了几年的，但是你们却在犹豫。一旦战争打响，你们就成为历史的罪人。"最后，在他勃然大怒打碎了一件瓷器后，和约终于签订了，各方都拿到了自己想要的结果。

和约签订后，欧洲各国及人民才安下心来。此时，在波拿巴的胸中已经装满了宏伟的计划——加强海军建设，消灭英国。因为他坚信：

虽然大陆已经建立和平，但若英国不灭，他就不能掌握海上自由，那么他辛苦得来的和平将不能维持；所以，他必须在短时间内强化海军，使他的军队纵横海洋，使他的威名遍及世界。

匆忙回到芒泰贝洛宫后，波拿巴便准备回巴黎。他以国王的口气对新成立的西沙平共和国发表讲话："在我们的努力下，你们的民族是唯一未经革命斗争就获得自由的，要懂得珍惜。为了捍卫这来之不易的自由与幸福，我将离开这里继续奋斗。"

在芒泰贝洛宫，波拿巴对聪明的外交官说出了他的心声："一切如我预见那样发生了，将来也会如此，凡我想要的，我都能达到。我必须不停地发动战争来巩固我军队首脑的权利和地位，我才是军队的主人。同样，民众也需要一位凭借荣誉和胜利赢得称颂的首脑指引方向，这个人依旧是我。我要削弱共和派，强壮我自己。"

波拿巴丝毫不满足已经得到的一切。两年后首次离开意大利时，他对布里昂说："这样的战争再来几次，更能巩固我们在后世的地位。如果我现在就死去，我的事迹在世界历史的记载中将不会超过半页！"

这一天的卢森堡宫人声鼎沸，权贵们都坐在最前面的位置，在这阴冷的12月，热情地等着迎接今天的主角——波拿巴，这个矮个子将军。

民众们议论纷纷，这个已经到了一周的大人物为何才接受他们的膜拜呢？仪式终于开始了，全场安静下来。5位督政官伴着《马赛曲》首先出场。随后，波拿巴身着制服，迈着自信的步伐，伴着礼炮声和雷鸣般的掌声走向主席台。塔列朗等三位副官伴其左右。

走到台上，塔列朗首先发言，他的言语里充满着对波拿巴的奉承，即使如此，依旧赢得人们的欢呼与掌声。

波拿巴走到台前，全场重归寂静。"经过两千年不断的斗争，法兰西人民终于获得自由了。科学与艺术是国家强盛的基石。当法兰西人民的幸福稳定生活建立在完善的新宪法的基础上时，整个欧洲也将获得自由。我有幸把这份《坎波福米奥和约》交给你们……"他的演讲虽然没有演说家的魔力，但是却让大部分人由衷地感到新鲜和敬畏。

同样，他的演讲也赢得了热烈的掌声。因为他手上的这份和约意味着法国终于同英国、美国一样，被承认为民主国家，尽管晚了一些。

在这重要的时刻，约瑟芬却没有在她身边。这个女人在波拿巴回到巴黎一个月后才出现在他的面前，这让他几乎对这个女人绝望了。

就在这个时候，漂亮且有头脑的施泰尔夫人走近了他。她是财政大臣内克的女儿，颇有权势，在她的帮助下，塔列朗才当了外长。她不断地给波拿巴写信，企图掌控他；但恰恰是她的过度聪明，成了她与这个男人之间的障碍。施泰尔夫人比波拿巴身边大多数男人更了解他，无论是相貌、举止，甚至他内心真实的想法，都被这个女人一览无余。也正因如此，波拿巴深深地吸引着她，她喜欢望着他那既深邃又多情的双眼，这种感觉对她是一种真正的享受。

十、向埃及进发

为了与奥皇特使商谈如何实施和约，波拿巴在拉斯塔特停留数日。在这里，他常以国王的姿态对待两位特使，名表、钻石都被他豪爽地赠送，令特使们目瞪口呆。

他是位赏罚分明的领袖。特别在这个时刻，整个巴黎人都在关注他。为了表现他高雅、傲慢的统帅姿态，对赏罚之事向来公开进行，且毫不吝惜奖赏之物，他甚至将人们送给他的阿科拉战役中缴获的一面敌旗转赠给拉纳将军，并写道："在阿科拉最危急的时刻，是您强忍伤痛，怀着取义成仁的决心，勇敢地带领士兵第一个渡过阿达河。您最有资格保管这面凝结着您和士兵荣誉的旗帜。"

波拿巴很会掌握民众的心理。为了保留他在巴黎人心中的神秘感，他深居简出，多数时间就呆在他和约瑟芬居住的小房子里。他还会邀请学者们一起讨论数学、天文、地理等各领域的问题，有时他也会宣读他的论文。

这次回到巴黎的第一天，他就去拜访了塔列朗。他们的话题很多，从出身到战场再到政治，但两人对波拿巴最后的计划却避而不谈。面对这位莱姆斯大主教的侄子，波拿巴搬出了自己担任副主教的伯父。这次谈话结束后，塔列朗与波拿巴相比，唯一的身世优势已不复存在。可见，波拿巴早已将其视为对手。

在平静生活的同时，他并没有忘记他的使命。他派人监视着督政官们的一举一动，了解各政党的力量对比，并在心里默默地考虑对策。

波拿巴绝不会满足于眼前的这些荣誉，他心里很清楚，如果从这个年龄他就开始无所作为，那么他早晚会完蛋。他必须想办法不断地吸引民众的关注，奥什死了，卡尔诺已被排除，莫罗被击败，只有奥热罗成了莱茵方面军的统帅，是时候去削弱他的势力了。

表面上看，巴黎已经和平了，但是波拿巴的生活环境却一直危机四伏。曾有个女人在提醒他小心有人投毒后的第二天就被谋杀了，显然，这里有阴谋，真正的和平还没到来，他必须离开这里。

自土伦战役后的 5 年时间里，波拿巴写了无数份报告呼吁尽快加强海军实力，研究海上情况，待天时地利人和之时，便着手对付英国。陆地上，他是霸主，但海军却一直战败。他决定亲自去沿海研究各种情况，甚至去地中海、埃及，只有这样才可以激起法国人更多的好奇。

在做好充分的准备工作后，波拿巴出发去了北海。他通过各种手段搜集当地信息：计算、考察甚至包括渔民和商人。深入的研究后，波拿巴给督政官们写了一份长长的报告："我至少需要几年时间才能在海上占据优势，这个时间太漫长了，因此，我做出了最大胆、最艰难的作战方案——在英国登陆，而且需要在冬季漫漫长夜。这样，明年即可以作战……接下来的时间，我准备打 8 场海战，从西班牙到荷兰，资金和军舰通过从埃及开始打击英国贸易中获取。到秋冬季节，便直接与英国开战。"

为了让这个危险人物离自己远一些，当督政官们听到埃及时，便同意了他的计划，并提供各种帮助与支持。

对这样的结果，约瑟芬，这个整天穿梭于女人闺房到男人卧室的放荡女人也同样高兴。因为丈夫走后，她与情人们的地下活动便可以更加猖狂和肆无忌惮。对此，可怜的波拿巴却没有一点怀疑。

早在几年前，塔列朗就知晓这一计划，他还不怀好意地宣传过，并说这场战役是不需要特别的统帅天赋的。波拿巴对此充满鄙视，他亲自任命自己为攻占马耳他和埃及、最终驱逐英国势力出红海的东方军总司令，以确保法国对红海的控制。

地中海是他的家乡，这里的情况他一清二楚。他已自信地开始想象着他这位杰出的英雄人物再次获得荣誉的情形，并把战争计划的全过程在大脑里反复地分解、思考、衡量和修正。他力图使这次出征完美地进行，幻想着自己可以解决一个无法解决的巨大矛盾。现在，这个被神化的天才统帅正在勾画自己的人生轨迹，浑然不知自己已经陷入厄运的怪圈。

在出发前，波拿巴给他的兄弟写信："我将胸有成竹地去东方。如果共和国的战争不顺利，我将马上回家；抑或战场上出现一位比我更出众的统帅，那么我将留在东方，为世界作出比他更多的贡献。"会去多久呢？"6个月或6年。"他回答布里昂说。

似乎是有意的挑衅，在临出发前，奥地利的拉斯塔特和法国的维也纳都出现了不和平的信号。正当他犹豫是否该立即出征时，督政官们着急了，不停地催促他马上动身。终于，400艘帆船组成的强大舰队在5月的一天整装待发。在起航的时刻，将士们才清楚此次航行的目的地，他们留恋地望着岸上送行的亲人，望着欧洲，渐渐远去。约瑟芬也在岸上为丈夫和儿子送行，但波拿巴却没有回头，只是望着东南方向。

英国海军断定波拿巴在这几天就要动身，纳尔逊用望远镜搜索着法国舰队的踪影。上帝真的很偏爱波拿巴这位统帅，就在他出征的前夜，纳尔逊的舰队被风暴吹散，这使得他顺利地占领了马耳他，避免了一场正面海战。当纳尔逊重新集结舰队追赶时，法军却没了踪影。

这一次算是侥幸吗？为预防晕船，波拿巴大部分时间呆在床上，但却无法休息。虽然这只庞大的舰队不仅拥有 2000 门大炮，还携带了175 名各领域的专家学者和数百箱书籍、仪器。在船上，他要求所有士兵必须时刻尊重并保护这些学者，如发现有士兵流露出不满情绪，便会加以责罚。这些学者和配套的仪器设备都是他亲自挑选的，他希望把神奇的东方研究透彻，以便为法国再赢得一块殖民地，同时在非洲人心中树立起威信。

在他难以入眠时，他要布里昂为他朗读各处收集来的书籍，如埃及游记，普鲁塔克、荷马的著作，亚历山大征战史，以及被归入政治类书籍的《古兰经》。

天气很快变得很热。饭后，他经常在甲板上躺到深夜，在享受夜晚凉风的同时，举行"科学院"会议，与亲信们讨论他亲自提出的问题并加以辩论。数学和宗教是他喜欢的主题，时常也会谈及自然与宇宙。虽然在其它主题方面他们各持己见，但是，在万物的由来方面，他们都认为只需一位出色的自然科学家便可找出其中的奥妙，而不必劳驾上帝。波拿巴静静地听着，突然他指着满天星辰说："你们怎么说都行。但它们又是怎么诞生的？"

十一、战斗在金字塔的国度

波拿巴骑马趋近狮身人面像，铁一样的双眼与石头的双眼对视。沉默中，他思绪纷飞："石像建成后两千年，亚历山大与恺撒曾先后来到这里。又过了两千年，则是我。在这广阔的帝国，帝王之所欲会有千百万人效力，可以为所欲为，只因他是神之后裔。在东方，只要有人敢自命为神，人们就会相信。相比之下，欧洲简直是个鼹鼠丘。"

在不久之后、不远的地方，波拿巴正在作战前准备。对手是八千名勇猛的马木留克骑兵。队伍前的波拿巴指着金字塔动员道："战士们，四千年的历史就看今天了！"先发起冲锋的马木留克骑兵被炮火击退，营地也被法军攻占。他们常随身带着黄金的习惯为人所共知，所以尽管他们逃过尼罗河，法军依然穷追猛打数小时，直到夺到对方的财宝。马木留克骑兵被波拿巴击溃了。

在开罗，波拿巴用他熟悉的一套埃及的方式争取到帕夏和酋长们的支持。这对于他来讲，游刃有余。他编造着各种借口，使用高雅却又浅显的话语讨好他们，他声称他只打击与苏丹为敌的马木留克士兵。

在船上时，波拿巴就完成了写给埃及帕夏的信，信中写道："在开罗，你的地位是最崇高的，但是，据我所知，你却没有任何权利和威信。请支持我，与我一起反对那些亵渎神灵的贝依们，我会给你你想要的！"

波拿巴就像变色龙一样，在什么样的环境下，面对什么样的人，说什么样的话。当驱逐法军的部队开始登陆时，他的思想与开罗人达到了统一，安拉即真主，穆罕默德就是他的先知。他相信只有一个上帝，那就是胜利。

在这个宗教信仰极其复杂的地区，他到处宣称《古兰经》是他的思想基础，并在书中找到了将一名危险的法官免职的理由："所有的善与胜利都是神赐予的，只要我付出努力，必定成功，顺我者昌，逆我者亡。"

可惜的是波拿巴晚出生了四千年，否则，凭借他启发人的能力，他在埃及必定成功。但现在这些都无济于事。他只有把希望寄托于他的军队。他严肃军纪，禁止抢夺百姓财物，禁止虐待妇女，禁止部队进入清真寺，即使靠近都会受到严惩。这些手段融会到一起，终于有了成效，在短短几个星期之后，波拿巴就在当地树立了权威。

就在他认为自己可以主宰东方的时候，朱诺却接到了一封来自巴黎的信。作为老朋友，朱诺将信里提及的约瑟芬和伊波利特·夏尔私通之事全部告诉波拿巴，此时，这对伤风败俗的狗男女正在巴黎附近一个美丽的庄园里享受着二人世界。波拿巴多么希望这封信能和其他上百封信一样，被英国人截获，这样就可以免除他的烦恼。

波拿巴深爱着这个女人，但这个女人却背叛了他。即使布里昂竭力安慰他，最后，他还是决定要和这个女人离婚，而且是大张旗鼓的。

此时，他的情绪已经坏到了极点，甚至产生了厌世的想法。在给哥哥约瑟夫的信中，他隐约地提及私生活上的不幸："埃及是个物产丰富的国家，也是一个野蛮的国家……我知道你很关心我，特别是在我家中出现很多麻烦之后。现在，你我之间的手足之情对我来说弥足珍贵，你是我唯一可以寄托情感的人，这对于我来说是多么可悲。两个月后，我将回国，请你帮我在巴黎附近找一座小别墅，让我回去后可以远离世俗，独居其中。感谢你对我的理解。"

这场婚姻，他投入了全部激情和青春，他忠贞不二，换来的却是欺骗与背叛。他悲痛欲绝，心中充满孤独和沮丧，仿佛万事都到了尽头。

十二、法国舰队的覆灭

一个意外的沉重打击突然降临——法国舰队已经毁灭。纳尔逊向他的战舰发动了攻击，他几乎损失了整个舰队，只有 4 艘军舰逃出。

所有人都异常惊慌，包括波拿巴。但是很快他就意识到，这个时候，只有他能恢复官兵们的士气，他振作起来，对士兵们发表了一番振奋人心的讲话："这都是命运的安排，是上帝要留我们在埃及，帮助他根据我们的意愿改变东方，所以，我们必须坚持，胜利就在不久的将来。"

此时，波拿巴必须重新计划这次出征，心里盘算着眼前的政局。这次严重的失败必定会影响他在巴黎的威望。即使如此，他还是如实地、巧妙地汇报了这一失败的消息。

波拿巴相信：这里绝不是他命运的归宿，他要挽回失去的一切。

在这几个星期里，波拿巴感觉到少有的无聊，只能默默地等待着外界的消息，结果却连一封信、一份报纸都没有收到。除了管理东方军，镇压骚动，他无所事事，这样无聊的生活使他变得更神经质了。他只好顶着炎炎烈日骑马外出来消磨时间。

波拿巴对布里昂述说着他复杂的内心世界："如果有一天我还能回到法国，我一定要在巴伐利亚打一场大胜仗，以洗雪霍希施戴特战役的耻辱，然后隐居山村，让这份荣耀永远停留在巴黎人心中。"他内心炽热的战争之火依然在燃烧。

退路已被切断，他思索着，唯有联合周边可联合的力量，背水一战。他与英国的敌国波斯及印度谈判，请求经波斯去往印度的过境权。而他也愿与提普苏丹联盟，他们有着共同的敌人——英国。

因为有了大块的闲暇时间，想象在他的脑海中肆意驰骋，这也是他最快活的时光。他还为自己起了个浪漫的名字"凯必尔苏丹",这是他的第三个名字,与征服印度的计划一样虚幻。4年后他宣称:"在埃及,我真正获得了思想的解放,运用一切手段实现梦想。甚至幻想到自己成为一个新宗教的领袖。然后,向亚洲进发,通过我的征服,把亚洲和欧洲融合在一起,并再次获得与欧洲的联系。"

无聊的生活,残酷的现实,丰富的想象力使他再度坠入爱河。他喜欢上了一个中尉的妻子,虽然她只是个厨娘的私生女,但却是个迷人的金发女郎,波拿巴承诺只要她能给他生一个儿子就娶她为妻。

此时,欧仁的处境非常尴尬。他知道了母亲约瑟芬的丑闻,现在他的继父——一位民族英雄——又和情妇在开罗的大街上招摇过市,而他又必须伴其左右。他无法再面对这一切,被批准休假。

在波拿巴的脑海里,建立一个完整的家庭,拥有一个属于自己的孩子的想法愈演愈烈,伦理道德都被抛之脑后。令人失望的是这个女人并没有给他生下一儿半女,并把责任都推到他的身上。这对于他来讲,将是毁灭性的打击。

十三、大战土耳其军

统帅常与随船带来的科学家们讨论各种问题,包括军队面临的实际问题。在知识的讨论中,大家是平等的,没有地位高低贵贱之分,都是以理服人,而他也从不以官职压人。这里是唯一一个有人敢反驳他的场合。

在这几个星期里,法国没有一点消息,军队上下人心惶惶,唯有这所流动的科学院活动频繁。他们对这个国家进行了全方面的调研:从陆地到海洋到沙漠。他们还研究了东方黑死病及沙眼,印刷了一部词典和一本语法，还发掘地下遗迹，找到了解开象形文字之谜的钥匙——同时用象形文字、希腊文字和通俗体文字书写的碑文。

波拿巴更关心的是开凿苏伊士运河的可能性。他在沙漠中长途跋涉，冒着被阿拉伯人袭击的风险，设计着运河的线路。他不仅是位冒险家，更是位心怀海洋、征服世界的征服者。他探索的结论，在半个世纪后被负责开凿苏伊士运河的法国工程师莱塞普斯所证明。

终于有消息了！波拿巴从一些商人那里打探到的：土耳其苏丹已与俄国联盟并对法国宣战；土耳其已经向埃及进军。受此影响，开罗起义不断，但被血腥镇压。这个结果，在他预料之中，他只是需要证实。这样，他就有机会在战场上击败他们。

战争并没有让波拿巴畏惧，真正令他焦虑不安的是：阿布基尔海战粉碎了他出征前的全盘计划。他本打算用 15 个月的时间征服埃及，再把这里作为中转基地，远征印度。现在局势变了，英国在海路上切断了所有他原计划需要增援的部队和物资。

即使在这样的困境中，波拿巴仍然没有绝望。他重新编织起美丽的梦。在他看来，一切皆有可能，进攻是他们唯一的出路。他计划先占领阿克要塞，六月份占领大马士革和阿勒坡，然后再继续增兵，向东挺进，以压倒性兵力推翻土耳其，建立新的帝国。此时，周边不安分的国家便会向着有利于本国利益的一方，他的要求就会被满足。顺利的话，第二年 3 月便可到达印度。这次远征，会给他带来不朽的名声。或许他将取道亚德里亚堡或维也纳回国。这一次的形势更加紧急，他的梦想也更加强烈。

梦想付诸行动，他开始进军叙利亚。行进途中，他一直跟先锋部队一起开拓道路，很快就攻陷了雅法，并俘获了 3000 名土耳其士兵。如何处置这些战俘成为难题：军队给养短缺，留下他们会影响军队的情绪，还需要派兵看守；释放他们，又担心他们会去增援阿克要塞。最后他召开军事会议，与会者一致同意杀掉俘虏。波拿巴足足考虑了 3

天才勉强同意。3000 条鲜活的生命被赶到海里后处决。后人也都一致认为波拿巴别无选择。

阿克，这个配备有新式武器的要塞并不大，但却易守难攻。这里由英国军官和炮兵守卫，波拿巴一连猛攻几次都未能将其拿下，此时，英国战舰的支援更加大了进攻的难度。

难道我们真的要止步于这座石头要塞？波拿巴怎会接受？这座要塞的指挥官菲利波是波拿巴的同学，是位有才能的工程兵军官，逃亡国外时，参加了英国军队。如今，二人正面交锋，波拿巴选择了强攻，他那急性子让他觉得要塞就像女人一样，唯有强攻才能拿下。

在接连几次强攻失败后，官兵们开始埋怨、动摇，甚至准备拥戴新统帅，比如克莱贝尔。难道，不管在陆地还是海上，英国真的是不可征服的吗？连这样一座要塞都要攻打几个月吗？这样的战争还要持续多久？

在战争进行了 8 个月后，来自巴黎的坏消息迫使他放弃攻城，撤回埃及。莫罗与奥热罗指挥着法兰西共和国军队正与那不勒斯和撒丁交战；塔列朗这个不负责任的骗子并没有与苏丹会谈；欧洲几乎到处都是战场。

在撤退途中，波拿巴的军队感染了黑死病，2000 多人患病。在医院里，看着 50 个无药可治的士兵痛苦地挣扎，他决定用鸦片帮助他们解脱，但却遭到了医生的反对。没人知道是否有别人执行了这一命令。

由于没有足够的马匹运送病员，波拿巴带领军官们在沙漠中缓慢地步行。终于，6000 名健康士兵帮助 2000 名病员走出了沙漠，来到开罗。他们以凯旋的阵势进城，企图蒙蔽埃及人，却都是徒劳。

这次失败将如何向巴黎报告呢？告诉他们是由于黑死病的蔓延，导致他们撤退的吗？科学院的一名医生拒绝了这个谎言。正因如此，这个人得到了波拿巴的赏识，并得到重用。

土耳其以两倍于法军人数的士兵从海上逼近，并选择在阿布基尔湾登陆。原以为法军在劫难逃，但是，波拿巴却重创这支土军。事后，缪拉这样评价波拿巴："将军，这个世界承载不下您的伟大。"波拿巴向开罗报告了这一辉煌战果："敌军悉数被歼，无一幸免。"

这时，他注意到一个名叫卢斯塔姆的高大英俊的小伙子，一个格鲁吉亚人，波拿巴断定他将是位忠诚的卫士，赠予他一把华丽的佩剑。在此后的 15 年里，这个人就一直睡在波拿巴卧室的门口。

为了获得情报，波拿巴与英国舰队司令进行谈判，但谈判的内容并不重要。一天深夜，一名副官设法弄到一份珍贵的报纸，带来一则坏消息："舍雷尔被击败，意大利沦陷了。"他暴跳如雷，整夜读报未眠。

次日清晨，他与舰队司令在屋里密谈了两个小时后，去了开罗。他向马尔蒙透露说："我们在欧洲的军队已经被击败，意大利丢了，敌人的下一个目标不知是哪里。没有我，这些无能的政府都要垮台了。因此，我决定即刻启程回法国去。我的归来，会鼓舞军民的士气，坚定他们必胜的信念，对未来充满希望。"马尔蒙走后，他想："也许在这里的官兵们会说我放弃了他们。但如今土耳其已被打败，这里已经没有值得我赢取的了。这里必须依靠法国的援助。但是，除了我，没有人会派兵增援。我必须冒这个险，火速回到巴黎。"

十四、重返法兰西

终于返航了，但与 15 个月前出征时那浩浩荡荡的舰队相比，此时只有两艘在威尼斯缴获的小型战舰在夜色里航行，当时一半的兵力已埋骨他乡。波拿巴在那艘以他的救命恩人"米尔隆"命名的船上。很快，最危险的邦角到了，他们几乎是在英国的舰队中航行。大家都坐在甲板上默默祈祷，为了缓解压抑的气氛，波拿巴提出要打牌，并通过作弊赢了好多钱。第二天早晨，又将作弊赢的钱退还给其他人。

为了防止兵变，波拿巴的离开是绝密的，所有有可能泄漏这个秘密的人都被带到船上一起返航，就连克莱贝尔也是在波拿巴离开后才被任命为总司令的。

"当遇到敌军舰队时，我们该怎么办？交战和投降都是不可能的，只有炸船。"波拿巴还对蒙日戏言："这个艰巨的任务就交给你啦。"蒙日面色苍白。几天后，当遇到一艘被误认为英国战舰的船只时，蒙日真的守在火药仓门口。这足以证明波拿巴在人们心中具有极高的威信。

经过6个星期在地中海的航行后，一个熟悉的岛屿映入眼帘。"那就是科西嘉岛。"波拿巴毫不犹豫地说。他们并没有欢呼，相反更加谨慎，因为他们不知道前方的岛屿是否还属于法国。

6年过去了，他曾经是这里的主宰，意大利都臣服于他的脚下，埃及也同样被征服。如今，这一切都已成为历史。通过岛上的信号旗得知，这里没有任何船只，安全的小岛再次成了他的家。

上岸后，得知消息的阿雅克修居民都匆忙地出来欢迎他，其中包括他的奶妈，一位不到50岁的健壮农妇，她的声音激荡起波拿巴心中复杂的情感。回到祖宅时，母亲刚刚离开。他召集了所有能够提供信息的人，得知：在短短3个月的时间里，他辛苦获得的领地几乎全部落入敌手，曼图亚、米兰甚至整个意大利都已失守，热那亚也岌岌可危。英国人已经开始在荷兰登陆。战斗，只有战斗才能获得主动权！在出发去巴黎前，他已打定主意强行罢免两名督政官，以稳住这个风雨飘摇的政府。

承载希望的军舰再次起航。这次，在途中，他们真的遇到了英国军舰，但波拿巴下令继续前行。幸运之神再次降临，他们成功瞒过敌人，与英舰擦肩而过。夜幕下无法在土伦登陆，他就选择了弗雷居斯这个布满暗礁的海岸，他必须不顾一切风险尽快上岸。

第二天，波拿巴到来的消息就传遍了整个弗雷居斯。民众为他的到来欢呼着："我们宁愿要黑死病，也不愿让奥地利人占领我们的家园！"他知道这里的人民需要他，他到来得不早不晚，正是时候。

波拿巴在埃克斯停留了 8 天。他依旧向每个人打听消息，因为他收到一封信的手抄稿，内容是："将军，督政府正在等候您和您的英勇部队。"这些无能的统治者们正在努力地寻找救星。在给巴黎的回信中，他这样写道："埃及这个土壤肥沃、物产丰富的国度已经完全属于我们了，克莱贝尔正在统治那里。7 月底以前，我收不到任何关于您的消息，但当我得知您现在的危险处境时，我心急如焚，我将一切可能遭遇的危险抛之脑后，立刻乘船归来。"

这封信被先行送往巴黎，他要让巴黎人民知道他回来了。在通往巴黎的途中，他所到之处歌舞喧天，礼炮齐鸣，人们在路两旁等待着一睹这位英雄的风采，可见他在法国人心中的巨大魅力。当法国议员波丹听到波拿巴归来的消息时，竟因兴奋过度，倒地身亡。

巴黎越来越近了，他继续忙于收集信息。但令他疑惑的是为何没有人来迎接他？约瑟芬，他的兄弟们，爱他的巴黎人呢？清晨，当他来到自己家门口时，只有一个妇女伫立在门口。没错，是他的母亲。

十五、准备冲击权力顶峰

第二天，波拿巴读报时看到这样一则报道："波拿巴真的回来了，若不是亲眼所见，谁会相信呢？一夜之间，消息传遍巴黎的各个角落。人们都在举杯欢庆，哪怕是在最偏僻的酒馆里，因为每个人都相信他的出现会给我们带来新的希望，光荣、和平与幸福离我们不再遥远……"反对派的报纸上这样写道："虽然他在埃及的战争中失败了，但是能够参加这场战争是需要智慧和勇气的，他做到了。他的归来，振作了我们的士气。"

当约瑟芬得知波拿巴归来的消息时，她正在与第一督政戈伊埃共进晚餐。两人心里由于不同的原因，都深感不安。不久前，巴拉斯曾建议她主动与波拿巴提出离婚，嫁给英俊的伊波利特，当时看来这个建议是有道理的。但是，当她认识到这个男人在法国人心中的地位时，她坚定了要与丈夫重修旧好的决心。这个英名远扬的男人，更加值得她依靠。她努力将自己打扮得迷人心魄，准备采取迅速的突袭——在被告发前赢回丈夫的心。可惜她没能迎到丈夫，等她折返巴黎时已晚了3天，家人们已经将所有关于她的丑闻告诉了他。他不顾巴黎人的耻笑，坚决要与这个风骚的荡妇离婚，并把她的行李放到看门人那里，他甚至不想再见到她。

她冲破了第一道阻拦，顺利地进到院子。波拿巴将自己锁在房间里，任由她在门外恳求、哭泣。她还搬来了奥坦丝和欧仁做救兵，与她一起苦攻堡垒，整整一夜。

他躺在房间里思考："政府、战友、兄弟和妻子都在欺骗我。他们都把我看作是威胁，只要我离开，他们都希望是永远的。眼前这个女人，我从未对她要求过什么。在我离开的一年多时间里，回来的希望日渐渺茫，加上有这么多的追求者，要求她对我保持忠贞，确实比较困难。只要她以后能恪守妇道就好。最好再给我生一个孩子，毕竟她曾生过两个孩子。"

房门终于打开了。这位英雄再次接受了这个风韵犹存的女人，并为她还清欠下的200万法郎的债务。

显然，这样的结果是他的兄弟姐妹们所不愿看到的，但是却没有人敢公开反对。而且，现在确实不是讨论这些事情的时候。政治形势越来越紧张。如今，他的兄弟们各个身兼重任，约瑟夫成了巴黎议员，吕西安成为反对党的领袖。极具辩才且野心勃勃的吕西安曾与西哀士策划政变，但苦于没有军队的支持。如今这位名将的归来令吕西安只能不情愿地退居配角，这位同样极有才干的波拿巴一直都不甘心居于他天才的二哥之下。

傲慢、奸诈、狡猾的贝尔纳多特是约瑟夫的连襟。当他来看望波拿巴时，两人的谈话似乎充满着火药味。在几次言语上的冲突后，波拿巴终于按捺不住心中的怒火，幸好有约瑟芬从中调解，避免了一场不愉快的发生。年轻时，波拿巴曾追求过贝尔纳多特的妻子德西蕾，没有成功，他便放弃了。此后，他还不断地帮助德西蕾以减轻自己的伤痛。为了她，他不断提拔多次出卖他的贝尔纳多特。

波拿巴的归来，让卢森堡宫中的所有人都感到不安。他的亲信们必定会告诉他在他出国期间所发生的一切，这个政府是多么的无能。他决定减少执政人数，延长任期，而他则应成为政府首脑。现有的5位督政官们相互猜疑，他们更不信任波拿巴，就连波拿巴拜访他们时的着装都能让他们暗自猜想半天。他的反对者们谴责督政官们："他在埃及已经彻底失败了，为什么不逮捕他，反而继续听命于他？他肯定别有用意。"

转眼间，他已经回来两个星期了。形势日益紧迫，政府近乎瘫痪，5位督政官正忙于密谋，国家一片混乱，谁也不知国内真正的掌权者是谁。他会见了雅各宾派领袖和波旁王朝使者，给他们提出很多忠告和建议，之后又去科学院作了一份关于苏伊士古运河遗址的报告，并向大家展示了刻有象形文字的罗塞塔石碑。

11月1日，当政府为庆祝马塞纳胜利举行国宴时，波拿巴却没有参加，他正忙于筹划政变。当天晚上，塔列朗设法让他与督政中最聪明的西哀士神甫见面，二人在吕西安住所密谈政变细节。他们二人在野心和才智上旗鼓相当。他们决定，政变当天先散布雅各宾党人阴谋夺权的谣言，以逼迫两院将会议地点改在圣克卢宫举行。之后"为安全起见"，波拿巴将被任命为巴黎卫成司令。西哀士已经与迪科达成协议，然后再通过威逼利诱使其余三位督政辞职。吕西安的建议则是直接以武力解散两院。

当波拿巴重新捋顺整个计划时，他意识到："武力是最愚蠢的办法，通过武力夺取的政权是不会维持太久的。最理想的方式是不需要任何武力，而是通过'合法途径'达到目的。已经厌倦了革命的共和国就像一个女战士，多年来的自卫已令她疲惫不堪，现在她需要一个强有力的男人来领导她，让她依靠。西哀士是个出色的理论家，他创立了宪法，现在他正需要一位像我这样的将军，如果没有我，他就会与莫罗联手，我们暂时是可以相互利用的。贝尔蒂埃、布里昂、缪拉、马尔蒙和勒克莱克都是绝对忠诚的。吕西安、贝尔纳多特暂时也是安全的。只有塔列朗是个危险人物，因此，我必须把他争取过来。危险太多，时间紧迫，必须小心。"

为了保证安全，第二天，波拿巴去塔列朗家再次讨论整个计划，直到深夜。街上传来的马蹄声打断了他们的谈话，两人原以为这些士兵是来抓捕他们的，但其实是虚惊一场。

11月6日，他参加了在卢森堡宫举行的宴会。期间，除了一个心腹仆人拿给他的鸡蛋和面包外，他什么都没吃，对这些人是需要防备的。半个小时后，他便匆忙离开，继续与同谋者讨论政变细节。第二天晚上，参与政变的重要人物应邀到波拿巴家用餐。他们商定在两天内发动政变，每个人分工明确：缪拉、拉纳和马尔蒙负责通知三军军官；贝尔蒂埃通知参谋总部；恰好当选本月议长的吕西安负责掌控五百人院；约瑟夫负责稳住贝尔纳多特；罗布雷负责起草宣言，他的儿子负责排字付印；最后，负责印发会议通知的仆从被安排故意给某些人漏发通知；约瑟芬和波拿巴则分别邀请戈伊埃和巴拉斯用餐，以使他们放松警惕。

波拿巴思索着："难道建立一个新的政府，开创一个新的时代，真的要用这种手段吗？相比之下，军队的生活要干净得多！"

十六、雾月政变

11月9日清晨，法历雾月18日，浓雾笼罩着整个城市。在波拿巴的住宅前却早已人马涌动，每个人都怀揣一种激动的心情。信使回来报告了：一切都在按计划顺利进行，两院会议准时召开，因为某些人未接到开会通知，波拿巴成功地被任命为巴黎卫戍司令。

委任状送来了，完全合法！这位将军与追随者们一同骑马招摇过市来到杜伊勒利宫的花园。波拿巴下马进了元老院开会的这个黑暗、陌生的大厅，来到讲坛上，开始他的就职演讲："你们都已经意识到共和国面临的危险。我们必须建立一个自由平等的共和国！历史上，没有任何时刻能与此时此刻相比，我代表我和我的战友们向你们发誓，在向往自由的朋友的帮助下，我一定可以拯救这个国家。"

"我发誓一定能做到！"这句话不停地在众人耳边回荡。他丝毫没意识到议员们对他阅兵式语调的反感。走出大厅时，他长长地舒了一口气。

回到外面，再度上马，他号召军队拯救国家。同时收到吕西安送来的报告：五百人会议推迟到第二天。

近两个星期，西哀士一直在练习骑马，他幻想着能够骑马率领卫队与同僚会合。但是，卫队没等他下令就出发了，直奔杜伊勒利宫。卫队官兵骑的都是快马，他根本追不上，只好乘马车尾随其后。他就这样被要了。

再看其他几位督政。当穆兰将军得知城中各要塞都已落入波拿巴之手时，便写信给他表示"随时听从安排"。巴拉斯则声称一直在洗澡、刮胡子，直到塔列朗去拜访时，他才决定妥协，只要保证他的自由与安全，随即派小秘书去向波拿巴表明自己的态度。波拿巴当众指责这位小秘书道："这些督政们对法国做了些什么？我离开时，这里和平稳定；回来时，看到的只有战争。10万名将士在战场上牺牲。如此下去，必将导致独裁统治。因此，我们必须建立起一个平等、自由的新的共和国。"这些话不仅是说给秘书一个人听的，更是说给所有巴黎人听的。终于，巴拉斯拿到了他想要的通行证。

老实的戈伊埃并没有与妻子一同出席约瑟芬的早宴，此时，他的妻子正在陪约瑟芬喝茶。他来了。他并不胆小，而且很固执，他竟敢提醒波拿巴对督政府应尽的义务，被波拿巴反驳道："督政府已经垮台。你的4个同伴都已辞职，你是最后一个，还在坚持什么？我是来拯救这个风雨飘摇的国家的。"戈伊埃拒不退让，他和他的朋友被500名士兵软禁在卢森堡宫，直至这出历史大戏尘埃落定。

第一天，5位首脑就这样被波拿巴合法地削权了。但第二天在圣克卢宫，事情可能会更为困难。波拿巴家里正在争吵着。了解全盘计划的吕西安朝拿破仑吼道："不是说好在一天之内完成吗？明天一切都是未知的，我们必须派人抓捕反对的议员，肃清两院！"是的，明天会有很多麻烦。但拿破仑仍坚持形式上的合法性："也许，人们会说我害怕这些将军，但没有人会埋怨我们不合法。我们不需要任何武力，需要的是民主投票。凡是以人们性命为代价的事业，都不会有好下场。"

这天夜里，为了安全起见，波拿巴还是将一把上了膛的手枪放在床边。

第二天一早，通往圣克卢宫的街道便车水马龙，波拿巴的马车也在其中。为避免给人话柄，他只带了几个随从。在今天的会议上，会有人说昨天的事违法吗？两院改变会议地点，并任命新的巴黎卫戍司令，有何不可？督政官们集体辞职有何不可？是否能通过公开投票顺利地任命3位临时掌权者并修改宪法？在波拿巴看来，这些事都是顺理成章的。

但事实并不像他预想的那么简单。因为需要临时修葺布置大厅，会议被推迟到下午1点举行。等待的时间里，议员们的愤怒越聚越多。3位计划将被推举为执政的人在面朝花园的小屋里等待着，西哀士和迪科安静地坐着，另外一个人却不耐烦地走来走去。

会议终于开始了。元老院在楼上的阿波罗厅，五百人院在楼下橘厅，旁边还有一些可靠的观众。全体宣誓后，讨论正式开始，吕西安主持会议。反对派因论证有力、理由充分赢得了越来越多的支持者。反对的呼声高涨："反对独裁！他会给我们套上牢固的枷锁！"几乎所有的议员都欢呼喝彩，形势越来越糟。"我们的军队就在外面，把这些人都赶出去！"耐不住性子的军官们嚷道。对此，波拿巴只是投以冷冷的目光。

波拿巴挂着佩剑出现在元老院会议厅，登上讲坛，身后跟着几个亲信。他们都希望主人今天的演讲能比昨天好得多。

"昨天，是你们把我从家中请出来，担任巴黎卫戍司令；今天，你们却将矛头指向我。要知道，各政党都想努力把我拉到他们一边，而我却心向两院。元老院尽快决定吧！我并不是某些人口中的阴谋家，反法联盟都未能击倒我，我会在意区区几个捣乱分子？如果你们继续犹豫，那你们就必须对法国、对世界、对后人负责！……"元老院的议员打断了他的讲话，质问他，要他说出具体人名。无奈之下，他转身朝向等候在门外的军队，高呼："勇敢的将士们，我知道你们是支持我的。请举起曾经和我们共同见证胜利的刺刀，对准我的胸膛！若是有人敢免除我受法律保护的权利，请你们将他打得粉碎！战神与幸运之神将与我同在……"他的讲话，引得一阵哄堂大笑。布里昂匆忙上前制止了他的演讲，并迅速将他带离会场。一位忠于他的议员急忙发言，搪塞此事。

走出大厅，他如释重负般深吸一口气。他是个领兵作战的高手，同样是个谈判、伪装的高手。在硝烟弥漫的战场上，他都能将这一切冷静地运用自如。在这关键时刻，他是怎么了？似乎他的言语已不受大脑支配。

他坚信通过他的努力，一定可以重建国家秩序，再次将法国引上正轨。每个人的机会都是均等的。但是今天，他必须先向这些思想腐朽、宗派意识根深蒂固的律师们请求，请求他们将这早就该属于他的权利赐予他。但他的士兵们都已迫不及待了。

但是，他对眼前的政体还缺乏了解，甚至自以为他已经获胜了，还派人把这"胜利"的消息捎给约瑟芬。这里并不是在科学院，可以边学边问，他只有一次机会。很快，他又下楼去五百人院准备演讲。谨慎的朋友们派了4名可以完全信赖的彪形大汉随他进入会场。

虽然这并不符合议会的规定，但他还是在4名卫士的护卫下，手持礼帽和马鞭进入会场。"看，波拿巴！"所有人的目光同时都转向门口。"打倒暴君！我们有武器，处死他吧！"雅各宾党人喊道。伴随着呐喊声，已经有一些强壮的议员向他扑了过来，顿时会议厅里打骂声混成一片。幸好有4位战士的护卫，波拿巴才能安全离开会场。在门口，他一时无语，然后很快走回后室。

战场上的枪林弹雨他从不曾畏惧，总是冲在最前线。但是今天，他生平第一次经历这样混乱的场面，自己竟和这群人扭打成一片，既不能开枪，也不能用刀，因为他面对的大多是手无寸铁的人；同时，他还妄想着坚持政变的合法性。

经历了这些事情之后，他不得不选择放弃最初的原则。他决定，如果在对手那里得不到想要的东西，那就用炮火说话。如今，居然有人对他动武，这使他的自尊心严重受挫，愤怒之下，竟抓伤了自己的脸。对了，伤口！他可以将脸上的伤痕展示给士兵们，并告诉他们，是反对者先破坏了法律，他别无选择！

"剥夺波拿巴公民的权利，取消法律对他的保护！"大多数议员呼喊着并准备投票表决。身为议长的吕西安在五百人议会厅里坚持着，企图用喊声和铃声来制止喧闹，但却无济于事。愤怒之余，他脱去长袍，冲出会场，高喊："情况紧急！"拿破仑听到消息后，脸色惨白，随即跑到窗前对军队大喊："枪上膛！"当他跑下楼骑上马，才意识到无人响应。他还没有完全掌控军队。

夜幕降临，所有人都静观其变。波拿巴兄弟俩一起骑马来到士兵前，吕西安抓住时机对士兵喊道："将士们，作为议长，我有责任将会场里面的情况告知你们。在会场里，被英国人收买的雅各宾党人正威胁大多数人将两院委任的将军革职，并想刺杀他，将军脸上的伤痕就是最好的证据。为了国家的安全与利益，请拿起武器，将这些无赖赶出去！"拿破仑随后喊道："我是战神，跟我来！一起干掉反抗者……"吕西安急忙悄声阻止了他的喊话。

"波拿巴万岁！"士兵们高呼，但却没有人采取行动。再不进军，一切计划都将失败。成败在此一举，吕西安夺过一名军官的佩剑，对准二哥的胸膛："我发誓，要是他胆敢威胁法兰西的自由，我将亲手用剑刺穿他。"这一举动奏效了。

缪拉命令吹响总进军的号角。士兵们笑了，拔出刺刀，跟着他，未伤及一人，就把所有暴徒拉出会场。

吕西安急忙上楼去了元老院，劝诱手足无措的元老院任命3位执政。会议持续到深夜，饥肠辘辘的议员们在一家小酒馆用餐后，派30名议员代表法兰西，回到圣克卢宫进行投票。他们都是最可靠的人。结果可想而知，一切顺利进行。社会没有受到任何惊扰，依旧平静。

凌晨2时，在吕西安的坚持下，3位执政在鼓乐声中宣誓就职。"共和国万岁！"就职者疲惫地喊道。凌晨3点，当选为执政的波拿巴与布里昂一同驱车返回巴黎。途中，波拿巴一言不发，直到进了家门，他才开口：

"布里昂，我今天是不是讲了一堆愚蠢至极的话？"

"是的，将军。"

"这些愚蠢的律师都快把我逼疯了，我本来就不善于在公共场合讲话。"接着，他提到了最让他痛心的个人恩怨。

"贝尔纳多特竟然想出卖我！难道我对他还不够好吗？当时你也在场，我真后悔迁就他。只有让他离开巴黎才能抚平我受伤的心……晚安，布里昂。提醒你一下，我们明晚将到卢森堡宫里睡啦！"

第三章　江

以理性畅游历史，
神思跨数百春秋，
渺小者白驹过隙，
惟沧桑常变常新。
　　　　　——歌德

一、拿破仑法典

在金璧辉煌的杜伊勒利宫里，二十多个人围坐在一个椭圆形的会议桌旁。他们来自社会的各个方面：年轻人、老年人；实干家、理论家；工人，文员；战士、学者。此刻，相同的原因把他们聚集在这里：结束长达 10 年的艰辛革命。他们的穿着与气质看起来与这座豪华的宫殿毫不相称。

这里是波旁王朝最后几位皇帝实施统治的地方，这里曾经灯红酒绿。督政官们曾在卢森堡宫为他们的漂亮女友举办庆典，而杜伊勒利宫似乎总是被不幸与幽灵占据。雾月政变两个月后，波拿巴与另两位执政迁入这个有着神秘吸引力的古老宫殿，一扫这里的邪气。他是共和国第一位平民统治者，他还没有做好充分的准备，就连迁入时使用的马车都是租来的，这使巴黎人禁不住大笑。"无论如何我们已经进入杜伊勒利宫，重要的是如何能在这里长久呆下去。"他好奇地环视周围时对一位朋友说。

过去 10 年，在巴黎虽然没有真刀真枪的战役，但是，各政党间的明争暗斗却从未停止过。随着政党间你上我下，理念、思想和法律也走马灯似的被替换着。巴黎就这样在风雨飘摇中度过了 10 年。

当波拿巴作为参议院主席出现在会议桌时，全场立刻安静下来。不管愿意与否，从此，各党派间的争斗停止了。实际上，他已经成为国家的首脑。法国这个厌倦了冒险的女子，终于找到这个唯一能驾驭她的男人。此时，这个战功卓著、万民拥戴的将军不再需要战斗了。从现在开始，他需要统治整个法国，原本被他看做对手的莫罗已无法与他匹敌。

波拿巴想以合法程序取得国家大权的做作之举虽然失败了，但是，这足以证明他的政治天赋。他本可以通过武力轻而易举地掌握国家大权，但是他没有，因为他清楚地知道武力的局限性。他曾说过："在这个世界上有两种力量：智慧和剑。智慧总是最终的胜者，这也是我最欣赏的。"可见，他更相信智慧的力量。他只把剑当做武器中的一种，从不轻易使用。在以后的十多年里，他从未停止过了解民众的心声，因为他一直在追求和平与秩序。

在他看来，秩序意味着平等，但绝不等同于自由。平等是他要捍卫的革命财富。"无论任何人，都需要一个主人来掌控他们的思想，支配他们的行动。服从是他的天职，他没有权利也不配得到更好的待遇。"这只是他的部分想法。因为，真正有才能并坚持自身后天努力的人，会被他赋予统治其他人的权力。无论怎样，他永远是革命之子。

出身贫寒的波拿巴，如今能成为法国第一执政，独揽大权。他的成功，使人们更加相信：无论出身贵贱，只要能力卓著，权势、地位和财富就都会找上门来。他在选拔人才方面，不论职位高低，都任用能者。一些重要的岗位，如参议员、大臣、军官、法官、省长等，都由他亲自挑选任命，被选中的人有权力再选出他的同僚。即使如此，参议院、立法院和护民院都没有提出法案的权力，这些机构只是提供给政客们的一个论坛。为了表示对科学的尊重，一些学者也被选进政界，如致力于天体力学研究的拉普拉斯被任命为内政部长，罗德雷、特隆歇等也都被任命了重要职务。

如今的参议院，人人平等，各党派并肩而坐，因为他们崇尚理性。第一执政对会议记录者说："法学研究者们的观点一定要详细记录，相比之下，他们的观点才是最有价值的。情绪激动时，我就会失言……我希望大家都能有自己的见解，而不是为了呼应我。"

因为公务繁忙，这样的会议经常是晚上9点或次日清晨5点开始，难免会有些议员甚至部长打瞌睡。波拿巴发现后，会叫醒他们，并大声说："公民们，请保持头脑清醒，这样才有薪水拿！"虽然他是与会者中最年轻的一个，仅30岁，但是丰富的战争经验教会了他如何管理一个国家。

健全的法律，是一个国家稳定的基石。11年前的政府就承诺制定一部法典，最终因无法兑现而垮台。因此，在政变当晚，他就派人起草了一部法典，之后又委派3名大法学家，经过4个月的努力，终于出炉一部后来被称为拿破仑法典的草案。一年半后，参议院投票正式通过这部法典。

这部法典对几乎整个欧洲以及后世都影响深远。直至今日，它一直是欧洲国家民法立法的基础。这部法典涉及到生活的各个方面，包括废除贵族世袭制，子女们享有平等继承的权利，父母都有抚养子女的义务，各宗教权利平等，婚姻关系等。后经专家提炼修改，最终成为一部提倡人权的法典。波拿巴对这部法典进行了仔细的研究，并对争议之处作出裁决。

由于他深受科西嘉观念的影响，因此有关婚姻方面的条款让他思考很久："在法国，通奸时有发生，而且很容易发生。女人会为了达到自己的目的对丈夫不忠，必须对这样的人加以约束。"在他看来，法律无权剥夺一个女人行使妻子的权利；许多男人是因为妻子才犯罪的，因此妻子要和丈夫共同受到惩罚；结婚后，新郎有权力和义务监管新娘，这对为所欲为的巴黎女人尤其适合。

婚姻也必须存在秩序。虽然他准许离婚，但是他不允许轻易离婚。为了避免年轻人草率地结婚、离婚，他加大了离婚的难度，只有在谋杀、通奸和性无能3种条件下，离婚才被允许。

这位天才统帅同时具有一个适于思考法律的头脑，因为他保持理论与实践相结合。在研究有关婚姻方面的法律时，他想到了约瑟芬，内心进行着强烈的思想斗争。因为害怕离婚，约瑟芬也积极地参与了相关条款的制定，她战战兢兢。结果，波拿巴还是在法律中给自己留了条后路。

"在双方经协商，未能达成谅解，且具有强烈离婚愿望的夫妇，离婚是必要的，法庭应给予支持。"强烈的家族意识促使他反对家丑外扬，他补充了一条：只要双方自愿离婚，离婚原因可避而不谈。法庭的职责是确认离婚，家庭才有权决定离婚。

为了使决定离婚的夫妻有机会再达成谅解，波拿巴在法律中引入"半离婚"即"分居"这个新概念。为了维护家庭秩序，他主张女子犯通奸罪的，必须受到法律的制裁，除非离婚。同时，他还提出将法定结婚年龄由原来的女子13岁、男子15岁修改为女子15岁、男子21岁。

后期，这部法典实施并完善了儿童法。法律规定：孩子的利益高于一切。虽然父亲在一定条件下有权力怀疑孩子的身世，但在不必要的情况下，应尽量保持沉默。他还主张，家长对孩子有长期抚养权。有人建议简化收养子女的法律程序，他反对道："这不是简单的法律问题，而是新建亲情关系的神圣行为。"

罗德雷曾这样评价波拿巴："他有着惊人的专注力和分析能力。议会上，他可以在长达10小时的谈论中，专注同一话题，或谈论多个议题，从未出现记忆混乱。"

年过八旬的特隆歇与他相互敬佩。波拿巴仰慕特隆歇理性且有深度的思维，特隆歇则羡慕他精准的分析能力和法律意识。波拿巴习惯用两个指标来衡量每条法令：公正、实用。他也重视借鉴先例，尤其是罗马法和腓特烈大帝时的法律。

他就像不知疲倦的铁人一样，永远精力充沛，头脑清醒，即使每天工作18小时。其他执政和部长们，早已被他折磨得体力透支。在会上，他们研究了37部法律，提出包括制造面包、铸造钱币、稳定社会等各个方面的问题。回去后，部长们每个人还要写出详细报告。一位同事这样写道："3年内，他处理的事务足够之前的国王们处理100年。

这个天才擅长治理、管理、谈判等各方面，令人丝毫不敢懈怠。"令人吃惊的是，他似乎精通各个领域，使得没有人敢敷衍他。他精准的记忆更是令人折服，塞居尔在报告中遗漏了几千门大炮中的两门，都被他指了出来。

10年中几乎无人治理的国家，在治安、卫生、财政等各个方面都存在着严重的问题，通货膨胀现象严重，暴发户们借机敛财，逃避纳税。现在，这位新的独裁者上台，一切开始逐渐有规律地运转起来。

财政方面，稳定的税收是一个国家富强、安定的基石，所以在上台后两个星期，他就在全国设立了税务机关。之后两年内，又先后建立了法兰西银行、海关、土地和林业管理机构。他开源节流，将资产用于偿还国债；他整顿交易，打击投机，恢复通商等，以缓解通货膨胀。他的一系列举措大大促进了原本停滞的生产力的发展。

他究竟施了什么魔法？

英雄不问出处。所有职位都是任人唯能，且都是由上级直接任命和管理。波拿巴用"微型金字塔"来形容等级制度，每一层都有第一领导。他自豪地说："我没有依靠任何政党和个人，因此，我不用看任何人的脸色。聪明人都将为我所用。我将两个最重要的部长职位分别任命给两个政党，让他们在竞争中为我效力，同时让人们感觉到社会的公平，任何人都有生存的空间。"

"即使少数有领导欲望的人对我不满，但他们都心知肚明，自己不是我这位掌权人的对手。因此，不会有什么反对意见。"他还向全国下令：禁止再成立俱乐部和党派。政变后，他向民众积极推广新宪法，并颁布一则简短却充满自豪的通告："革命结束了。我们要继续坚持基本的原则。"

二、马伦哥大捷

战争没那么容易结束。

不久，奥地利向法国宣战。波拿巴以国王般的骄傲和威胁性的语气致信奥地利皇帝："我受法兰西民众的委托，担当起国家元首的重任。没想到我再次回到欧洲，两国会再次交锋。"奥皇对此不屑一顾。酝酿已久的战争，即将爆发。

首先，他组建一支由经历四次战役的士兵组成的近卫队，保护自己。之后，他派莫罗驻守莱茵河一带，自己则紧锣密鼓地准备进军意大利。敌人已经熟悉他的战术，他必须想出新的作战方案，明修栈道，暗渡陈仓！表面上，他不顾维也纳人对他的嘲讽，大张旗鼓地组建由新兵组成的后备军，暗地里，他组建一支由 3.2 万人组成的精锐部队。汉尼拔曾经征服阿尔卑斯山，而如今，波拿巴准备带领他的部队拖着大炮翻越大山。他们伐树做橇，将炮管置于其上，借助自然之力，将大炮滑下山去。

就这样，两千年来，第一次有军队翻越大圣伯纳山，而且是拖着大炮。年迈的僧侣们都以为自己眼花了。牧羊人为他带路，陌生人送他家产。多么传奇的军旅啊！士兵们被眼前发生的事情所鼓舞，坚定了他们的意志。他们所信赖的统帅将带领他们重返 4 年前被视为乐土的伦巴底。敌军却全然不知，在奥军司令给帕维亚的女友报完平安的 12 小时后，波拿巴便占领了这座城市。

波拿巴的情况并不乐观。6 月中旬的战争，他节节败退。士兵们落荒而逃，他用马鞭抽打地面，怒喊："不要逃！再坚持 1 个小时援军就会赶到！"但未能阻止士兵从他眼前后退。危急时刻，负责增援的德塞带着后备军连同轻骑军终于出现了。经过两小时奋战，最终取得了马伦哥战役的胜利。不幸的是，德塞没有机会见证这胜利的时刻，他阵亡了。

波拿巴站在战场上，久久未曾离去。自己未曾攻下的战场，被另一位优秀的将军拿下了，但他却永远失去了他。他只能这样宽慰自己："战争的胜利源于我独自筹划的作战方案，德塞只是执行者。"尽管这个说法十分牵强。这场战争和雾月政变一样，借助别人的帮助，先败后胜。

在马伦哥战役胜利后，面对惨烈的牺牲，他感到战争与谈判有必要同时进行。于是他再次给奥皇写信："亲爱的陛下，我相信，如果没有英国人的挑拨，您会接受我的提议的。战争夺去了成千上万条鲜活的生命……我亲眼目睹了 1.5 万名战士在马伦哥战场倒下，惨烈的情景让我痛心……如果您能亲临战场，一定会和我一样感同身受……您已身披无数荣耀，请结束这场本不该开始的战争吧！……无论是现在的我们，还是后世，都需要和平与安定。这是聪明人的选择。"

波拿巴是真正的和平主义者吗？绝对不是，但他的信中充满了对和平的渴望。在战争结束前，这样的信件还将陆续发出。他是个对战争极其敏感的人，他写信是因为他没有十足的把握取得胜利。智慧与剑，两种力量被他完美地结合，他在战争中学会了谈判。他希望自己的英雄形象永远停留在欧洲人的脑海中。

如今，法国需要的是稳定，更离不开他。他不能长期撇下国家，逗留国外。不久，他便匆忙赶往米兰。

巴黎方面是什么反应呢？在罗德雷的日记中，有这样一段描述："11 年来，巴黎人最大的愿望是推翻暴君。如今，工作、资金、房屋、树木等一切都好。如果，这个功勋卓著的政治天才死掉，会怎么样呢？"这表明巴黎人正充满疑惑地关注着他。

但塔列朗在给波拿巴的信中写道："尊敬的阁下，我刚从宫中回来。无需我向您描述法国人得知您凯旋后的激动与敬佩……任何一个帝国的建立都充满奇迹。但后人会相信这个奇迹吗？"面对这个了解他内心真实想法的小人，他只是微笑。

与此同时，他还接到了富歇从巴黎发来的报告：波拿巴不在期间，塔列朗召集亲信，商讨如果他发生意外不能回国的应对方案。胜利的消息传来时，他们正在吃晚饭！波拿巴双唇紧闭，心想："他肯定很失望。他们竟然希望铲除自己的主人，良心何在！"

在动身返回巴黎前，他到斯卡拉歌剧院看望了曾被他拒绝的意大利女子格拉西妮，并犹豫是否要将她以情妇或明星的身份带回巴黎的歌剧院。

经过短短数周奋战，奥地利被攻破，并签订了《吕内维尔和约》，整个莱茵河区域被法国收入囊中，奥方还接受了重建的西沙平共和国。虚伪的同僚们打算为这位英雄举行隆重的欢迎仪式，却被他果断拒绝了。"我看中的是民众对我的认可，形式并不重要。而且，我会以'奇袭'的方式回到巴黎。"不久后，他又以更加傲慢的语气说："我同意为我建造纪念碑。不过你们只管选个好位置，建碑的事，留给后人吧！"

之前，他通过武力赢得和平；现在，他又通过智慧的谈判，巩固来之不易的和平。在他上台两年内，奥地利、普鲁士、巴伐利亚、俄国、那不勒斯、西班牙、葡萄牙甚至英国这些往日的敌人，都先后与法国结成同盟，并承认这个与之交战十年的共和国的合法性。曾经饱受欺辱的国家，如今成为欧洲第一强国。接替皮特之职的福克斯是较为理智的人，当他结束对巴黎的访问返回英国时，别提有多兴奋。

仅仅作为第一执政，波拿巴就通过和平的方式，使荷兰与上意大利这两个邻国转变为执政体制。奥地利和英国都识趣地不再干涉他扩张势力范围。德意志的王室成员们，甚至能与这位抢夺他们领土的人坐在一起，商讨莱茵河左岸诸侯们的补偿问题，这让他更看不起腐朽的封建王室。

他不允许自己的事业有任何缺陷。

当所有人都站出来反对基督时，他却逆势而为，积极讨好僧侣和教会。他这样做，不是因为他信仰基督，而是因为他认识到古老的宗教在人们的思想意识中根深蒂固。他要与社会主体友好相处，并使其成为自己的工具，不论是穆斯林，还是天主教。

在巴黎，他大胆地和主教们走到一起，并以他认为最差的职业——哲学家自居，和他们探讨宗教与哲学。他说："我这个哲学家深知，一个人无论身处何地，必须全面了解自己，只有这样才能称之为有道德的正直的人。天主教则明确了人类的起源与终结。宗教，指引人们走向光明。"这些话，震惊了罗马人。第一执政想给前来谈判的孔萨维来个下马威，但这位红衣主教始终能微笑着周旋。而塔列朗却冷眼旁观。双方达成了广泛的协议，如：神甫需独身，由梵蒂冈选举主教，恢复旧的宗教法律。不过也有进展：罗马同意由政府向教会提供资金。这样，政府取得了决定性的控制权。

为协议盖章的仪式定在巴黎圣母院举行。第一执政和众高官原计划只来唱唱赞美诗，后来也听了弥撒，但没有参加其它"可笑的行动"。来之前他问弟弟："我们去做弥撒，巴黎人会怎么看？"

"围观。讨厌的话就会嘘声一片。"

"那就让卫兵将起哄者扔出去！"

"要是卫兵也那样呢？"

"不会的。他们会尊敬巴黎圣母院，一如在开罗时尊敬清真寺。当他们看到自己的将军一脸严肃时，他们会照做，并告诉自己：'这就是军令。'"

三、终身执政

10年执政任期已经不能满足他的统治欲望。他从未想过8年后将这来之不易的权势和地位转交他人。于是，在他向依赖他的参议院暗示后，参议院通过了执政可以连任一届的法案。但是，这还不够。通过进一步暗示，参议院批准了执政"终身制"的新模式。

他和凯撒一样，都是聪明人。他想方设法让人们主动赋予他权力。全民公决结果：四百万人支持，只有几十人反对。他以压倒性的优势，让人们赞成再次赋予他更大的权力：独自与他国签约，任命参议员，甚至有权选择他的继承人。他对自己说："从现在开始，我和其他君主一样，可以终身执政！"

并不是所有投赞成票的公民都是诚心支持他的。当他凯旋回到卢森堡宫时，欢迎的掌声稀稀落落。他为此质问警务部长："难道，你没有想到事先安排欢迎仪式吗？"

富歇答道："我们是古高卢人的血脉，继承了传说中既不能忍受自由，又不能忍受压迫的思想。"

"什么意思？"

"您最近的执政举措，让巴黎人感到完全没有自由，唯一感觉到的只有独裁。"

"如果我不独揽大权，恐怕执政6周都很困难。"

"如果，您能做到仁慈、公正和强大，那么，您很快就能再次赢得民心。"但是富歇自己却不具备他所说的三种品质中的任何一个。

"我会想办法改变民众的观点的。"说完，波拿巴转身离开。

富歇就在这两分钟的谈话后丢掉职务。警务部也不复存在，被波拿巴划归到司法部。为了表示歉意，他任命富歇为参议员，还将富歇上交的 250 万法郎的储备金拿出一半赠与他。加上自己没有上交的钱，富歇赚了一大笔！这就是第一执政对待危险的知情者的手段。

他不愿依靠任何党派和个人，但却善于利用公众的舆论。他坚持终身执政制由全民公决，因为他想给自己权力的来源披上合法的外衣。这表明，他正在革命与正统之间徘徊，始终心有余悸。他根本无法掌控局势。

波拿巴希望像罗马统帅那样，独揽大权。不同的是，他只想依靠自己卓越的才能获得权力，而非依靠武力。他更希望成为大权在握的国王，像古代或普鲁士的那样。然而，他希望通过早已有名无实的民主方式获得这一切，时代也要求他这样做。他一直保持着革命的基本原则：能者上，庸者下。这是有道理的。他通过一系列的努力，使得他的权力愈来愈趋于合情合法合理。他在挽救革命的同时，也扼杀了共和国。

古代思想将他引向东方，同时导致他在发动政变时，面对参议院手足无措。保利——第一位了解青年波拿巴的人，曾这样评价他："你来自普鲁塔克时代！"他在圣克卢宫的办公室里摆放了西庇阿和汉尼拔的半身像，作为他人生追求的两个目标。

波旁王室的人率先来巴结他。政变后不久，被绞死的法国国王的弟弟普罗旺斯天真地想拉拢他帮助自己登上王位，并承诺以重金酬谢。这个后来真的即位被称作路易十八的人向他请求三次后，他才写了回信：

"先生，您好！您的来信我已收到。首先，感谢您对我的认可，但是我决不会付出十万人的生命，助您重获王位。对于您家族的不幸，我深表同情……如果您愿意为法国人民放弃个人利益，我承诺保证您私生活的安定与富足。波拿巴。"波拿巴以这样带有讽刺意味的花言巧语拒绝了这位王子，并把责任推给波旁王室。就这样，王子公开妥协了。

相比之下，波拿巴却主动走近旺代的保王党人，企图拉拢他们。当这个幸运儿身穿绿色旧军装，头发凌乱着走来时，竟没有人认出是他。

"请归顺我吧，我的政府年轻且理智……别再为胆小无能的王公们卖命了。他们不该在旺代领导战斗吗？那里才是他们的位置！"波拿巴说。

"他们留在伦敦是政治因素导致的。"贵族们辩解道。

"即使是一只渔船，他们也应该在第一时间跳上船，渡海来此！"这个年轻奇才曾经仅凭一艘小型军舰，从敌人眼皮子底下漂洋过海回到祖国，这是他发自肺腑的呼喊。"只要你们站到我这边，官职任你们挑选。投靠我并不是一件丢人的事……如果你们拒绝和平，我将派十万大军，摧毁你们的城市。"听听他是怎么威胁和利诱的。

"您若敢来，我们将把您的军队打得丢盔弃甲。"伯爵坚定地回答。

"你敢这样威胁我！"他恶狠狠地喊道，但他最终平静下来。伯爵们搞不懂他态度的变化，无功而返。尽管如此，他还是以丰厚的条件拉拢了许多外逃的保王党成员，使四万多家庭回国。他还接受了"持形而上学哲学理论"的雅各宾派，他要将中立党派拉到自己这边。

这位仁君作出过如下指示：

"如果今年冬天像1789年那样寒冷，必须在教堂和市场里生火，为更多人取暖。"

"冬季天气恶劣，肉价将会上涨。可以通过开凿运河、兴建码头、修补道路等方法增加巴黎的就业岗位。"

"必须为可怜的乞丐们建造更多收容所，为他们提供食物和工作。"

"必须采取措施增加就业岗位，以降低居高不下的失业率。增加政府采购是快速、有效的办法。明天，你的计划就要交给我，这样工人就可以马上复工了。"

他废除了一些不合理的条文，如禁止穿制服的工人通过杜伊勒利宫花园，允许开设赌场，关闭公共阅览室等。他认为，没有人可以剥夺贫苦人阅读的权利。同时，他还下令下调法兰西剧场周日票价，以便普通百姓有机会入场观看。

他注重教育，尊重科学，并颁布新的教育法，设立国民学校、公民学校、高级中学和应用技术大学。三年后，全国拥有4500所小学，750所实验学校和45所高中。全国共有6000个公费学习的名额，功臣子女得到了三分之一。他尊重科学院，三分之一的首届参议员来自科学院。他下令内务部在各个艺术门类中分别选出十名杰出艺术家，这是对他们的肯定。他还下令，将他在历次战役中的英勇事迹制作成大型壁画。艺术规则由国家制定，他解释说："人们之所以埋怨我们没有文学，要归罪于内政部长。"

在社会安定时期，波拿巴通过设立荣誉军团来满足人们的虚荣心。这个军团不是军官们的俱乐部，是对有卓越贡献者的奖励。军团总长是他亲自任命的一位自然科学家。在这个军团里，大部分人反对封建王朝，忠心于他。当有人反对这个团体的存在时，他反驳道："我相信，每个共和国都需要荣誉，这看似小孩玩意，但却可以抓住成人的心。我了解法兰西人民，他们各个野心勃勃，极度自信，10年间未曾改变。因此，我们需要用取之不尽的荣誉来褒奖那些金钱无法衡量的高尚行为，满足他们的虚荣。这些话，我只对你们这些通情达理的人和政治家说。"这段话，表明他内心深处的三个想法：对人类的蔑视，对民心的了解和一个外国人的批判。法兰西只是他的第二祖国。

四、暗杀与小册子

1800年圣诞之夜，在第一执政和妻子、女儿共同前往歌剧院的路上，一辆没有套马的空车，挡住了他们的去路。他们不得不先推开空车，让出道路。谁也没有想到，就在他和家眷的两辆马车行驶过这量空车不远时，空车里暗藏的炸药爆炸了，约二十人死于非命。感谢好胜的车夫拼命赶路，他和他的家人才没有受到任何伤害。执政进入歌剧院，一直保持平静，只是说了句："有人想谋杀我。我要看一下节目单。"

当晚，动人的音乐没能使他像往常一样忘却一切，因为他一直思索着这场暗杀背后的阴谋和可怕后果。究竟是谁要置他于死地，此时已经不重要，重要的是让谁成为策划者对他最有利。他决定，借助这次失败的暗杀来解决他所有的问题，此事不能有丝毫懈怠。

次日清晨，各方首脑前来祝贺他安全脱险，并异口同声地认为：此事必为保王党为之。他却气愤地反对道："你们都搞错了。九月党人有知识，爱想象，善于发动群众，应该是他们做的。我们能做的是：饶恕他们，以显宽容；或者严厉惩罚，以儆效尤。这次，我赞成让他们付出血的代价，以告慰死难者在天之灵。这些形而上学者给我们带来太多的不幸。"他反对参议院提出的成立特别法庭彻查此事的提议。

在波拿巴慷慨激昂的演讲后，年迈的特隆歇依然坚持这是英国人串通流亡国外的保王党干的，他们善于这种勾当。特隆歇的执着令他愤怒："难道你们想让我把贵族和神职人员都发配吗？难道你们想打破旺代长期的安定吗？我宁愿解散只有两三个人支持我的参议院，也不想与世界第一宗教的信徒为敌。因为，如果我那样做的话，法国将真正陷入危难。历史上，法国没有任何时期比现在的局面更好。许多在爱国者中滥竽充数的人，现在竟然站出来称自己热爱自由，这些谎言，只适合在朋友聚会上说说而已。"他中途便离开会场，不知参议员们是否理解他的真实想法。

他是一位擅长统治的艺术家。他懂得审时度势，相机而动。为了他的个人安全，他积极采取严厉措施，将各大城市首脑驱逐出境。只有这样做，他才能安心睡觉。至于那些循规蹈矩的阴谋家，他不屑一顾。

巧合的是，在他的肉体遭遇行刺事件的同时，一部名为《凯撒、克伦威尔和波拿巴》的小册子刺中了他的精神。这本小册子主张建立君主世袭制，竟然以建议的口吻公开他心中的秘密。

这两次打击，给自由套上了枷锁。在保护条款存在的情况下，他罢免了近五分之一的护民院和两院成员；贡斯当、谢尼埃和其他杰出民主主义者也在被排挤之列。从此，新闻出版自由受限，73家报社中的61家被查封，所有小册子和节目必须经过审查。当有人反对时，他说："法国不同于英国，政府刚刚诞生，形势还不稳定，在这种情况下，总有人对我不满，甚至造谣诬陷，说我因为害怕被毒害，几天不敢吃东西！……在这种情况下，唯有将政治斗争的平台毁掉，各党派才能少生事端。"

他这些办法，有效地将自由精神拒之门外。

五、兄弟失和

令人意想不到的是，这本小册子竟出自于在雾月政变时救他于水火的亲弟弟吕西安。他是拿破仑的4个兄弟中最有才能和野心的一个，他比拿破仑小6岁。他依靠哥哥有了现在的地位，但他还不满足，始终垂涎哥哥的位置。他心里总是在想，雾月政变是依靠他才成功的。他又怎能甘心一直活在拿破仑的阴影里呢？

政变后，虽然吕西安仅当选为内政部长，但他还是会情不自禁地暗暗在心中与哥哥相比，看在同一件事情上，自己是否能做得更好。他与约瑟芬之间的矛盾导致他与富歇不和，所以富歇总是将责任推到他的身上，就像发行小册子的事一样。

吕西安与拿破仑极为相似。他们都肆无忌惮，不讲道德，总是微笑。但与二哥相比，他贫于算计，多了些冒险，少了几分政治家的素养。他25岁就已位高权重，但他并不满足。他与某旅社老板的女儿结婚后，倒卖粮食，销售专卖权，坐享奢侈生活。巴黎附近最漂亮的宫殿被他买下，并装修改建。这里总是歌舞升平或举办诗会，这些都或多或少地挑战了拿破仑的权威。

吕西安当面讥讽拿破仑，说政变的胜利全都依赖于他。这必然激怒拿破仑。看在兄弟情分上，他只是将弟弟的部长职位罢免，再将他派去马德里担任公使。凭借智慧，吕西安在新的职位上游刃有余，可以说，钱财、政治双丰收。不久，他第一任妻子去世了，他很快又投入到一段新恋情中，并且不顾拿破仑的反对，和这位与当年约瑟芬有着同样名声的美女结婚了。

大哥约瑟夫，为人善良，通情达理，同样是借助拿破仑的势力飞黄腾达，但就连他都公开表示对拿破仑不满。除了一家之主，他似乎对任何职位都不感兴趣。有着诗人气质的二弟路易，因缺乏主见，竟放弃自己深爱的女人，选择了毫无感觉的奥坦丝。善良、轻浮的热罗姆是四个兄弟中最小的一个。二哥一直严格要求他，并把它送到海军实习。

贪婪的妹妹们，同样得到封赏。爱丽莎因为和吕西安身着内衣同台演出而被巴黎人耻笑，被哥哥谴责。卡洛丽娜的丈夫缪拉与约瑟夫的连襟贝尔纳多特阴谋造反，被拿破仑知晓，遂起杀念。拿破仑最宠爱的妹妹波丽娜在前任丈夫阵亡后，嫁给了生活在罗马的博尔盖泽侯爵。连舅舅都沾了他的光，先后成为大主教和红衣主教。

亲人中，除了母亲为他担心外，其他人都在享受本该由拿破仑享受的一切。但是，他却因为忙于政务而无暇消受。

究竟是什么导致这个家族戏剧性的生活呢？根源在于拿破仑的虚荣心、纵容和他急速膨胀的势力地位。他毕竟是个外来的君主。科西嘉人的家族思想始终影响着他，他们关注荣誉远胜于财富。

他是政治领袖，但面对无法生育的命运却束手无策。作为国家第一执政，才30岁的他，强烈地希望能有子嗣来继承他通过艰辛努力获得的一切。约瑟芬这个已经是两个孩子母亲的女人没能再给他生一儿半女，他只有寄希望于兄弟们。罗德雷在他刚上台时就曾提醒过他这个问题，并建议如果没有亲生的也可以早日过继一个孩子，对他言传身教。

无法生育的约瑟芬可以无所顾忌地过着放荡的生活，她的技巧俘获了许多男人的心，也包括这个科西嘉的后裔。如今，这一点却危及到她的婚姻。即使如此，拿破仑仍然没有放弃这个女人，因为他是个念旧且心软的男人，经不住这个红颜知己的泪水。

他的兄弟们是时候回报他了，他所需要的就是一名继承人。他逼迫吕西安离婚，让他选择一个名门望族的女人，为他生下一个继承者候选人，但吕西安坚定地拒绝了。这不仅是因为爱，更是为了挑战二哥的权势。拿破仑一怒之下赶走了吕西安。同样，他为此也和路易产生矛盾。他把路易和约瑟芬女儿所生的儿子当作继承人，引起妹妹们的不满，毁谤他是孩子的亲生父亲。约瑟芬并没有理会这个谣言，反而认为这个孩子可以挽救她的婚姻。

母亲莱蒂齐娅因不满拿破仑的做法，宁愿跟吕西安一起流放到罗马。远离这个万众瞩目的儿子后，她同样享受上层社会的优待，生活得更加幸福。

虽然拿破仑没有与妻子离婚，但是他已不再忠于这个女人。他先后与多个女人私通，乔治就是其中之一，她的诚实令他高兴。婢女迪夏泰尔也是他喜欢的类型：温柔、苗条、金发飘飘，他甚至可以为了这个女人和约瑟芬离婚。但这些都是次要的，因为他每天都在超负荷工作。

六、处死当甘公爵

"除了重大事件的计划书外，波拿巴从不执笔，都是由他口述给一个只有 20 岁的名叫梅内瓦尔的人记录。这个人是唯一被允许进入波拿巴书房和私人房间的人。被波拿巴锁在柜子里亲自保管的一张地图和备忘录，清晰地记录着他的所有计划。拿到这些计划的人能够轻而易举地推翻他，而这个人只能是梅内瓦尔或负责打扫他私人空间的男仆。"是谁如此大胆写出这些话？正是波拿巴指使梅内瓦尔写的。

这是一场精心策划的阴谋，所有细小的环节都被一一列出。他密令司法部长派人把这封信带到慕尼黑，以此接近英国王室派来的间谍。

这个冬天不会平静。反对者逐渐露出马脚。派往伦敦、旺代和巴黎的潜伏人员已经迫不及待准备行动，而波拿巴仍有条不紊地寻找证据，直到获取全部信息：原本势不两立的雅各宾派和保王党准备联手对抗他，保王派的皮什格鲁和共和派的莫罗两位将军也准备携手合作。是时候动手了！

当整个计划被公之于众时，欧洲各国首脑无不惊叹于他的谨慎，并深感畏惧。他们更希望他的对手获胜。英国部长们颜面尽失。波拿巴犹豫再三后，将德高望重的莫罗逮捕，最后将其放逐到美国。皮什格鲁在牢里死于非命。另有 13 名叛党被处死。

波拿巴最感兴趣的线索是：一名波旁王室成员也参与了此事。这个人是谁？会是孔代家族的血脉当甘公爵吗？他一直在莱茵河一带活动频繁。无论如何，就是他了。波拿巴要拿当甘公爵开刀，警示其他王室成员，不要再让法国领袖夜不能寐。

经过准确无误的计算，他派300名轻骑兵偷袭了当甘公爵生活的小城巴登，将其俘虏并押往巴黎的一个要塞。波拿巴中了塔列朗的奸计：将当甘公爵送上军事法庭，并连夜严厉审讯了英雄孔代公爵的这位自信、勇敢的后人。波拿巴草拟了一份提问稿，由一名参议员提问：

"您和英国间谍合谋过吗？"

"从没有。"

"如果皮什格鲁成功，您会入侵阿尔萨斯吗？"

"不会。"

"英国资助过你吗？"

"资助过。"

"您想过借助英国的力量吗？"

"想过，为了我的祖国。"

"那您是否通过为英国做事来换取攻打法国的武器？"

"孔代家族只有依靠武器才能重返家乡！"

即使执政曾答应约瑟夫会放过公爵，可公爵还是在审讯的第二天被枪决了。

整件事，除了越境偷袭巴登，强行将公爵抓捕回法国不合法律程序外，其他都合情合法。之后的事，被塔列朗言中了：这不只是简单的犯罪，而是严重的大错。这位过去7年没有任何暴行的政治家开杀戒了！公爵的死，无疑挑战了欧洲其他国家的统治者和他们千百万的拥护者，成了人们反对他的导火索。

公爵死后第二天，几个客人坐在餐桌旁，沉默不语。起初，波拿巴和约瑟芬也都一言不发。一会儿，波拿巴讲话了："至少，他知道了我们的能力。短时间内，我们的生活会保持安宁。"饭后，他走来走去，向客人们解释他的理由，接着又大谈天才与政治家，尤其是腓特烈大帝："一个政治家可以情感丰富吗？有谁了解他的寂寞呢？政治作为他的望远镜，应该保持真实。经常由不相称的马匹为他拉车，这些小事牵扯着他筹谋大事的精力。聪明的人不会轻易指责、激动，因为他们知道所要付出的代价……"

突然，他转移话题，让人为他朗读这次阴谋的文件，而后喊道："这些人想杀死我，制造混乱！反叛者不论是谁，都要受到同样的惩罚……我必须打击他们，捍卫革命。杀死我，对他们没有好处的……真正的勇士应该通过战斗来夺回祖国！……我杀人是被迫的，也许还会继续，因为这是保卫革命必要的。"说完，他遣散了所有客人。

发泄了这么多，他还是没有透露半点他那让人震惊的计划。

七、当选为皇帝

当甘公爵被处死一个星期后，参议院的一个委员会以保护国家元首的名义，以民众意愿的形式向波拿巴提出两个奇怪的申请：建立最高法院和君主世袭制。

建立帝制，是他根据形势的变化临时作出的决定。发生的一切都印证了他的一句人生格言："最初就计划好去向的人，不会走得太远。"他是个懂得适时抓住机会的人，他的野心随着权势而迅速膨胀。无论大事小情他都能计算精准，更显示出他的才能。

丰富的幻想、对古代英雄人物的膜拜以及强烈的家族荣誉感，这一切都令他急需一个永恒的、独一无二的尊荣，这个尊荣就是曾经统治欧洲数千年的王位。不同的是，内心狂野、冷漠、睿智的他倾向于把坐在王位上的人的称呼由"国王"改为"皇帝"。

当他如愿以偿登上皇帝的宝座后，他经常说："所谓的王座，不过是在一块木头上罩上天鹅绒而已！"何等轻蔑的语气！难道他没有意识到辉煌的宝座后面暗藏的危险吗？在政治方面，他精于权术，懂得如何用荣誉来影响人们；作为政治家，与艺术家们的不同之处在于：他不能寄希望于神灵，他必须拥有权力，因为民众只认权力。

亲眼目睹波旁王朝被推翻的他清楚地认识到：只有天才才配坐在皇帝的宝座上。即使他的才能无法世代相传，他依然希望自己通过8年的努力所获得的权势，能够由他的血统来继承。

他瞧不起波旁王室的懦弱，他鄙夷英国、法国、普鲁士国王们的没落。后来，他说了这样一段伤感的话："我形单影只，靠自己的能力争取世界的和平与安宁。这就是我处处克制、慎用武力的原因。"

他不仅是位英雄，还是一个有着淳朴情感的人。当罗德雷劝他离婚，再娶一个能为他生下子嗣的人时，他气愤地喊道："到目前为止，我始终保持公正的态度来治理国家。现在，为了我的地位，要我和同甘共苦的妻子离婚，这对她公平吗？我是人，不是老虎，我不能这么残忍。"但子嗣问题怎么解决？"我的兄弟们依靠我才跻身上层社会。只有出身望族，或能力超群，才能统治法国。"他的错误想法将导致他最终的失败。

在恢复帝制的问题上，他依旧坚持全民投票。法国人热情地接受了12年前被他们亲手推翻的帝制。就像修改一条宪法一样简单，仅仅几天时间，一切都有了结论：几乎全票通过。反对者只有参议院里的3个宿敌，以及他那颇有远见的崇拜者卡尔诺。很快，结果公布了，并和新宪法被一同送到圣克卢宫。

他今天的成就绝非神灵或群众给予他的。一天晚饭后，他坐在窗边，倾听约瑟芬和雷米扎夫人谈话。突然，他起身转向雷米扎夫人，以惊人的坦诚态度说道："对我枪决当甘公爵一事，你们是不是仍记忆犹新？他算什么？不过是个有影响的流亡者……两年前，我通过民主方式获得权力……他打消了我再当两年执政的念头，促使我提前登基。法兰西信任我，我的需要就是它的追求，它应该尽早意识到错误……我还是有机会与势不两立、欺软怕硬的雅各宾党和保王党和解的，只剩下共和党人继续反对我……不久，法国人便会重新接纳最适合他们的形式——君主制。我相信，雷米扎也会对这个熟悉的环境备感亲切……自由只是人们追求平等的借口……如今，我众望所归。只有笨蛋在这种情况下仍无法统治国家。"

此刻，我们能做的只有倾听这位年仅34岁的皇帝对命运的看法。在这样亲切、自然的氛围里，可以清晰地感受到他对世袭贵族若即若离的矛盾心理和对愚笨的人们的蔑视，了解到他灵活应变的计划，以及他那外国人的另类性格——正是这种性格让他能像个绅士一样驾驭法兰西这个美女。

然而，这些政治问题只不过是他的部分动机。他就称号的改变给施泰尔夫人写了封信："一切如初，兄弟们对新的称谓并不看重。智慧的人知道，这只是制度的需要，并不影响日常生活和家人对我的态度。"

相比之下，他更看重的是第三次改名。因为，从那一刻起，所有公务文件上的签名都将是"拿破仑"或者简写为"N"。新的头衔、新的名字，他生平第一次签下：法国人的皇帝，拿破仑一世。

八、拿破仑皇朝盛况

新帝国一开始便困难重重。硬币上尴尬地铸着"根据共和国宪法当选皇帝"，且持续四年。攻占巴士底狱纪念日虽被隆重庆贺，但不久就淡出政治生活。此外，他还重启旧历，废止革命历。12 年前支持处死路易十六的人中，130 人被加官晋爵。多么讽刺啊！欧洲则笑看革命的共和国退出历史的舞台。

笑得最开心的是当甘公爵死后重新成为反对派的旧贵族们。在他们生活的圣日耳曼区，这个皇帝的滑稽行为成了他们茶余饭后议论的主题，而这里也毫无疑问地成为皇帝重点关注的区域。充满嫉妒和好奇的亲友们，也常常在背后议论他的宫廷生活。

这之后，英国派往法国的不只有间谍，还有文人。他们用虚构的故事和漫画讽刺皇帝。腐朽的欧洲无力抗拒这真实的传奇，只好将这严肃的历史大戏搞乱为闹剧。

这个没有经验的皇帝急需有经验的人来帮助他执掌宫廷琐碎之事，于是前朝总管和部分宫女们被请回皇宫。他内心充满矛盾，明知这些事没有任何意义还要做。因为他已经成为"陛下"，所以"阁下"的称呼会使元帅们的心理得到平衡。

他当上皇帝后，执政的职位就被取消了，另外两位执政被任命为宰相和司库。曾经和他并肩作战的社会底层人士，有 14 位如今都成了将军，换上了镶金边的朝服；他们的妻子也因此不得不学习各种礼节。早朝时呈献衬衫和行吻手礼这两条不合时宜的礼仪被聪明的皇帝废除了。他们经常讨论各种繁文缛节，连狩猎时的服装颜色都有要求。各种仪式使原本就呆板无趣的宫廷生活更加枯燥，每个人都像机械上的部件一样，忙碌地运转着，就连皇帝本人都厌倦了和那些没有共同语言的贵妇们在一起聚会。

除了旧贵族外，所有宫廷官员都能得到巨额俸禄，因为"有野心和目标的人，工作才有动力……我设立高官厚禄，是要给人们奋斗的目标，这样他们才能听命于我。"他这样评价金钱和荣誉。他比谁都清楚金钱的价值，但他自己却是理性而节俭的皇帝。跟路易十六相比，他每年为国家节省大量开支。

皇帝的荣耀没能冲昏他理性的头脑。他依旧保持原来的生活习惯。他不会让饮食起居耗费他的时间和精力，除非是非常必要的事。梅内瓦尔依旧日夜忙碌着记录皇帝每天口授的思绪，只是又多了几个记录的秘书。如今的圣克卢宫让他感觉不够庄重，更像是风花雪月的场所。

而约瑟芬的极度奢侈偶尔会令他不满。除了吕西安以外的兄弟姐妹们，与他们憎恶的约瑟芬展开了奢华比赛。他们占据着 6 个顶级官职中的 4 个，兄弟们和奥坦丝都被称为殿下，剩下的姐妹们对此深表不满。对此，拿破仑回应道："你们这样，人们会觉得我们的权位是继承得来的呢！"他太过纵容他们，无休止地满足不知感恩的家人种种贪婪的要求。

作为半个东方人，他会轻易将王冠赠予他信任的人。血浓于水，即使亲人不领情，甚至背信弃义，他依旧委以重任，从中选拔继承人。因此，他会更加严厉地要求他们，甚至可能导致双方都不愉快。

约瑟夫整天无所事事，安然享受 200 万法郎的亲王俸禄，仍旧满怀讥讽。这种行为终于使拿破仑心中的怒火爆发了："约瑟夫到底想怎样？难道让他做亲王是为了让他站在我的对立面吗？我本可以享受生活，那谁来治理我牺牲快乐换回来的法国呢？想跟我夺权？……权力是我千辛万苦征服的情人，没有人能把她夺走，哪怕分享都是妄想！"他还会将兄弟姐妹们与继子继女进行比较："奥坦丝和欧仁始终支持我，当我惹他们的母亲生气时，他们会站在我的立场，开导她……"盛怒过后，他还是继续封赏他们。"他该积攒点功名。我把最容易的事情交给他去做，这样他就可以心安理得地居于其他将领之上。"于是，约瑟夫被迫去了军队。

沉迷于诗歌的路易，被任命为可以免于出征的宫廷卫队首领。卡洛丽娜夫妇俩，过着连餐具都是纯金制造的奢华生活。"他会将大量时间花费在跟我的妹妹解释某事……可恶的是，他们总是希望我死……

可怜的我，只有离开家时才能感到幸福……她们总是仇恨我的好妻子，她所拥有的只是作为皇后应有的而已。我从未被爱情迷惑。牺牲多少人，都阻止不了我封她为皇后！"纷争就这样持续着。

此时，只有五十多岁的母亲一个人保持着简朴，并惴惴不安地为他担心着。她一心想远离财富和权力，却被儿子请回巴黎。她故意拖延时间，错过了天下所有母亲都梦寐以求的加冕庆典。当有人为她讲述这伟大的历史时刻时，她只说了句："希望这些都能长久！"

九、加冕大典

同时，保护母亲的教皇也收到邀请，不得不前往巴黎为这位意大利人加冕。此前的秘密会议上，一位红衣主教曾说："由意大利人来统治这些野蛮的高卢人，也算是替我们报仇了，我们该满足了。"他始终被当作外国人。

他要求教皇"为法国第一位皇帝涂圣油并举行加冕仪式"，他想以此使新旧事物融合在一起。还是头一次有人召见教皇。但是，当教皇惴惴不安地来到城门口时，却没有得到民众的敬重和国王的跪拜之礼，使得他闷闷不乐。

只有约瑟芬重视教皇。因为她想借此机会，补办本应在8年前就举行的宗教婚礼，来巩固因无法生育而岌岌可危的婚姻。典礼前两天，特意从科西嘉赶来的舅舅费什主教为两人主持了这场滑稽的婚礼。

终于历经数周精心准备，万事安排妥当。12月2日，加冕仪式在巴黎圣母院隆重举行。每个程序都可与法国历任国王登基时相媲美，全法国都沉浸在狂欢之中。

皇帝高兴地为妻子试戴后冠。经历漫长等待的时刻终于来临了。

他手挽皇后，身披古典皇帝式披风，随着浩荡的加冕队伍进入教堂，走上祭坛。随着乐声的响起，所有人都等着看拿破仑跪拜教皇，因为没人见他向谁下跪过。突然，他出人意料地拿起皇冠——那并非基督教的皇冠，而是金色月桂叶围成的小花环——转身背向教皇，面对观众，自行戴上了皇冠！然后，他为跪在地上的妻子加冕。历史的见证者们都看到了皇帝那如奥古斯都般苍白却又俊美的面容，此后他越来越像奥古斯都。

这一时刻，成了教皇永生难忘的耻辱。直到最后时刻他才得知这一安排，但他没胆量以离去作抗议，只能为这两个罪人涂圣油并祈福。台阶上这位主角并不是前朝的模仿者，而是一位罗马式的军人皇帝。12 年前，他还是个无名小卒；如今，他踏着自己创造的丰功伟绩，一路走上皇帝的宝座！正如披风上绣着的金色蜜蜂一样，他是位实干家。这些都足以证明一点：他的命运由他自己掌握。

当他头戴月桂皇冠坐在御座上时，他轻声对哥哥说："约瑟夫，我多么希望我们的父亲能看到这一切啊！"多么感人的话啊！此刻，他想到了他的出身、他的家族和他的先辈。

他习惯透过现象看本质，这个性格使他在大典上从容应对。大典结束后，他让约瑟芬继续戴着后冠，单独陪他就餐，以便欣赏她的娇媚。这时，他如释重负地说道："感谢上帝，终于结束了，今天比打一天仗还要累！"

当晚，他和亲信交谈时说："不，德克雷，要是我能早点出生该多好……虽然我已功成名就，但与逝去的英雄相比，差之千里。现在，已经没有什么伟业可做了。当年亚历山大大帝征服亚洲后，谎称自己是朱庇特之子，几乎所有东方人都相信了。如今，连卖渔妇都不会相信我是上帝之子。"这些话，简单却真实，表明了他对东方的向往。他是位永不满足、潜能巨大的天才。现在，他了解到民众的弱点和当权者的腐败，他又怎么能支持民主呢？在他看来，扩大领土、誉满天下并在世界史中占有多于半页的篇幅，比享受悠闲的生活要有意义得多。

当有人把带有卧狮的玉玺方案呈给他时，他亲自将狮子划掉，批示道："换一只展翅飞翔的雄鹰。"

十、和平努力的失败

他沉溺于君权神授的魔力，却无法驾驭它，开始慢慢迷失自我。在加冕称帝半年后，他又在米兰加冕自己为国王，他依古制宣读道："神赐此冠，冒犯者必遭天谴！"他也不相信这些话，但这一次，他并没有像在巴黎圣母院时那样干脆地解决。

法兰西被重新划分为四个区，分别由他的心腹议员监视人民的情绪，以了解人们对他和新政府的态度。警务部被恢复，富歇被重新任用，与塔列朗的关系也更加密切。他们俩既是典型的两面派，又是狡诈的阴谋家。虽然皇帝深知二人的阴险，也曾设法监视他们，但最后还是逐渐落入他们的陷阱。他们彼此憎恶，但却无法摆脱。

富歇来自社会底层，有着一双锐利的眼睛。塔列朗出身贵族，性格圆滑得像个球体。他欲壑难填、自私自利，几乎从来没为自己的主人和人民作过什么牺牲。只有一次，皇帝在床边与他谈话时渐渐睡着了，他在椅子上等到次日清晨。他的说法是为了不惊醒皇帝，但也许他是试图从皇帝的梦话中了解一些秘密，遗憾的是皇帝从不做梦。皇帝几乎把所有的精力都花费在以恩赏笼络人心，或者用刑罚消除异己。他甚至坚决反对施泰尔夫人及其作品进入巴黎。曾经，有很多时代的先锋称颂他，例如拜伦、贝多芬。而在他担任第一执政时，沙皇保罗就称赞他为革命镇压者，不知他知道后心里是个什么滋味。

马伦哥战役结束后的四年里，他始终竭力维护着和平。但两个人的离世，打乱了他的计划。沙皇保罗一世和英国外交大臣福克斯的死，彻底摧毁了他的和平愿望。英国首先破坏了和平，以英国为首的欧洲联盟支持覆灭的波旁王朝——因为拿破仑称帝的行为，给他们国家的人民起了危险的示范作用。

在拿破仑称帝前一年，法英再次开战，直到这位天才被推翻为止。相比之下，英国有着明显的优势：它是个岛国，却疆土辽阔，亚洲、非洲都有它的版图，大英帝国成为拿破仑实现他的东方幻想的最大障碍。

拿破仑也有计算失误的时候，虽然他对陆路情况了如指掌，但对海上情况却略知皮毛而已。他预计在阿布基尔海战失败后，十年内重建法国海军的计划难以实现。英国的实力越来越强大，他自己却有比重建海军更急迫的任务要做。

这位天才以惊人的速度了解了海军的情况。他深知没有非凡的海军统帅，海战永远是他的软肋，因此他必须筹划新的战略方案，贸易战就这样产生了。同时，他还制订了登陆计划，因为在陆地上作战他游刃有余。

在海上，他是外行，是旁观者。在写给妻子的信中，他是这样描述那个雷雨交加的夜晚炮舰挣脱缆绳的场面的："多么壮丽的场景啊！预警炮在怒吼的海面上发出的光，几乎照亮整个海岸，人们充满了恐惧。突然，美丽的天使出现，拯救了人们。我将带着浪漫与美妙的心情入睡。"奥西昂般的旋律在他心中再次响起，在这封饱含深情的信中，人们听出了他的恐慌。

外行，使他犯下了可怕的错误：在狂风暴雨之中坚持检阅舰队。虽然此事遭到海军总司令布律克斯的坚决反对，但是他还是在撤换总司令后进行了这次血淋淋的检阅。二十只大舰翻船，两百多名士兵葬身大海，他跳上小船，狼狈脱险。

他人生中的另一次失误发生在一年前，当时他拒绝购买美国人富尔敦的两大发明：蒸汽轮船和潜水艇。他觉得这些都是骗人的把戏。

没有打败英国的原因很多，但主要是因为：他对海战不了解，缺乏自信。陆地上的优势，促使他打算像五年前一样经由艾拉，进攻印度。但时机还不成熟。

他必须先维持辛苦得到的和平。称帝后，他在一天之内给六个国王写信，每一封信都是根据对方的特点字斟句酌。其中，他写给波斯国王的信是这样的："由于我名扬四海，您一定知道我是谁，做过什么，如何使法国成为欧洲强国，对东方国王们如何好奇……东方人在对战北方国家时失败，是因为东方人虽然智勇双全，但却缺乏某些技术……我会尽量满足您的愿望，以此表示我与贵国重修旧好的诚意……我在加冕后的第一年给您写了这封信。波拿巴，法国人的皇帝。"为了使波斯国王了解自己的过去，他这样称呼自己，以使对方明白他就是那位威震四方的波拿巴将军。

虽然两国交战，但他还是给英国国王写了封意味深长的信："无数士兵牺牲，政府不该难过吗？给您写信，我并不觉得丢人，我已经向世界证明了我面对战争时的勇气，现在我要表明我的和平之心。我请求陛下，把握这个唯一的恢复和平的绝佳时机，不要把这些留给您的子女！十年间，您赢得的财富和领土比欧洲拥有的还多。您还想通过战争获得什么呢？"

这些信仍未能阻止欧洲各国第四次联合反法。所以他必须拿起武器反抗，他意识到，"事物的本质注定战争将持续，为了避免被消灭，我们被迫主动反击他们的围攻。"凭借天才的统帅和精锐的部队，法国由革命初期的保卫战转变成征服战。面对曾经两次战败的对手的再度挑衅，他原本计划花费十年时间积蓄力量，再在亚洲和英国一较高下的想法被迫中止。他第二次，也是最后一次实施统一欧洲的伟大计划，最终以失败收场。

崇高的政治理想源于本能的防御。面对反对势力，他将追求的目标由亚历山大大帝改为查理曼大帝，并亲自到他的陵前祭奠。他对心腹说："欧洲将不得安宁，直到领导它的人出现。各国国王将俯首称臣，将军们都会有自己的领地……人们会有重返古老帝国的感觉。"他内心的狂热，驱使他奔向建立查理曼帝国的新目标。

十一、三皇会战

他的军队春天就驻扎在北方了，严阵以待，准备实施登陆英国的计划。但是，奥地利在秋季时发动了对他的进攻，他迅速调整并实施了新的计划，军队改为向东进发。一切都按两个月前的精确计算顺利进行着。出发时，他就向达律交待了完整的对奥作战计划。

俄国新沙皇打算通过对这位欧洲暴君宣战来改变欧洲对他的偏见，他们借助英国的财力、俄国的人力和拿破仑的战术来对付拿破仑。但是，这位天才统帅却有新的制胜战术。他利用急行军，不费吹灰之力便将奥军围于乌尔姆并全部逼降。紧接着，他将矛头指向俄军，他们也输定了。

他懒得向约瑟芬描述这屡见不鲜的胜利。超强度的工作已经使他的体力严重透支，以至于在元帅们荣耀地接受奥军投降时，他依然穿着普通的军服，在火堆旁取暖，没有人能看出他是位皇帝。

疲于战争的他，在胜利之际给奥皇写了封直白的劝告信："您知道，如果我利用这次侥幸的胜利，请您承诺不再与英国联盟作为和解的条件，这是很公平的……能与您达成和解协议，我将很荣幸，尽管强大的敌人依然在您周围。"同时，他的部队正向维也纳挺进。

在行进途中，法国海军于特拉法加海战中几乎全军覆没的消息给他当头一棒，难道阿布基尔海战的悲剧会再次重演吗？这一次，他乐观地面对，起码没有大海阻断他和巴黎的联络。他继续向维也纳进发，他的英勇让敌人闻风丧胆，落荒而逃。

法国在特拉法加海战中的失利坚定了奥地利皇帝弗朗茨和沙皇亚历山大的信心，两人都在努力拉拢拖延谈判的普鲁士。法国与俄国和解的希望彻底破灭。在准备大决战的前两天，他给在布吕恩进行谈判的塔列朗写了这样一封信："如果可以的话，我愿意放弃威尼斯，并支持选帝侯自封为威尼斯国王……我要的是维罗纳……是意大利王国……如果巴伐利亚愿意支付五百万的话，我将归还武器、弹药和要塞……虽然我尽力避免流血，但是明天还是要与俄国人决战。通过与沙皇的书信往来，我感觉这位精明的皇帝被蒙骗了……请写信给巴黎时不要提这场战役，以免约瑟芬为我担心。请你也放心，我们的地势易守难攻……我在营房里不方便写信，只有请你写信给我的家人。"

决战的前一天，他边在篝火边取暖，边在地图上精确地计算着明天战役的各个细节，并在半小时内拟定了分割多个国家的新计划，包括选定新国王、战争赔款和移交军事要塞。在皇宫里享乐的君王们被这样的人打败，有什么可惊讶的呢？

傍晚得知敌军动向后，他高兴得拍手叫好。晚餐后，他激动地说了很多对悲剧的理解，提起了埃及："如果那时我能攻下阿克，士兵们早已被我训练成神圣的精锐部队，我也已联合各方力量了结了对土耳其的战争。如果，我是在伊苏斯，而不是摩拉维亚战胜的话，我已经成为东方的皇帝，并取道君士坦丁堡返回巴黎。"

如梦一般，一个战无不胜的平凡人，让欧洲屈服于自己。又像童话一般，一个矮个子男人静坐在茅屋里，等待明天那场战役，人们会再次看到查理曼帝国的影子。

天亮了，他满怀豪情地向士兵们提起去年的今日，他在巴黎圣母院为自己加冕时的情景。之后，他大胆地宣布自己今天不参战。因为身经百战、被士兵们视为福星的他，相信他的士兵。结果，在原本鲜为人知的奥斯特里茨平原上，他的士兵们大败奥地利和沙皇俄国的军队。

第二天，他对获胜而归的战士们说："战士们！你们让我非常满意……我允许你们给孩子起和我一样的名字。如果你们谁的孩子能无愧于我们，我将把我的财富和皇位都赠与他！"虽然很累，他还是给妻子写了封简短的信："我打败了奥地利和俄国的军队。已经露营八天的我，感觉有点累。今天，在这个空气清新的夜晚，换下八天未曾换过的衬衫，躺在考尼茨亲王华丽别墅的大床上……能睡上两三个小时，我就心满意足了。"这次传奇的胜利就这样被他一笔带过。

次日，当战败的奥皇请求会见雷厉风行的小个子时，他却已经离开了。最后，交战十年却未曾谋面的两人在一间磨坊里会面。他和同样严谨的奥皇，借助这个寒酸的会面地点，讥讽对方。截然不同的两个人都未曾料到，他们因拿破仑的和平之心走得这么近，但奥皇的复仇之心，却最终将他们的距离拉得有多么远。

在和谈时，他与塔列朗的意见产生分歧。塔列朗在奥斯特里茨战役结束的第二天便写信给拿破仑："现在，消灭哈布斯堡王朝不费吹灰之力，但为了法国，我们应帮助它变强，让他在法兰西体系拥有立足之地！"而拿破仑却坚持履行《普莱斯堡和约》，将旧日耳曼帝国分割，奥地利从德意志和意大利撤兵。他内心在想什么？

统一欧洲大陆，建立由法兰西领导的联邦，并将属于东方的俄罗斯和孤悬海外的英国排除在外。马伦哥战役之后他就向往和平；奥斯特里茨战役的胜利，使查理曼大帝统一欧洲的思想复活，并由他这位政治天才去实现。他用武力战胜那些国王和皇帝，而不是说服他们。10年后，当他意识到这个手段大错特错时，已悔之晚矣，他已被放逐，他的所有权利也已被剥夺。

十二、帝国下的联邦

他以威胁的语气给罗马教廷写了如下这封信："请告诉教皇，我洞悉一切；我要让他清楚，我是查理曼大帝。"奥斯特里茨战役和普莱斯堡战役胜利后，他用前无古人的独裁者的语气，从奥地利给整个欧洲写信。那不勒斯女王对他一年前发出的禁止与英国通商的命令置之不理，其统治随即被宣布终结。同时他写信给约瑟夫："你知道的，那不勒斯应该归我们家族所有，与瑞士、荷兰、意大利和3个日耳曼王国一样，成为法兰西帝国治下的加盟邦。"

此后，他统一欧洲的计划一步步顺利地进行着。他回到巴黎的短短数月内，远程操控了如下大事：封约瑟夫为那不勒斯国王；升巴伐利亚和符腾堡的亲王为国王，巴登亲王为大公爵；促成欧仁和巴伐利亚公主、热罗姆和符腾堡公主、巴登王储和约瑟芬前夫的侄女3对婚姻；德意志西部和南部16个诸侯国合并为莱茵联邦，听命于皇帝，并承担军饷；12个小侯爵的领地被分别赐给塔列朗、贝尔蒂埃和贝尔纳多特；最后，封路易亲王为荷兰国王，尽管路易十分反对，但在奥坦丝和约瑟芬的极力支持下，在荷兰被要求提出呈请后，他还是去了。

面对妹妹们的抱怨和诡计，他又不得不想办法让每个人都有属于自己的领地。爱丽莎和卡洛丽娜分别当上了托斯卡纳和克利弗的女大公。而美丽的波丽娜只能到瓜斯塔拉做一名侯爵，但是不要紧，只要有足够的珠宝和情人她就会满足。他家族的成员几乎都费尽心思地想扮演与法国皇帝一样的角色。约瑟夫表达直白的第一封诏书就惹怒了皇帝。路易国王的懦弱让拿破仑感到气愤。爱丽莎的丈夫听命于她，她在托斯卡纳颁布宪法、检阅部队，这种模仿让拿破仑觉得可笑。艺术家卡诺瓦为波丽娜雕刻的大理石像让她容颜永驻，比拿破仑帝国的任何一个王国都长久。再说热罗姆，他在美国见习时私自与一个平民女子结婚，令拿破仑十分气愤。他请出母亲来拆散这桩婚姻。当船只到达里斯本时，只有热罗姆一个人获准上岸，他只身回到巴黎。皇帝想方设法使他为了荣誉和地位放弃了山盟海誓的妻子。他的妻子登陆欧洲失败后去了英国，并生下了他们的孩子。在英国，她遇到了因受英国礼遇而举家迁往该岛的吕西安，得到了他极大的帮助。吕西安写了一首史诗，题目是——《查理曼大帝》。

最得宠的继子欧仁，作为意大利总督，是这个家族里唯一一个勤奋、忠诚且明事理的人，现在他又娶了巴伐利亚公主。拿破仑写信给他："亲爱的儿子，你如此勤奋固然很好，但是，不要因为工作忽视了年轻的妻子……争取每周都能陪她去一次戏院。我们有着同样的生活，但我的妻子已不再年轻……而且你要做的事远没有我的多！……我不再需要女孩了。也许你不会相信，经常喝纯葡萄酒可以生男孩儿！"当儿媳生下女娃时，他却说："头胎生女儿，那她肯定能生一群小孩！"他是位语言大师，总是能适时运用恐吓、赞美、鼓励、劝说和惩罚来对付包括家人在内的所有不服从的人。

当兄弟姐妹们过着挥霍无度的生活时，只有母亲一人在巴黎过着节俭、平淡、尽可能摆脱儿子影响的生活。虽然她每年有 100 万法郎的生活费，但她还是保持节俭。因为她担心孩子们某一天会落魄，却无人帮助。她经常和贴心的婢女说："我很怀念往昔的快乐……所有人都认为我是最幸福的母亲，但有谁能理解我每时每刻的担忧。"

她照例会在每周日到杜伊勒利宫和孩子们一同用餐。有时，拿破仑会戏言："您应该像您的女儿们一样，把所有钱都花光。"母亲应付道："我天生节俭，还是你多给我 100 万吧！"她和拿破仑一样洞察人心，时不时地提醒儿子提防小人。他满足了这位伟大母亲将科西嘉首府由科特改为阿雅克修的愿望，令她充满家族荣誉感。但是，她却无法为处境困难的儿子吕西安做任何事，因为拿破仑不会同情他的反抗者。

十三、普鲁士之战

在拿破仑的书房里，一直摆放着他从小就敬仰的腓特烈大帝的青铜像。他曾追逐潮流，学习了他的新作战艺术。因此，尽管普鲁士国王弗里德里希·威廉三世软弱无能、优柔寡断，且之前的战绩表现不佳，拿破仑依然敬佩普鲁士军队。但他亲身体会到的只是普鲁士软弱的政治方面，而非强大的军事方面，这种敬佩也在慢慢减少。

原本，威廉三世可以接受拿破仑在奥斯特里茨战役前发出的求和请求，来避免这次战争。但是，他却以拿破仑去年穿越他的领土为借口，向其宣战。实际上，他是为了安抚爱国人士的愤恨情绪，更是要考验将领们的忠诚。为了避免战争，拿破仑在派特使求和未果后，亲自给威廉三世写信："我始终坚信我们能联盟……但如果您硬要用武力解除同盟，那我只能应战，尽管我深知这场战争是不义的。"表面上，努力求和；私底下，却说了许多嘲讽的话，如"不知天高地厚的普鲁士……软弱的君主、无能的政府、鲁莽的军官。"

直到战争打响的前两周，拿破仑还相信不会开战。贵族们要一雪当年先胜后败的耻辱。普鲁士与沙俄结成同盟。倾心于亚历山大的普鲁士王后也是积极的主战派，现在机会终于来了。

塔列朗说："这场战役让拿破仑惴惴不安。"因为，他从未与像腓特烈大帝这样赫赫有名的统帅的军队交战过，所以，他觉得这场战争要难得多。于是，他派出急行军，一个星期就渡过莱茵河，然后主动发起进攻，使得普军的精神支柱——路易·斐迪南德亲王战死沙场。

国王对霍恩斯特将军提出的主动进攻犹豫不决，给法军创造了进攻的机会，导致军队今日的混乱局势。国王始终把持着军队的指挥权，使得军队出现国王、不伦瑞克总司令和霍亨洛厄亲王三头指挥的局面。拿破仑怀着必胜之心，在决战的前两天，再次给威廉三世写信："我无心得益于您蠢笨的幕僚，但他们错误的策略，让全欧洲人耻笑……为什么让无辜的民众相互残杀？我不愿用臣民的鲜血来换取这必然的胜利。您不要再让生命无谓地牺牲了！我对您无所求，请您让您的国家安定下来吧！……我无心伤害您的自尊心……我们在政治和贸易上没有竞争，所以即使我们不能成为朋友，但也没必要战争。"

一向热爱和平、跟随丈夫来到前线的王后也同意将军们的看法，认为拿破仑害怕失败才写了这封信。她从不认为自己有必要调节这两个男人间的争斗，因为她觉得拿破仑这个地狱魔鬼很快会消失。

拿破仑又在给妻子写信："事情按照我的计划顺利地进行着。普鲁士国王和王后将在埃尔富特看到恐怖的场面。虽然很累，我还是胖了。我经常在半夜醒来，想到还没睡的你。"

在开战前一晚，拿破仑在通宵制定作战计划，而普军却将本该立刻针对法军的调动进行的商议推迟到第二天。显然，拿破仑必胜。同时，达武也取得了奥尔斯塔特大捷。没人敢接替不伦瑞克公爵，群龙无首的腓特烈大帝的军队，向萨克森以东仓皇而逃。他以轻蔑的口吻向妻子汇报了这场胜利。

在魏玛，他见到了临时执政的卡尔·奥古斯特公爵的夫人，她积极主战且爱国的丈夫如今已不知在战败后逃往何处。拿破仑讨厌女人执政，特别是德意志女人。但这个无心执政的女人的不卑不亢、心平气和以及她对逃跑的丈夫的忠诚让他吃惊。他们彻夜长谈。她的涵养挽救了她的国家。

另一位让他感动的女人是在柏林遇到的哈茨菲尔德伯爵夫人。伯爵因无意中在给一个败将的信里泄露了法军的实力，而被判死刑。这个女人在一次会见时，勇敢地跪到皇帝面前，为丈夫求情。她的真诚、善良、温柔和深情打动了这位皇帝，使皇帝亲手烧毁了那封信并释放了她的丈夫。

相比之下，拿破仑不喜欢路易丝王后。因为她过多干政，教唆原本一心为民图安宁的丈夫发动战争。她的行为激怒了拿破仑，使他下定决心伤害她。拿破仑曾在一份正式公告中，评价这个女人的相貌和才华成反比。

他依旧保持朴素的穿着，进入柏林。无忧宫是他最感兴趣的。他得到了梦寐以求的腓特烈大帝之剑，即使用普鲁士王位，他都不愿交换。腓特烈大帝的的后人却不值得尊重。他甚至公开指责普鲁士王后："王后竟然将沙皇的画像和彼此的信件放在自己的卧室……国王是多么的悲哀啊！"即使如此，人们还是不愿看到他这样恶毒地讽刺一个女人。

他在废除普鲁士国王和推翻整个霍亨索伦王室间权衡，最后，考虑到沙皇，他选择了只废除国王。他宏伟蓝图的下一步是征服好望角。秘书记录了他在夏洛滕堡宫的一段口述："我，作为现在的查理曼大帝，将禁止欧洲大陆和英国所有的贸易，即使我不能征服这个岛屿，也不会让英国踏上欧洲大陆！生活在欧洲大陆的英国人都将成为战俘。"但是，要使整个欧洲都立即执行这个决定是不可能的。摆在眼前的奥地利、波兰和沙俄就是一个难题。面对希望从奥地利和沙俄摆脱出来的波兰，他该怎么办呢？

"只有上帝才知道是否应恢复波兰王室。"他狡猾地应对着，只有上帝才能读懂他的意思。他三管齐下。首先，他让波兰组织4万人的军队，然后才会赐予他们国家的称呼；其次，他提议用加里西亚和西里西亚交换；最后也最关键的是博斯普鲁斯海峡的问题。他督促土耳其苏丹将摩尔达维亚的俄国人赶走，以把沙俄和奥地利掌控在多瑙河下游一带。

他坐在腓特烈大帝无忧宫的书房里，独自下棋，头脑中浮想联翩：先人发生变化、偶像发生变化、占领印度打击英国、统一天下。当他得知西班牙叛乱的消息时，差点打翻棋盘。他意识到沙俄的重要性。他决定把波兰作为坚实的后盾来对付俄国。于是他启程去往华沙。

整个世界的命运，一连几个星期浮现在他的脑海，他感到了孤独，心中一直想着他家中的妻子约瑟芬。此时，他收到了一个让他振奋的消息：卡罗丽娜给他介绍的漂亮女子为他生了个男孩。他激动得像个少年似地朝亲信欢呼："迪罗克，我终于有儿子了！"

十四、波兰情人

他怀着愉悦的心情，来到位于旧皇宫的舞厅。似乎这里的一切都在努力地讨好这位皇帝：美女、音乐、舞蹈和报纸。他愉快地与人交谈，同时留意跳舞的女人们，他开始怀念7年来在巴黎的生活。突然，他的目光停留在一个金发碧眼、小鸟依人的18岁美女身上。他停止谈话，变得异常礼貌，穿过人群，邀请她跳了一支舞，他被她的雍容典雅、充满诱惑的声音和并不流畅的法语深深吸引，他爱上了这个因生活贫困而嫁给了瓦莱夫斯卡伯爵的女人。她比自己丈夫的小孙女还要小10岁。

次日，他就给伯爵夫人写了封赤裸裸的情书："你已经占据我的心灵，此刻，只有你的回信才能浇灭我心中的欲火。"但是，迪罗克却两手空空地回来了。从他登上皇位以来，还是第一次被女人拒绝。拒绝令他对这个女人更加感兴趣。于是，他又写了第二封信："你讨厌我吗？我希望不是。你令我寝食难安，我对你的情感正在燃烧，请施舍给我一点点快乐和幸福吧！我在等你的两封回信。"迪罗克再次碰壁而归。他的处境也很艰难。拿破仑强忍不满之心，想道："既然她对我的地位和诚心无动于衷，那我只能用欺骗的手段了。"于是，他在接下来的信中写道："我感觉到在我们的生活中，位高权重也是一种痛苦……只要你愿意，我将满足你所有的愿望，包括善待你的祖国。迪罗克可以帮你解决任何困难。"

这封用谎言编写的情书，即使没有署名，人们也都知道是谁写的。这次，他用国家利益成功地诱骗了她。他放下了所有的工作，只是在皇宫里独自等待。10年未曾有过的激情，一下子都倾注到这个美丽女人的身上！

当天下午，在亲人和朋友的劝说下，她终于答应为了波兰的利益去见这位皇帝。当晚，她含着眼泪和他在一起。令人惊讶的是，眼前这个铁骨铮铮的汉子，内心却无限温柔。第二天早晨，她又收到了一封这个男人的信："玛丽，我的最爱。我每时每刻都在想你！晚餐时，我一定要见到你。请收下这束传递我们情感的鲜花，这样我们就可以心有灵犀。我的心完全属于你。来吧，我亲爱的玛丽，握紧你手中的鲜花！"

3天后，她自愿成为他的女人，之后每晚都与他共眠。除了母亲，她是唯一一个对他没有任何要求的女人，她就像天使一样，拥有同样美丽的外表和内心。

这段发自内心的、浪漫的华沙之恋，必然会被放大后传到约瑟芬的耳朵里。她整装待发，准备投奔他的丈夫，但却被婉言拒绝了。现在，轮到丈夫欺骗她了。"我是多么希望和你在一起……但作为皇后，请不要哭泣，你必须坚强，我不喜欢软弱的人。当我看到你在信中说要与我白头偕老，我笑了。我认为，女人生来为男人，男人生来为国家、为家庭、为荣誉……我不知去哪里找那个与我书信往来的女子。我保证，如果有的话，她一定像玫瑰花一样美丽。你信里提到的是这样的人吗？"多么虚伪的风流人物啊！

几周后他再次出征时，他承诺情人一定会再相聚。他生平第一次看到如荒芜沙漠般的俄罗斯。白雪和泥浆覆盖了辽阔的草原，完全看不到路。几次战役后，沙皇退回了草原。前方什么都没有，他的军队要追击吗？当拿破仑由乘车改为骑马向普尔塔斯克挺进时，他听到了士兵 8 年来未曾有过的怨言。没有粮食，士兵们有的自杀、有的逃跑、有的抢劫，这位皇帝却因了解他的士兵而无能为力。面对这样不利的状况，束手无策的皇帝不得不在战败一次后宣布："两天后，我们将撤退。维斯杜拉河上的桥梁全部派兵把守，除伤病员外，任何人不准通过。不准惩罚任何一个士兵。"不幸的是，他的胃病加重了许多，他说道："我会像父亲一样，早死于同一种疾病。"这是一种夺取他无数亲人的家族病。

　　在奥斯特洛特，他与士兵患难与共。在意大利的一幕重新上演，他从谷仓里发出欺骗巴黎人民的捷报，说已经击败俄国人，而且只报了三分之一的死伤人数，还说将在俄国驻留一年。

　　这是他生平第二次经历如此漫长的等待。在他执政的 15 年里，这样可怕的事情后来只发生过一次。在这两个时期，他除了谈判以外，还用丰富的情感来充实生活。在普鲁士的芬肯施泰因城堡里，他度过了长达十周的漫长等待，等待积雪融化，等待敌人的仁慈之心。

　　除了两位贴身侍从，再无旁人知道波兰的那位伯爵夫人就在他隔壁的房间。她闭门不出，只是偶尔在夜里出来走走。她在房间里看书、刺绣来打发时间，等待皇帝的驾临。在这个远离巴黎的地方，拿破仑每天都与她单独用餐，因为眼前这位女子对他毫无所求，只是试着去爱他。"虽然，我知道你不希望我出现在你的生活中，但是，我无法拒绝你的温柔、善良和纯洁。请不要收回你每天赐予我的短暂快乐。让我成为世界上最幸福的男人！"

　　此时，一个噩耗传来：被他视为继承人的小路易去世了，这对他的打击可想而知。但他却向伯爵夫人隐藏了他的心情。他心想，若是眼前这位美若天仙的女人能为自己生下一个儿子该多好！那样，他也许会封她为后。他沉默地注视着她。

巴黎的情况如何呢？

他听到一些谣传：国债下跌，大街小巷到处是风言恶语，他们会问："我们勇敢的战士们去哪儿了？"这是危险的信号，而可能避免危险的人却远在普鲁士与当地人讲和，但普鲁士王后坚决要与沙皇站在同一战线。奥地利则表示沉默。尽管如此，也未能阻挡亚历山大大帝计划的实施。外面的人翻山越岭来到这寒冷的北方军营。东方之王的波斯使节也来了，第二天，他们便达成共识，拿破仑帮助波斯向沙俄讨回格鲁吉亚，波斯帮他挑拨阿富汗人和坎大哈人攻击在印度的英国人，同时开放边境让他的军队通往印度。

波斯人刚走，土耳其人就带着厚重的礼物和一封信来了。一位戴眼镜的老学者为他做翻译。他坐在壁炉前，口述给苏丹的回信："令人遗憾的是你只向我要 500 人……无论您提出任何要求，我都会满足……您应该和波斯结盟，他也是对抗俄国的……您的使节害怕伤害穆斯林教徒的感情，而不愿接受我赠与的武器……虽然我很强大，但无论从友谊还是从政治方面考虑，我都不会拒绝您的要求。"

当天，他又分别给统领一方的兄弟们写了封 5 页长的教导信，指示他们此刻该做些什么。之后，他又给远在法国的所有主教写了一封信，让他们为自己的胜利举行感恩仪式。实际上，他是想控制每个人。

同时，他又下了 12 道谕旨给富歇，内容包括施泰尔夫人、贵族区沙龙、巴黎两大剧院等问题。第二天，他责问道："我的图书管理员呢？他不知去向也算工作？他竟敢对我的命令视而不见！"他还草拟了建立一所新历史学校的方案，使得年轻人可以博古通今。他给内政部长写信："我们应鼓励文学，请给我一些倡导文学的建议。"新的证券交易所和玛德莱娜大道也是他所关注的。他还想办法提高就业率，加快工业发展。他又命人将谎称从俄国本土寄来的描写困难处境的文章发表在巴黎的报刊上。

面对女友，他始终微笑着。"你对我全力以赴处理政事感到惊奇吗？这是我的职责。现在，我是一颗由之前的橡树种子长成的参天大树，是万民的领袖。每个人都有自己虚伪的一面。但为了你，我愿做回那粒种子。"这是他出征前与她共度的最后一夜。因为春天来了，冰雪已经消融，他要重返战场。两人都盼望着再见。即使他忘记这位美人，她送给他的戒指上的话也会提醒他："如果你不再爱我，请记住我爱你。"

十五、提尔西特和约

流经提尔西特的涅曼河上停泊着一个大木筏。6 月的朝阳映照着木筏上面的地毯和中间的帐篷，法俄两国国旗迎风招展，两国皇帝的近卫军驻扎在河两岸。两边的小船同时驶向河中间的大木筏。10 天前的敌人如今一起欢庆，拥抱，他们的皇帝们已成了朋友。

弗里德兰大捷后，拿破仑照例向战败方提议和谈。最初的预谈时，面对不大顺从的苏丹，拿破仑以一句有心之言暗示道，或许将来沙皇会在君士坦丁堡的圣索菲亚教堂上安上十字架。这是说给兼具浪漫主义和宿命思想的沙皇听的。果然，这句话很快收到了效果。昔日的敌人如今对面而立。拿破仑见到了他在欧洲大陆唯一的对手：一个有些女性化的柔弱青年，听力、视力都不好。两星期后，他们不但停战结盟，还化敌为友。

拿破仑认为沙皇是个平和的人，像个小说中的英雄。这其实略含批评之意，因为他不喜欢小说。但他也认为，这个俊秀的青年其实挺聪明。后来，他的看法进一步深化："沙皇非常有吸引力。如果只看第一印象，我会非常喜欢他。只是他骨子里缺少点什么，但又说不清，因为他在不断地变化。"沙皇的友谊非常重要，拿破仑以奉承的口气总结道："如果沙皇是一个女子，我肯定会爱上他。"

这样的人拜服于强者的魅力很正常，后来他又背弃这位强者也不足为奇——都像是女人的行为。梅特涅对沙皇的点评最为精准：集男性优点与女性弱点于一体。他行事常欠考虑，冲动过后又懊悔。他没有勃勃野心，又不能淡泊虚荣。他的情绪以5年为周期循环变化。

5年后这一周期结束，他们再次开战。

在议和大帐里，两位皇帝谈了两个小时，还同餐共乘。拿破仑有信心争取沙皇。他先是称赞俄军的勇敢，又说要让臣属陪在身旁以防自己为沙皇所倾倒。用餐时，他反常地谈起了一个关于运气的故事。他在埃及时，曾在一堵古墙下睡觉。突然墙倒了，而他却没受伤。醒来后，他手里竟然多了一块奥古斯都的石质头像。法皇编出这样一个故事是为了影响那位崇尚神秘宿命的沙皇。

沙皇倾听着。传奇的拿破仑真是见多识广！"和您相比，我还不是个真正的皇帝，我凡事都要靠将军们才行。"然后他不停地向拿破仑请教各种战术问题："这种地形该怎么守？怎么攻？"拿破仑作了解答，并表示，以后若再与奥军作战就让他率兵3万随军听令，这样就能学到战术了。

经过这样精心的争取，很快，联盟建立了。联盟的密约中规定：易北河与涅曼河间为两大帝国的缓冲区。每一方的付出都是为了回报。在这一条款中，沙皇放弃了普鲁士，法皇放弃了波兰，尽管他们曾分别向一名女子承诺保全她的祖国。在波罗的海之滨一间小屋里，两位皇帝在地图上瓜分着别人的国土：法皇将考堡、梅克伦堡和奥尔登堡让与沙皇，换得了加答罗和爱奥尼亚群岛。但法皇明确反对沙皇对博斯普鲁斯海峡的要求："君士坦丁堡可关系到世界霸权！"这也隐隐预示出，两人早晚还会一争高下的。

普鲁士国王也来了，但两位皇帝根本不重视他。法皇对他的一切都看不惯。国王为了普鲁士的存续绞尽了脑汁，还将王后也请到提尔西特。法皇对这位美丽的敌人极为好奇，很想见她。但因处于中立地区，只好另备一间丽舍以供会面。

法皇的随从们衣着光鲜，而他自己却穿着朴素。骑马到达时，普鲁士王后正在阶上迎候。她一袭白色丝裙，戴着古典的珠宝，美目含怨。她打破沉默的第一句话是："楼梯狭窄，望陛下不要介意！"

"来到这里应该学会迁就。"他答道。他又询问她身上丝绸的产地。她以女主人和母亲般的口吻庄严答道："陛下，我不是为了这些鸡毛蒜皮的事来这里的。"

"您愿意重返柏林吗？"

"不一定，如果您愿意，我们可以不需要痛苦的回去。"

"夫人，我会很乐意。普鲁士为什么敢参战呢？"

"腓特烈大帝的光辉让我们有些迷失。"

"我曾多次求和！奥斯特里茨战役后，奥地利可变得聪明了。"

"今天，请接受我们的感恩之心。"

"您为什么破坏我们的友谊？"

"您崇高、正直，有着伟人的气概。"

"对不起，王后，我是有原则的。"

"我不懂政治，但我觉得这不算耻辱。我向您发誓……"他津津有味地听着。就在即将到达成功的边缘时，国王来了。

他们与政治无关的谈话加深了彼此的感情。"国王来了，真好。"他用略带炫耀的口气向沙皇讲述道："我几乎向这迷人的女子投降了……没有人愿意摘下她的王冠。"两人这次谈话后，他在写给约瑟芬的信中表现出对这个女人的认可和敬重。

她对拿破仑的印象发生巨大转变，由当初的"地狱魔鬼"转变为友善的古罗马皇帝。这种赞扬是他获得的最好胜利。她已摇尾乞怜，可他却没有丝毫动容，这足以让她恨他。最后"考虑到沙皇的友谊"，他保留了普鲁士王国——尽管少了很多领土——并在和约上签字。一切已成定局。当她准备上马时，她问他为何不肯接受这个终生令她感恩的机会时，他略带嘲讽地说：

"夫人，您还想要什么？我不好的命运是需要同情的。"

十六、专制滥爵与吞并罗马

巴黎怎么样？离开法国已有10个月之久，他怕爱挑刺的巴黎人被别有用心者煽动起来闹事。而巴黎的街头巷尾满是讽刺他远征的声音。因此他加强了对内控制，要让巴黎人尝尝"包着绒手套的铁拳"。他可不想回到人人都可以随便乱说的督政年代。

新闻检查制度更严了。历史剧只许演上古题材，剧本须删改，剧目须请示，选题须审查，宗教题材被禁，但神话题材却很受青睐。《法兰西信使》被禁，因为它的作者批评皇帝。施泰尔夫人依然不被允许返回巴黎："因为她能让不会思想或忘却思想的人思想。"他还批评富歇的警察工作不力，"请留意西第尼饭店和富瓦咖啡屋里的言论。"

为了让年轻一代明白谁是神选之人，法国的孩子们都要诵读："我们要爱戴并服从拿破仑皇帝，忠于他，保卫他，为他祈福……因为他集各种天才于一体，因为他是上帝的化身。"但这做得有些过头。谁会相信呢？他曾在加冕的当晚说过，如果他自命为上帝之子，连卖鱼妇都会嘲笑他。

难道他变了一个人吗？

他一如既往地节俭。他拒绝为装修他的书房而花钱。他的书房里只有一个大写字台、一个木榻、两个书柜、两个枝状烛台和腓特烈大帝的半身像，另一间屋子里放的则是恺撒的铜像。当皇宫剧院需要修缮时，他能想起重复利用加冕时购买的软椅和枝状烛台。他还会亲自审查账目或开列清单，以求节俭。

在个人生活上，他没变。但他却将大量的金钱和时间浪费在旧王朝的宫廷排场上。他不再讥笑前来觐见的贵族，而是真心地高兴。当年笑他贫穷的那些贵族同学，现在纷纷加入他的政权。以前坚决反对他的蒙莫勒内家族、孟德斯鸠家族、拉泽维尔家族、诺埃尔家族、纳博纳家族、蒂雷纳家族等，也全都入宫臣服。莱茵联邦和梅克伦堡的君王们常来巴结皇室，而巴登和巴伐利亚的储君则被允许列席参政院会议。这些都是他争取贵族阶级效忠的手段。

但这却产生了许多弊政。本来，精明的拿破仑与士兵们同甘共苦，只赏有功之人，并亲自立法废除等级特权。他与世袭君主们的对抗震撼了整个欧洲。而同样是他，竟册封了一大批新贵族，"因为人们想传给子孙的不只有财产，还有荣誉。"他原本册封的只是能臣干将，但这些新贵族的不肖子孙们却可以坐享法国人浴血斗争废除的等级特权。

现在，原本是由功臣组成的荣誉军团也变质了。这些功臣的子孙可以继承荣誉和爵位，虽无特权，但却有悖于《拿破仑法典》。对此，拿破仑曾写道："只有少数天才才需要自由。限制自由并无不妥……我赐封的爵位每个人都有机会赢得。智者以此鼓舞部下。我的引导取向是进步有为的，国家也该如此……"

一个大错的种子被埋下。几个月前，他还批评路易在荷兰建立贵族制度，现在他也步其后尘。他册封勋爵，将功臣收入荣誉军团，而其爵位和荣誉是可以继承的。三代后，就将有数万无功受禄的新贵族。而当初正是等级特权引爆了民众的革命。拿破仑埋下了反叛的种子，他将会自食其果。他破坏平等所带来的危害远超处决当甘公爵。当初他只是杀掉了一个旧王朝的后裔，现在他却缔造了一批复辟旧制的先驱。

他的心情极度阴郁，虽然并没有什么坏事发生。他也越来越冷漠，即使是兄弟未蒙召见也不能随便见他。他的作息不再规律，常要泡几个小时的热水浴来舒缓神经。但对胃痉挛，他没什么好办法来缓解。他总爱看悲剧，甚至在黑暗中听意大利歌手演唱歌剧，都是因为他陷入抑郁。人们都不理解，大志已遂的拿破仑还有什么不开心的。因为他所得到的与他真正的梦想还有差距。当一位臣子祝贺他签订《提尔西特和约》时，他说道："俗人见识！等到签订了《君士坦丁堡和约》后，我才能称雄世界！"

主宰世界！东方！这才是他心心所念。他到悲剧中寻找自己的影子，其实他更该去读读诗歌。德意志的歌德已在诗剧中刻画了浮士德不安的心。而同样不安的拿破仑正在令整个欧洲都不安。

烦躁抑郁过后，他又是精明的拿破仑。他致信另一个广阔帝国的君主沙皇：

"派5万法俄联军直取君士坦丁堡，之后即可进入亚洲。等我们饮马幼发拉底河，欧洲大陆就战胜了英国……3月中旬前若能与陛下会晤定下计划，到5月1日，我军即可踏上亚洲，而贵军则可进抵斯德哥尔摩。如此，则英国必败，贵我两大国同享和平……顺从天意总是对的，当今时代的榜样在遥远的历史，而不在现今的报上……谨以数语，向陛下陈述我真心所想。"

真心所想？这只是为打动理想主义的沙皇。但此信所言也并非不切实际。不久前，一位到过印度的将军就对此计划给出了肯定的评价。这时，皇帝双手抚摸着将军的脸，"高兴得像个孩子"。

现实将拿破仑从对东方的幻想中拉回查理曼帝国的世界。去年，他曾计划让教皇将其加冕为"西方皇帝"，并剥夺教皇的世俗权力。该计划遭到红衣主教们的反对。他愤然说道："整个意大利都在我的统治下，若教皇能将世俗权力交出，我也不会干涉教廷的独立……我是罗马的皇帝！"不论是罗马还是印度，拿破仑都想以武力来实现他的梦想，但他的梦想越来越脱离实际。

因为教皇拒绝对英国封锁港口，皇帝占领了安科纳。此外，他还自比康斯坦丁皇帝，警告道："我就是教皇的查理曼大帝，我也已经拥有法兰西和伦巴底……教皇若表现不好，我会将其贬为主教，并在意大利推广《教务专约》。对法国有益的政策在意大利也会有效，反之亦然。"

多像马丁·路德说的话！拿破仑其实倾向于路德新教，只是碍于政治考量才没将其在法国推行。教皇仍不愿与英国决裂。于是，意大利国王拿破仑要将意大利南北部之间的障碍除掉。

现在，他在给意大利总督欧仁的信中写道："教皇权力过大，僧侣们不该拥有统治权。何不将皇帝的东西还给皇帝？……也许不久后，我将绕开教皇，召集各国教会举行大会。"他还想增加法国红衣主教人数以增大表决权，但教皇没同意。为缓和形势，教皇同意将其加冕为"西方皇帝"。但这对拿破仑已无吸引力，因为教皇的允诺就等于是将其实现了。教皇又想出钱了事，皇帝抬高了价码又威胁道："全部这些领土都要并入法兰西帝国，收回查理曼应许之礼。"就是说，他要吞并教皇国。教皇一怒退出了谈判，皇帝占领了罗马。4月，教皇国降为一个省。

拿破仑的足迹遍及各地，也常到意大利，但他却从未进过罗马，不知是不是命运的安排。没有人反对他占领罗马，除了他的母亲。莱蒂齐娅向密友倾诉了不安的预感："我能预见到，他将给整个家族招祸。他应该知足。索要过多终将会令他失去一切！"

十七、帝国的未来

"德意志真正需要的是有真才实干的人，不论是不是贵族。在思想和管理国家的活动中真正平等，以彻底清除君民间的隔阂。《拿破仑法典》及审判制度将约束你的君主制。说实话，这几点对巩固君主制的作用要远远强于一场胜仗。让你的人民享受前所未有的自由与平等！这将是你抵御普鲁士的最坚固防线，比易北河、要塞甚至法国的保护都更强。尝到自由政府的甜头后，谁还愿受普鲁士的压迫呢？"

这是拿破仑写给被他封为威斯特法利亚国王的幼弟热罗姆的信。热罗姆必须完成让革命深入德意志人心的历史使命。这个民族原本只知服从，现在要让他们学会自主。虽然莱茵联邦可以推行新法典，但它们既不像荷兰和意大利那样有着自主的传统，也缺乏人才，且其社会也没什么改革。热罗姆需要以他成功的政治试验，向全德意志推广民主改革！

但这个 23 岁的国王却到处风流，到处欠债，私生子和丑闻与日俱增。他心中只有享乐，却没有他的臣民。人们讥讽他还不如一个世袭王子。但热罗姆的脾气很好，对于此类讥讽甚至皇兄的训教，他只是一笑了之。而拿破仑却很溺爱不成器的幼弟热罗姆。这位国王出征时会带上整个宫里的美女，除了王后。而他对他的战神哥哥的谆谆教导却毫不在意。拿破仑是否意识到，他任用这般无能的皇室宗亲，是在损毁他权力的根基？

他已不再年轻。雄心壮志也会产生沉重的负担，岁月如刀，刻画着他的脸，刻画着他的心，将他对不完美的现实的愤然表情定格，刻成一座雕像。

他已将那位波兰情人接到巴黎，就安置在约瑟芬当年住的那条街，还让御医每天都去看她。虽然此事已是尽人皆知，但她依然低调行事，也很少见皇帝。他希望她能为他生子，现在这种想法更加强烈。

他的内心并不能接受他的第一个儿子，但这个孩子的出生打消了他对自己生育能力的怀疑。他给了孩子的母亲房子和钱，之后便不再见她。不过他曾命人暗中将那个孩子带来，逗他，甚至动过认下他的念头。然而他却不能公开承认这个儿子，更不能将他立为继承人，只能将自己名字的一半——莱昂——送给他。

随着年龄增长，他对新婚姻的需要越来越迫切。理智的拿破仑与忧伤的约瑟芬多次长谈，结果却是两个人的伤感。一边是没有继承人的压力，一边是对约瑟芬执着的爱恋。塔列朗劝他离婚，保守的他说："皇后迷人，知我，懂我。如果我与共患难的女人离婚，岂不是负心？"

但麻烦渐多，他必须决断。在法国，约瑟芬比他受欢迎。要想减轻离婚产生的舆论压力，他需要定下奇谋。为此，他在意大利召见了他早就该见的吕西安。他母亲一直在为他们调解促和。

吕西安对此次兄弟会谈作了详实而生动的记录，将拿破仑活灵活现地展示在世人面前。

十八、政治与情感

吕西安已过而立之年。12月的某晚，他忐忑不安地来到曼图亚宫，不知道会不会被哥哥逮捕。房间光亮刺眼，看不清什么，只听到卢斯塔姆禀报说："陛下，您弟弟吕西安到了。"

可是皇帝没有什么反应，正专注于一幅盖满圆桌的欧洲地图，那上面插着的彩针代表着现实世界中的师团或军团。几年不见，拿破仑的变化之大令吕西安有些不敢认了。他静立了几分钟后，皇帝才将注意力从地图上收回来，打着哈欠摇了一下铃。吕西安这才走上前："陛下，我来了。"

皇帝边站起身边屏退仆人，不自然地握住了弟弟的手。吕西安觉得应该拥抱哥哥，他也漠然接受了。然后他又握住弟弟的手，上下打量着问："你还好吗？家人都怎么样？从罗马来这一路顺利吗？教皇对你怎么样？"

吕西安回答了这些尴尬的问题，并说他很高兴哥哥身体健康。皇帝拍着小肚子说，他担心自己会持续胖下去。然后他又夸吕西安如今胖瘦适当，堪称英俊。寒暄过后，两人一时无语。最终还是吕西安先打破沉默，请求兄长原谅。皇帝告诉他，这取决于他自己。吕西安表示愿听吩咐，唯一的前提是尊严——比如人性或信仰。

"那政治呢？"

吕西安表示自己已是平民，不再涉足政治。

"一切都在于你。你完全可以当国王。"

"陛下，我的妻子儿女……"

"你总提你的妻子。但她从来都不是、也永远不会是你的妻子，因为我不承认他……"

"陛下……"

"不！永远不！我可以原谅你，我的弟弟。但对于她，我只能给她诅咒！"接着又是长长的咒骂之语，直到皇帝说弟妹不检点的话令吕西安有些恼怒，皇帝才退让说，有些话可能是诬蔑之辞，但皇帝还是不准备承认她，而且法律规定：皇族婚姻若无皇帝认可即为无效。但吕西安提醒道，他结婚时二哥还未称帝。而皇帝的回答是："对，但这一条法律就是针对你的！"对拿破仑的这种逻辑，吕西安不禁感到好笑。

"有什么可笑的！我知道你和你妻子怎么想，但没有哪个法国人会支持你的想法……你若想重获支持，就要像热罗姆一样为我的大业效力。"

吕西安本该克制，但他终于还是愤然而起：

"您错了！您的臣子支持您的态度，那是他们的为臣之道；而我的仆从也会认为我是正确的！"此时的拿破仑皱眉眯眼，鼻翼微抖。吕西安知道，那是他们家人暴怒的征兆，但他还是继续说道："我本该被看作救国的功臣，可国家给了我什么？令我自豪的是，国人将我与您并提，而不是与热罗姆放在一起！民心胜于皇威。不管朝廷怎么说，民众自有公论！"

拿破仑并没有暴怒，他克制着说道：

"我当然记得，你在雾月政变中出了很大力，但还不足以说是救了我。你反对我为了国家大局提出的集权主张，为此我和约瑟夫劝了你半夜……而之后你又反对我得到更高的权位，这就令我无须感谢你。而你不也该感谢我吗？在圣克卢宫时你不也面临着危险？而我派兵将你救了出来……是神在保佑我这个注定要登上皇位的人。"接着，他又回忆起那几天的事。气氛融洽起来，他又谈到了众将，以及兄弟间的分歧引起的政治风波。最后他结束了这个话题：

"够了。这些事与伟大的雾月十八日一样都已成为历史。我找你来不是要说这些。"又停顿了许久。"你认真听我说，吕西安，我们都别激动……以我如今的地位，我不想动怒。你来见我就是信任我。法兰西皇帝不会忘记科西嘉人好客的美德，这将保证你绝对不会有事。"又是徘徊良久，他抓着吕西安的手说：

"这里只有我们俩。我承认，在你的婚姻问题上是我不对……我不该干涉你们……人们都在说你妻子的坏话，尽管也有人敢说她的优点，尤其是咱们的妈妈很喜欢她。她称赞你妻子是个贤妻良母……勒布伦也极力称赞她，约瑟芬甚至说他定是爱上她了……其实，我不是看不起她，只是恨她抢走了我最有才能的兄弟。等她容颜老去后，你会重返政坛来与我作对，而我则只能对付你。小小的欧洲容不下我们俩！"

"您在开玩笑。"

"不，我很认真……你现在回头会更加容易，因为我将转变家庭政策。我很需要你的子女，但他们必须得到承认，否则无法获得皇位继承权。你说，该怎么办？"

吕西安答道，这只需要议会通过一项决议即可。

"我知道可以这样，但我不想做。正如你所言，舆论的力量是巨大的。我这样自认错误的负面影响比战败还要大。"

而吕西安又说了很多话来恳求，拿破仑的内心似乎有所松动。不过就在他即将被说服之时，他挣扎着坚持道："我不会承认你的妻子！"

吕西安既激动又茫然："陛下，您到底想怎样？"

"很简单，我要你离婚！"

"可您说我并未结婚，那又何谈离婚呢？"

"我可以承认你的婚姻，但不会接受你的妻子。你快决定离婚，那对你的孩子大有益处。"

"那将会成为我和我子女的耻辱！"

"你还没看出我现在的建议有什么变化吗？按之前的建议，你的婚姻是无效的，那么你的子女就成了私生子！"

吕西安提醒皇帝，别混淆他子女的皇位继承权和普通民事权。皇帝又劝道：

"别激动！我让你离婚就等于承认了你的婚姻，我也不是真的让你们夫妻分离。如果她能为我、为国家作出牺牲，那我会论功行赏，甚至可以去看望她。但若不然的话，你们将受到谴责。你的自私断送了子女的富贵，他们也会抱怨你！"他让仍然激动的吕西安别太悲观，好好考虑他的建议。而吕西安看重的则是他的尊严，还几度想告辞。皇帝又提起了王位分配的话题。他虽将意大利暂时封给欧仁，但吕西安是他心中更合适的人选。他还抱怨了很多人。只有漂亮的波丽娜能理智地对待名利。而日渐老去的约瑟芬非常怕离婚。

这些话令吕西安静下来倾听着。接着皇帝表示要离婚，因为约瑟芬没给他生孩子，而原因不在他。他提到他已有至少两个私生子，还提到了莱昂的母亲，以及波兰的瓦莱夫斯卡夫人："一个迷人的美女，就像天使……你笑了，你看到我恋爱的神情了？对，我在恋爱，但我也没忘记政治。我当然想让我爱的女人做皇后，但我不会那样做。你在这件事上也该首先考虑政治！"

"陛下，如果她只是我的情人，我可以照办。"

接着皇帝又说了很多。终于，他坦承了内心的真正用意：他是想让弟弟先离婚以吸引公众的关注——因为吕西安一直坚决拒绝离婚，这样就可以转移舆论对他本人离婚的注意。吕西安尽量委婉地提出反对的理由，如他妻子很年轻，还能生育。皇帝没生气："没人向你转达吗？我将封你的妻子为女公爵，你们的长子可以继承这一封号，但不能承袭你法国亲王的爵位。因为那只是暂时的，以后我将让你做一个独立的国王。"

"独立"这个词令吕西安想到了他的傀儡兄弟们，不禁一笑。皇帝看出了他的心思："不错，独立的国王，因为你完全能够胜任。你只需要选择！"说到这，皇帝两眼放光，猛拍桌上那幅巨大的欧洲地图。"我说的是真的，这一切都已经或即将属于我。你要那不勒斯吗？我可以让约瑟夫让位……意大利怎么样？这是我皇冠上最珍贵的明珠。欧仁只是总督，而我与约瑟芬离婚后他也不适合留在那里……那西班牙呢？你曾在那里担任公使，就不想做那里的国王吗？你要什么只管开口！只要你先于我离婚，你要什么都可以！"

吕西安被惊呆了，许久才说道："就算是法兰西也不行。而且……"皇帝知道他想的是什么，一番软硬兼施的劝诱之后，他说道："记住：你若离婚就会拥有一切，否则你将一无所有！"

吕西安的目光飘向房门。皇帝看出他想走，于是又拉着他的手说："要离婚的不只是你和我，约瑟夫也要离婚。朱莉只会生女孩，而女孩只能用来联姻。对了，你的大女儿已经14岁了。她已经长大了，让母亲为她物色个好归宿怎么样？我会和她成为朋友的，而且不会像对小孩子一样拧她的耳朵……与约瑟芬离婚后，她、奥坦丝及其子女将对我的亲生子女构成威胁，我需要更多的侄子侄女来与之抗衡！"

接着他透露了一个想法：他想承认自己的私生子们。然后他又谈到了约瑟夫离婚的话题，面对吕西安的质疑，他兴奋地说道："是真的！我们三人都要离婚，然后再一起结婚！"

他又说了许多高兴的事，吕西安却一直很严肃。于是他一再挽留吕西安住上几天，吕西安只好找借口推辞。

"你想去求得妻子的原谅吗？那你只好放弃我的情谊了！"

吕西安说，皇帝的不喜欢令他妻子非常痛苦，他怕她总有一天会承受不了。

"那真令人遗憾。不过她要在活着的时候先离婚，否则我就不能将其子女合法化了！"

吕西安假意表示会考虑皇帝的建议，皇帝终于肯放他走了。握手，吻别，但并无真情。吕西安出门之后就加快了脚步，他怕被囚禁。

再没有什么人对拿破仑的描述比这更生动鲜活。吕西安的记述更为真实可信，他的笔将拿破仑的表演鲜活地呈现在我们面前。

为了说服对方，他将劝诱的本领发挥到极致，每一个环节都经过深思熟虑。他先是在地图前指点欧洲江山，然后招呼他，寒暄，威胁，再表示亲切；对于焦点人物——吕西安的妻子，他先贬后褒；他用"小小的欧洲容不下我们俩"来刺激弟弟的雄心；他又提起科西嘉，提起他们的家族，提起母亲、波丽娜和约瑟夫，这些都能勾起他童年的回忆。就这样，他布下了情感之网，将吕西安罩在其中。

我们看到了他思想的光芒，感受到了他激情的温度。虽然大弟公开与他作对，但他却对吕西安吐露许多心声：约瑟芬，瓦莱夫斯卡夫人，义子，义女，众将领，他的得失，还有一些非常重要的计划。这是为什么？

因为对于家族感极强的拿破仑来说，才能卓越的吕西安是公开的对手，但更是亲弟弟，是可以信任的。他留弟弟住几天，但吕西安执意要走，其实是因为他不愿屈服于这位天才的二哥。他们的会谈，表面看来涉及的是爱情、婚姻和王位，但实质上却是竞争和自尊。因此，弟弟仍然不愿顺从哥哥。在吕西安的潜意识里，他会比二哥做得更加出色。

但他也在爱着哥哥，不过是以他的方式。他的每一句话都是爱恨交加。而拿破仑虽然天纵英才，贵为帝王，但也没能超脱命运的摆布。他虽拥有无上的权力，却并不能为所欲为。顾忌着舆论的影响，他不能与弟弟冰释前嫌，不能承认弟弟的家人！要是能有弟弟效力，他将如虎添翼！

可是弟弟没有留下来，只剩他在大地图前谋划着欧洲。他将彩针扎在各国的位置上，就像钉标本。蜡烛已燃尽，天光渐亮，新的一天到来了。

十九、阴谋家塔列朗

西班牙王朝行将就木。两国正式开战，就在此次谈话之后。无耻的国王，丑恶的王后，佞臣当道，腐败横行。法皇非常乐于看到对手如此腐败，他也乐于以阴谋手段来对付那群阴险小人。可是他忽视了无辜的西班牙民众，并将在以后为此懊悔不已。

英国的朋友就是我的敌人。据此，法皇已将葡萄牙王室赶下台，现在轮到西班牙了。他先是扶植王储，然后又支持国王复位，最后在贝荣纳召集各方开会，软硬兼施，夺取了西班牙王位。他一定要控制地中海，至少要控制住海岸线，这都是对英战争的需要。

开始时，战局很顺利。对此次战争，他给出的原因是：为避免腹背受敌。但若那里不再是他的背后呢？

新的王位令他非常得意，不只是为了西班牙，更是为了它曾占有的广阔的殖民地。据说，皇帝为此兴奋地讲了很久，确切地说更像是在吟诗，他讲到了墨西哥和秘鲁，充满了无尽的想象力。

吕西安不肯效力，所以还缺一个合适的西班牙国王人选。皇帝想将荷兰王国变成一个省，以召回路易。但路易拒绝交出"神赐王权"。这又是家族皇朝的弊病。如果当初将荷兰交给一个省长去管理，他可以随时撤换；可是经过加冕、弥撒、涂圣油等仪式后，他扶植的傀儡却拒绝交出他赐予的权力。

约瑟夫比较听话。他能戴着那不勒斯的王冠，也可以去西班牙当国王。约瑟夫一世入主西班牙后，那不勒斯的王冠在卡洛丽娜的软磨硬泡下落到了缪拉头上。这里是他们耍阴谋的平台，也是他们日后反叛的资本。

然而，西班牙大冒险的形势却越来越严峻。骄傲的西班牙民族在皇帝的"背后"奋勇反抗着侵略者；而皇帝的"前方"，他的仇敌——普鲁士与奥地利在莱茵河对岸举兵反攻。他曾声称，他在易北河上就将恒河征服；而今，他在塔古斯河上招来了多瑙河畔的敌人。他意识到，要解决西班牙问题，必须靠沙皇来拖住奥地利。必须再次施以影响将犹豫不决的沙皇拉拢过来！皇帝提议在德国中部会面，很快，埃尔富特会议的准备工作全面展开。

皇帝极为重视，亲自指示臣下一定要隆重大气，因为届时来的将不仅是沙皇一位君主。如何能深入影响人心呢？皇帝为此精心准备了戏剧，并且过问剧目、演员到台词等各方面，甚至亲自指导塔尔玛表演的重点。

而这些演出也真的成为埃尔富特的焦点所在。东西方的两位皇帝、四位国王以及三十四位亲王看着台上的国王们艰苦战斗，听着塔尔玛演的俄瑞斯忒斯朗声说道：

众神主宰着我们，
但只有自己才能争取荣耀！
怕什么天责神谴？
立壮志在人间建立不朽的伟业，
将命运掌握在自己手中！

第二晚上演的是皇帝极喜欢的《穆罕默德》。先知的门徒高呼：

人人生而平等，然运命不同。
非因血统，乃拼搏与功绩所驱动。
天才凭实力立业建功，
并不靠祖先基业护佑。
如此之人，才有资格担当领袖。
如此之人，才配做这世间之主！

此时，想着包厢里的皇帝，谁能不心有所动？世袭的王公们交换着眼色，却没有笑容。而皇帝还知道穆罕默德接下来要说的话：

我看见罗马帝国分崩离析，
腐朽的王朝无力留住失去的国土。
东方大地重兴于废墟瓦砾，
新的英雄耀世而出！

最后，台词也透露了皇帝的政策走向：

他何以头戴王冠？
是胜利将他推向王座！
他不只想征服世界，
还想保和平至永久。

　　所有的目光投向他，而他用动作给出了肯定的回答。下一个晚上
演的是《俄狄浦斯》。当剧中角色说出"伟人的友谊是神赐礼物"时，
两位皇帝起身握手，互相致意。

　　法皇清楚，沙皇的友谊并不能坐等众神来恩赐，而要靠施加心理
影响来争取。为了能达成白纸黑字的正式盟约，他要像追女人一样时
时对沙皇展开公关攻势，只有一瘸一拐的塔列朗可以跟在皇帝身边。
正是这个阴谋家极具政治预见性地最早看出拿破仑的败象。那还是在
一年前的艾劳战役时，塔列朗就预感到俄罗斯可能是拿破仑的兵败之
地。加之塔列朗不认同拿破仑那恺撒式的梦想，所以他坚定了反叛的
决心。他辞去了外交职务转而担任宫廷大臣，这样令皇帝与他都很满
意：拿破仑可以监视塔列朗，而塔列朗则可以窥视拿破仑。在这一要
职上，塔列朗凭着阴谋攫取了越来越多的权力。

　　西班牙的形势坚定了塔列朗的判断。他早看出这会带来灾难性的
后果，因而大力怂恿拿破仑进行战争冒险。而现在，这个挑唆者又转
持批评态度。皇帝要他接待并暗中监视被软禁的西班牙诸王子，这正
合塔列朗之意。他通过这几位王子与英国交换了情报。除此之外，塔
列朗还向俄国大使托尔斯泰和奥地利大使梅特涅泄漏机密。他怎么能
做这样的事呢？

　　有这样一件事。

　　拿破仑自西班牙回来后说道："他们全中了我的圈套！"

　　"但我认为，您在贝荣纳的行为得不偿失。"

　　"为什么？"

"举个简单的例子。若是一个地位尊贵的人待人刻薄，定会招致批评。但他可以通过钱或权来改善形象。不过，若是这个人玩牌时出千，那么他将永远被排除在上流社会之外。"

拿破仑听后气得脸色发白，一天没理塔列朗。那皇帝何不将他撤职，或干脆将他流放到西半球？为什么还留着他？

"唯有他能理解我。"这是皇帝对塔列朗的评价。这就够了。塔列朗无所顾忌，寡廉鲜耻，不像别人有着道德、原则等各方面的约束。他可以不受任何条条框框的束缚，从而提出各种大胆的计划，来配合拿破仑灵动无边的想象力。

表面上两人互为知己，但拿破仑从未深入了解过这个叛徒。

如今在埃尔富特，塔列朗有机会将情报卖个大价钱，甚至还有政治上的益处。他立即向沙皇作出了暗示。沙皇早已从驻法大使那里获得许多情报，他对这个法国人有着很大的兴趣。借着一位德意志公主招待各国贵宾之机，塔列朗与沙皇得以会面。几十年后塔列朗回忆道："我根本不必去拉拢沙皇，他知道我想说的每一句话。"

有此默契，塔列朗可以说得很含蓄："陛下，您想怎么做？如果您不能对抗法皇，您就无法担起拯救欧洲的重任。法国有开化的人民，却没有开化的君主，而俄国则正相反。因此，俄国君主应联合法国人民……陛下不应受蛊惑而与奥地利为敌，而应如我们的皇帝一样负起自己应负的责任。"这不过是谈话的一部分。精于蛊惑的塔列朗已深深地影响了沙皇。为了回报这位外交家的卖国义举，沙皇赏了他一个巨大的恩典：将一名继承了巨额财富的公主许配给他的侄子。

来之前，沙皇本已满心疑忌，现在又受到塔列朗的蛊惑，因此他终于决心抵制拿破仑。尽管两个皇帝常亲密地私下会晤，但却充满着欺骗。提尔西特时沙皇对法皇蜜月般的迷恋也早已消失不见。

拿破仑颇为不解。由塔列朗起草并经他亲自修改的盟约已被交给沙皇。尽管沙皇发誓会保密，但当晚他就将其拿给塔列朗看，并从这位起草者这里知道了拿破仑都作了哪些修改。盟约最终未被签署。

晚上，塔列朗在皇帝面前饰演了内奸和离间者两个角色。皇帝说："我们谈不拢，他眼光短浅。"

"但他钦佩您的魅力。"

"那是他做的样子。若果真如此，他怎么不签字呢？"

"他是个讲信用的人，所以他的人格比盟约更值得信任。"

"我不会再提此事了，否则会显得过于主动。我们的秘密会晤就足以让奥地利认为，我们已经秘密缔约了……"

又过去了几天。两位皇帝就像朋友一样可以随意往来，不必拘于礼节。拿破仑对亚历山大说："我真的很想要个家，但没有子女的家又怎能算是个完整的家呢？我的妻子长我十岁。"约瑟芬被多说四岁。"请原谅，让您见笑了。但我不想对您隐瞒我的真实感受。"

晚上，皇帝将塔列朗召来，左一言右一语地说了很多，最后才说到了离婚："这是我的命，也是帝国的需要。我要有个继承人。约瑟夫不行，而且他只生女儿。我要娶一个皇家公主，而亚历山大正好有一个适龄的妹妹。你去和鲁缅采夫沟通一下，就说我平定了西班牙之后就会对付土耳其，再加些其它理由。我知道你一向支持我离婚的。"

次日，塔列朗直接对沙皇说了这件事。亚历山大还在被拿破仑昨晚的忧伤所感动："没人理解他。他的所作所为都是他所处的位置使然。他其实那么善良。以你对他了解之深，你怎么看呢？"

塔列朗怎么也不愿吐露自己真正的想法，但他讲出了法皇的想法。沙皇当即表示："我很乐意促成此事，但这需要太后恩准才行。"

此后几晚，两位皇帝仍然亲密会谈，但无论是联姻之事还是盟约之事，都未能在此敲定。拿破仑空手而归，而塔列朗的侄子却得到了一位身价数百万的俄国公主。

但是拿破仑认为，他制造的法俄君主秘会并缔结密约的假象会令奥地利信以为真，并使其感到恐惧，而恐惧比条约的威力更大。但他不知道塔列朗已将实情透漏给梅特涅，令梅特涅大喜过望："我们终于翻开了新的一页：法兰西帝国内部已有我们的盟友了。"

到了告别之时，两位皇帝如兄弟一般吻别，其友谊感动了在场的所有人。没人注意到塔列朗嘴角的阴笑。这个阴谋家已破坏了这个友谊的根基。4年后，塔列朗这一行径的危害开始显现，而受害者正是拿破仑。

二十、两个天才的会面

虽然德意志没有伟大的君王，但却有伟大的思想。在魏玛和埃尔富特，皇帝与这些有思想的头脑共度了几个夜晚。他们是真正能代表德意志的名流——不是因为血统，而是因为天赋。对于同样不是因血统而尊贵的皇帝来说，这些人才令他产生亲切感，并令他对日耳曼精神颇为欣赏。

两年前在波茨坦，他就会见过约翰内斯·冯·缪勒。当时，他的造访非常低调，而他切入主题又非常直接。几分钟后，两人已谈论起最深刻的历史话题。他谈起塔西陀，然后概括了人类文化发展的几大时代。他还谈到，曾遭罗马统治的希腊竟能凭借基督教而复兴文明。越谈气氛越融洽，皇帝还向缪勒发出了一个邀请：为他作传。接下来的话题又转向宗教的基础及其必要性。"内容极广，几乎涉及所有国家和民族。他的兴致越高，声音就越低，我要贴近才能听清……而我们谈论的某些内容我会永远保密。"缪勒这最后一句话体现了他的严谨和慎重，也可以据此推想皇帝当时的坦率。

在此时的魏玛，皇帝很重视年长的维兰德，并将他比作伏尔泰，但皇帝也会直率地质疑他为何模糊了史实与小说的界限。当然他要说的并不仅是混淆这二者会引起混乱。因为当维兰德以塑造道德楷模为由替自己辩护时，皇帝直接指出："在作品中创造道德楷模最终会怎样？人们会想，美德只存在于故事中。"

然后在这间舞厅里，他又谈到了他所关注的塔西陀："塔西陀没有深入挖掘事物缘起的内因……一个历史学者应忠实记录人类或各民族发展的轨迹，立足于他所处时代的大背景，给出公正客观的评说……我说的不正确吗，维兰德先生？……看，沙皇陛下跳得多棒啊！"

维兰德就是在等他谈到这个话题，事先的准备有了用武之地。他替古罗马的塔西陀辩驳面前这个新罗马人，精彩的演说将现场的名士们深深吸引。皇帝听得很投入，也在思考着回应之策。维兰德先生的演说必是事先有所准备，但他为何选中塔西陀这个话题呢？一瞬间，他想到了与缪勒的那次谈话，尽管已时隔两年。

"我真是遇到了对手，"听完后皇帝说道，"您的优势得到了充分发挥。或许您曾与缪勒先生联系过？"

大家都笑了。爱知识胜过爱自己的维兰德也笑着坦承：

"对，我是从他那得知您不喜欢塔西陀的。"

"那我还不算输。"说完，皇帝又开始大谈他对希腊与基督教的见解，发挥得更加畅快。他靠近总持怀疑论的维兰德，低语道："此外，耶稣是否确有其人还是个问题。"

壮年的宗教革新者向年迈的异教徒轻声提出，耶稣的真实性值得怀疑。但这位最聪明的德意志人的回答向皇帝证明了，在知识领域，日耳曼人并不逊于法国人。"我知道有些荒唐的人有此怀疑，但这就像怀疑恺撒的真实性，或质疑陛下您是否活着一样可笑。"

维兰德就这样兼顾了礼貌和耶稣的历史真实。皇帝抚肩称赞维兰德先生，然后将话题转移到基督教对于维持国家稳定的作用。但年迈的维兰德已经站不下去了，尽管皇帝仍想与其交谈。若能坐下来进行这一番谈话，后面将会有更精彩的内容。

这场谈话的听众中，就有歌德。

数日前在埃尔富特，拿破仑与歌德有过一小时的交谈，这也是两种力量的激荡。当世两大伟人得以审视对方，但双方都没过多地表露内心，彼此的钦佩更多一些。崇尚自然的歌德将此视为人生中的一个大事件，但拿破仑却没认为那么重要。10年来，歌德一直在关注并赞叹着波拿巴的拼搏之路，所以才有他晚年时那些关于拿破仑的深刻之语。不过，当时即使在德意志也鲜有人能认识到歌德的价值，所以他远未及今日这般名满世界，而且他对拿破仑的关注和敬佩也只对友人提过。所以拿破仑虽曾读过《少年维特之烦恼》，但他对歌德的认识有限，仅知他著有几部有影响的作品，更不知他对自己的钦佩。况且歌德还在卡尔·奥古斯特手下为臣，因此可以推想，拿破仑当时对歌德的重视程度定然不及缪勒或维兰德。

但如拿破仑或歌德这般旷世奇才，彼此的了解只需一见。当时，60岁的歌德泰然俊朗，皇帝一见之下一时无言，片刻后才喃喃赞道：

"真是个人杰！"

这位帝王对另一个领域的帝王发出的这句赞叹，以前没用过，以后也没再用过。这两个半神似乎被相通的血脉牵引到一起才有此一会，这千载难逢的一会也唯有亚历山大大帝与第欧根尼的会面才堪媲美。

皇帝称赞了《少年维特之烦恼》，但表示不喜欢其结局。歌德表示相信："陛下，您根本就不喜欢小说有结局。"

皇帝平和地接受了这一回击，但还是指出，维特不幸的原因并不只是爱情，还有野心。熟谙宫廷礼节的歌德听了之后竟放肆地大笑，承认皇帝说得对，但他也认为艺术家完全可以使用一些隐蔽的写作技巧。

皇帝很高兴自己能在陌生的领域得到认同，然后他又谈起了戏剧。皇帝的见解很精辟，仿佛是一个专业研究悲剧的人。他不喜欢法国那背离自然的命运剧："如今还谈什么命运！政治即命运！"

歌德也善于把握政治机遇。当皇帝问他是否喜欢这里时，他趁机答道："当然。希望这几天时光会有益于我们这个小国。"

而皇帝此时的心思却是：如何才能得到这位天才为我效力？他可以写这次会面，或者我的罗马式生活，总之一定会比法国人写的更有价值。因此他建议道："您应该留在这里，记录下您对这历史性的会议的感想，您意下如何？"

歌德婉拒道："我可没有古典作家的文采。"

在接下来的谈话中，歌德对其君主的巧妙维护更令拿破仑欣赏，他打定主意要让这位天才为其作传，认为这比一场胜仗的意义还要大。但他的邀请词却是：

"悲剧可以教化民众，甚至是君王，这是文人的最高价值所在！您可以通过写'恺撒之死'来让世人明白：如果恺撒能有更多的时间，他会创造更大的伟业，更多地造福于民。我邀请您来巴黎！在那里，您会有更丰富的素材来创造新的文学巅峰！"

而诗人仅仅表示了感谢和荣幸。仍未取得进展的皇帝不想让自己显得太心急，他决定换一种招揽方式，希望法国的戏剧能激起他的好胜之意。

"我请您今晚来看戏剧！会有许多王公贵族到场。您认识沙皇吗？也许您可以写些有关此次会议的文章献给他！"

第三次暗示。歌德依然不为所动，笑着坦言：

"陛下，我从没打算做这些事，免得后悔。"

"但路易十四时的文豪们可不是这样对他的！"

"的确是这样，陛下。但我不知道他们有没有后悔过。"

闻听此言，皇帝不禁认为："有道理！"因此当歌德告退时，皇帝不再强留。

在这两个天才的会面中，皇帝欲招揽诗人为其作传却没成功，而诗人却将此视为平生最重要的谈话——因为皇帝有求于他，而他却不需要皇帝。他已经探察到了拿破仑的内心，不必再去巴黎了。但若干年后，落魄的拿破仑仍然记得这位"真是个人杰"的伟大诗人。

二十一、东征西讨

两个月后的马德里王宫画廊中，皇帝默然凝视着腓力二世的画像，仿佛在与之交谈：这样的大帝国需要已被我废除的宗教法庭吗？我是该宽仁、民主，还是独裁？画像里的腓力二世目光深邃，但一直不语，看起来也不幸福。可他又能好到哪里去？

皇帝被无聊的战争牵引到这座都城。当初的阴谋带来了报应。西班牙那些王公贵族被赶下了台，但西班牙的人民却不愿屈服。对这些揭竿而起的民族尊严维护者，皇帝认为这些无知而怯懦的"堂·吉诃德"们是宗教愚民政策的产物。而他们的军队只会像阿拉伯军一样藏在房屋后面，僧侣贵族们又腐朽堕落。正是这些想法使皇帝没有认识到：他对这个国家的征服只是暂时的，而明天他们就会反抗。英国会支援他们，它不会放弃这个基地。谁还能打败他们的反侵略斗争？

皇帝也曾意识到这一点，他曾为这件"蠢事"向老友樊尚征求脱困之策。面对让他放弃西班牙的建议，他说道："我今天的一切都是靠智慧和武力才得到的，其威信不容削弱。我不可能承认错误并撤军，还有没有更好的主意？"

他明知犯错却无法改正，他还是当初那个朝气蓬勃的波拿巴吗？他曾在8天内击败腓特烈大帝子孙的军队，但如今用了8个月也未能在西班牙取得任何进展。而他的哥哥约瑟夫也与他唱反调，两人几番争执，很不愉快，因为这位西班牙国王想以仁爱去争取民心。而现实情况是约瑟夫不得不依靠皇帝的力量，这也让弟弟有底气去抱怨：

"约瑟夫想赢得西班牙人民的爱，但国王的爱应以国民的敬畏为基础……他还说宁愿永远呆在莫尔枫丹也不愿要非正义的流血……是他想当国王的，否则当初他可以呆在那不勒斯……荷兰国王也吵着要隐退。也许我更适合去莫尔枫丹隐居。"

为什么不弃约瑟夫而另选别人？比如西班牙方面军统帅苏尔特元帅，为什么不像对缪拉那样也让苏尔特戴上王冠？"约瑟夫来信说，我可以另选贤能……我让他当国王并非看重他的才干，而是我需要亲人来稳固我的帝国！"

皇帝旨在重建秩序的举措收效甚微。而当他击败英军后，却因路途泥泞而无法追歼残敌。就在他望着逃上军舰的敌军背影愤恨不已之时，信使带来了国内的消息。其中一封信令他怒气盈胸，不出一言，只是来回踱步足有一小时。然后他将军权交给将领，带着参谋人员匆匆取道瓦拉多利回国。

他又想起了腓力二世那深邃的目光："我不但不该取消西班牙的宗教法庭，还应将其推广至法国！富歇与塔列朗竟然不再相互钳制斗争，转而合谋对付我！缪拉竟也参与进去了！"

写信告警的是莱蒂齐娅和欧仁。塔列朗的阴谋他只能猜测，却不知细节：皇帝的这个重臣向奥地利大使建议，趁拿破仑及其军队陷于西班牙之机进攻法国。权力渐渐从他手中流向这两个被他一再提拔的叛徒，他越想越愤怒。

一到巴黎，皇帝就召集参议员和众朝臣开会，当然也包括两个阴谋家。皇帝首先将矛头对准塔列朗："你这个无耻叛贼，竟敢出卖君父！当初挑唆我进攻西班牙的是你，如今到处指责我的也是你！当初也是你提供了当甘公爵的下落并建议严惩……现在你认为西班牙计划是个错误，但你竟然有脸宣称你曾一再劝谏……我要收回你作为宫廷大臣的全部钥匙……我能轻而易举地毁灭你，但我不屑于为你这种人浪费气力！"

皇帝一口气痛骂了半个小时，塔列朗默然鞠躬退下，到了外面，与一个友人笑着说道："可惜，这么一个大人物竟这般缺乏教养！"这时，皇帝正痛骂富歇没管好舆论却支持敌方。富歇也鞠了一躬，但没退下。皇帝要限制所有高官的言论自由，并宣称：质疑就是反叛的苗头，而异议则是地地道道的反叛。

全巴黎都认为，这两个叛徒必被流放或关押。但两人依然身居高位！富歇的位置无人可替。而塔列朗被撤掉宫廷职位后依然保留着国家职位，因为他是皇帝"唯一能与之交谈的人"。

德意志蠢蠢欲动，人们都在看着奥地利的动作，但普鲁士国王依然优柔寡断。皇帝自马德里下令放逐施泰因男爵。奥地利与英国联盟，并拉拢土耳其，准备第 5 次作战。如果不是西班牙牵制了 25 万法国大军，奥地利又怎敢备战挑衅皇威呢？

唯有俄国能左右大局！皇帝厚礼笼络俄国公使鲁缅采夫，并以撤出普鲁士的许诺来讨好沙皇，只为沙皇能公开宣布：俄法将结为同盟！但奥、法、普各方的拉拢令沙皇犹疑难断。他没有听从国内那些仇视法皇的大公，也没答应维也纳的联姻请求。他决定中立。

皇帝过于信任沙皇，而这位朋友的不支持令他深受伤害。和平无路，唯有征兵备战，提前征召下一年的预备兵员！要想尽一切办法筹集军费，因为西班牙事件令国债缩水至原值的 78%。但奥地利的备战速度快于他的预计。4 月，敌军进犯。皇帝在晚上 10 点被唤醒后下令，午夜时全军出发！但 4 个小时后全军才准备完毕，令他颇为恼怒。

在巴伐利亚，奥军的失误令他兴奋得两眼放光："他们死定了！一个月之后我就能拿下维也纳！"但他错了，他攻进维也纳只用了 3 周。40 小时行军百余公里，五战五捷——被他称为最棒的演习。但在最后一天，他的阿喀琉斯之踵被子弹击伤，破除了他百战不伤的迷信。

他继续行进，乘着他那先进的马车。他的马车虽外表普通，但内部舒适，设施齐全，他可以在内睡觉、办公，宛如在皇宫或军营。他首先设计的减小摩擦的装置使得车速大为提高。6匹快马拉着车飞奔，旁边的仆从、信使和轻骑兵纵马相随。随从的军官可以在车内记下紧急命令，然后信使们就将其传往四方，丝毫不影响行进。当这大队人马疾驰而过时，路边的农夫定会以为拿破仑皇帝有神魔附体。

一旦在某地停下，那么热水浴是必需的。皇帝常从早上两点——那是他的说法——口授命令至4点，再睡到7点。他一下马车，4名轻骑兵会呈正方形护在周围。当他需要使用大型望远镜时，侍从的身体就是支架。无论何时何地，地图不可离其左右。随从若不能立即指出他想找的地方就会立遭斥责，即使贝尔蒂埃也不例外。夜里，他的地图周围会有二三十支蜡烛，中间是一个指南针，地图上插满彩针。这个圣坛才是他孤独灵魂的真正寄托。

他再次兵不血刃地进占维也纳，住进了肖恩布鲁恩宫。但战争并没有结束。此时他的广阔帝国四处烽火，西班牙和意大利北部的战事都不理想。为了调动那不勒斯的军队，皇帝决定剥夺教皇的世俗权力，给他200万年金养老。这主要是为了集结意大利的全部兵力，当然也有恼怒的因素——去年，教皇给各国君主送去了圣烛，却没有给拿破仑皇帝。

皇帝的随从中也有天主教信徒，皇帝这一不顾政治影响的决定令他们大为惊讶。对上帝的不敬之举会不会遭到报应？5天后的五旬节，那些迷信的人看到了上帝对皇帝的惩罚：一个败仗。

阿斯佩恩-艾斯林战役对于拿破仑来说绝不算是胜仗。多瑙河大桥的塌毁只是个巧合，但他的老战友拉纳元帅阵亡了。当他赶到时，将死的拉纳元帅话语中流露着怨恨。当晚，他茶饭不思，也不见任何人。

他沉思的结果是：战败的原因在他自己。是他让军队顶着敌军强行渡河，而拉纳没有错，他已渡过一半。该怎么对巴黎说？他心绪烦乱。要是美丽的瓦莱夫斯卡在这里该有多好！对，把她接过来！

罗马传来消息：皇帝刚一废黜教皇，教皇就还以颜色——他将拿破仑开除教籍。皇帝会怎么想？他只付之一笑："当初在加冕仪式上，我从他手中夺过皇冠，这是他的报复吗？但在如今的文明年代，只有无知愚民才会怕报应。我曾在科西嘉和雾月19日两度被宣布为不受法律保护的人，但结果却给我带来了好运！"

他精神大振，开始筹划反攻马齐费尔德。终于，他在瓦格拉姆再度取胜，被开除教籍的拿破仑战胜了虔诚的天主教徒查理大公。两天的战斗一直很顺利，他的心情再度开朗起来。

回去后，他的玛丽·瓦莱夫斯卡已在肖恩布鲁恩宫中等着他了。曾有多少美女在这私密的宫室里用身体来欢娱哈布斯堡统治者？现在，这个科西嘉冒险家与他的波兰情人在此缠绵厮守了3个月，兑现了在芬肯施泰因分别时相约再聚的承诺。

几周后，她怀孕了，为田园诗般的爱情增添了新的色彩。8月15日子夜，他在她的怀抱中等待着自己的40岁生日。次日一早，他治下的全境都将鸣钟庆贺教皇钦定的"拿破仑日"。而第一个祝贺他生日的，是这个20岁的美人。她说不好他的语言，但她的眉眼更能传情。不过他的境况已不同于两年前。那时他的帝国威震东西方，各国争相来朝。而今他处于守势，对胜利也不能有太多的奢望。

瓦格拉姆得胜的当天，皇帝为部下的愚蠢之举而大动肝火："你竟然逮捕教皇！你应该让他在梵蒂冈安度晚年的！"教皇将他开除教籍之举并没什么实际意义，但逮捕教皇将让他背负沉重的道义压力，被打击的教皇会比打击别人的教皇更具有号召力。西班牙也传来消息说，补足兵力的英军与隐蔽游击的西班牙人联合起来抗击入侵者。而富歇则越权召集国民自卫军，意在制造恐慌。

拖得越久，问题越难办。他在遥远的维也纳指挥，等命令到达前线时，形势可能已有重大变化。他要尽快回到巴黎才行，但奥方故意拖延谈判耽误了几个星期。不得已，他只好放弃让对方割地三分之一的要求而另谋解决之道。在与奥地利巴布纳伯爵一次 7 小时的长谈中，他坦率地说道：

"阿斯佩恩—艾斯林战败责任在于我，但并没影响士气。贵军常犯的错误是，在不了解敌情和地形的情况下制定计划。而我则不会事先决定战术……天一亮我就侦察地形，没把握决不分兵……冲击敌人，只要地形有利就开战。您认为我善用大炮杀伤敌人，非常正确……我必须让疲惫的士兵少打肉搏战，因而只能多用枪炮。"他还谈到了沙皇，谈到了普鲁士的摇摆。然后，为了能尽早结束谈判回巴黎，他提出奥方割地数量可以减半，并建议法、奥结盟。奥地利向莱茵联邦和俄国各割让一部分土地，对法国开放通往巴尔干的道路。谈判又拖了几周，好在瓦莱夫斯卡夫人那双美目可以驱走他的一切烦恼。

10 月，在皇帝的阅兵式上，一个形迹可疑的青年被捕。只搜出一把厨刀和一个姑娘的画像。他要求见皇帝，否则拒绝回答任何问题。这个叫弗里德里希·斯塔普斯的 18 岁青年在皇帝面前勇敢而不失礼，通过拉普的翻译，他们进行了坦诚的交谈。

"对，我要刺杀您。"

"年轻人，你是疯了还是病了？"

"我很正常。"

"那为何要杀我？"

"因为您在摧毁我的祖国德意志。"

"是谁指使你？"

"我的良心。它告诉我，杀了您是造福德意志和全欧洲。"

"你认识我？"

"在埃尔富特见过您。当时我以为您不会再发动战争，是您忠实的崇拜者。"

皇帝找来医生，希望能将他定为精神失常而有个放过他的借口。

但检查结果是，他完全正常。皇帝烦躁不安，他不忍处决这个坦率的青年。他不是阴险的敌人，他只是个理想主义的布鲁图。

"你的冲动会毁了你的家庭。你应该悔过并请求我原谅，那么我会饶恕你！"皇帝第一次说这样的话，但并没打动这个青年——他不后悔，只遗憾没得手。皇帝又指着那幅画像问："这是谁？"

"我爱的姑娘。"

"她会支持你舍命冒险？"

"她会感到遗憾，因为她也憎恨您。"

"多漂亮的姑娘，"皇帝心想，"我要饶恕他。即使他恨我，又能奈我何？"他又对斯塔普斯说："如果我放过你，这个姑娘会不会高兴？"

"即使这样，我还会刺杀您！"

皇帝命人将青年押走。然后他授权香巴尼负责与奥地利的谈判，不惜将赔款要求减半，只为早一点回到巴黎。第二天早晨6点，他的谈判大臣带回了签好的和约，得到了皇帝的表扬。

斯塔普斯强烈地震撼了他的内心。这个固执的青年拒不翻供，就在和约达成的当天早晨，在枪口前留下了"自由万岁！杀死暴君！"的呐喊后被处决。皇帝听后久久沉默，然后命令将斯塔普斯的厨刀带回巴黎。

二十二、与正统联姻

约瑟芬晕倒了。皇帝命侍卫长将皇后抬回房间。皇帝将她放在床上后刚一出去，她就睁开了眼睛。她在演戏。那位侍卫长后来透露了内情，当他抱皇后回房间时，她小声说道："太紧了，疼。"晕倒是假的，但她的惊慌却是真的，因为皇帝要她离开杜伊勒利宫！外有斯塔普斯拿着厨刀行刺，内有富歇暗通英国，面对这样的局面，皇帝摊牌了：他要一个儿子，一个由皇家公主所生的儿子——虽然他还不知道该由谁来做他儿子的母亲。

家庭会议，母亲、兄弟和妹妹们围坐在桌边，当然还有约瑟芬。她能感觉到众人抑制不住的喜色。皇帝的心情极为复杂，能听出他语音的异样：他不得不忍痛与皇后离婚，原因是她无法为他生育子嗣，仅此而已，"我做出这个艰难的决定完全是为了帝国的利益……与皇后生活的15年非常幸福……她将继续享有皇后的头衔，而我也希望能永远与她做最好的朋友。"约瑟芬同意离婚的文件由秘书代为宣读。

签字。拿破仑的签名比平时认真且清晰，最后一笔拖出长长一道——他终于果断地了结了此事。约瑟芬颤抖着在紧靠拿破仑名字的地方签下名字，似乎还想得到他的保护。太夫人也在离婚协议上签了字。

当晚，约瑟芬竟然又来到他的床前，头发凌乱，满面泪痕。次日，皇帝亲自将悲伤的约瑟芬扶上马车，由杜伊勒利宫前往马尔梅松宫。临走前，她还拜托梅内瓦尔常在皇帝面前提起她。

而皇帝则将自己禁闭在特利亚农宫3天，不见任何人，不做任何事，仿佛在哀悼逝去的婚姻。15年来运转不息的机械竟然停转了3天。不久，他去看望马尔梅松宫里的前妻。回来后他又给约瑟芬写信，劝她不要过度忧伤，诉说着自己的痛苦和思恋，并请她好好保重自己的身体——满纸的真情实感。之后又是一些财务账：他会给她三百万法郎的年金，以及存在马尔梅松宫柜子里的五六十万法郎，还会为她支付大约四十万法郎的宝石首饰的的账单。

不久后，宰相举办了假面舞会，前奥地利驻法大使梅特涅的夫人也应邀参加。一个穿斗篷的人将她拉到旁边。人们都知道那是谁。几句玩笑之后，拿破仑问道，奥地利公主会不会接受他的求婚。

"这我说不准，陛下。"

"如果您是公主，您会接受吗？"

"我当然拒绝！"这位夫人笑着答道。

"您可真伤人心。请给您先生写信，问问他的意见。"

"您最好去找施瓦岑贝格亲王，他是现任大使。"

他以大革命时期的高效作风开始操办这件事，他命欧仁第二天一早就去拜会奥地利大使。沙皇方面一直没答复，而他离婚就是为了子嗣，若继续拖下去，离婚就失去了意义。而战败的奥地利也需要安抚，这是最佳的解决方案。

他那科西嘉式家族观念令他时隔 6 周再度召开家庭会议，而平时他连军事会议都很少开。除了皇亲，与会者还有一些高官。皇帝说他想要子嗣：

"如果依我的本意，我会选择本国英雄之女来做皇后。但我们必须考虑时代风气以及政治因素。我想各国皇室都不会拒绝我的联姻请求，现在有 3 个备选国家：奥地利、俄罗斯和萨克森。我要听听你们的意见。"

他头脑中挥之不去的正统情结终究会将他压垮。为什么不可以是瓦莱夫斯卡夫人？为什么不能是他册封的某个亲王的女儿？他曾废黜过封建君主，他曾自己戴上皇冠，他一直与旧势力作斗争。难道今天他这个半神要去顺应他曾毁掉的习俗，只为了子嗣的贵族血统？

可惜现场不会有人说这些，大家在他的引导下都不考虑法国女子。欧仁和塔列朗赞成与奥联姻，而缪拉却提醒道，路易十六的奥地利王后令他不幸。也有人支持迎娶俄国或萨克森公主。皇帝听了众人的意见后，依然按之前的决定行事，当晚就与奥方联系。与会者中唯有一人最有远见地建议娶俄国公主，而原因却不能明说："两年内我们必与没联姻的两国开战，而奥地利是这三国中最弱的！"

皇帝以俄国久未答复以及"安娜公主年仅 15 岁不能立即生育子嗣"为由，结束了对俄国的联姻请求。而哈布堡公主则令他极为满意：她的母亲育有 13 个子女，而其先辈更有过 17 甚至 26 这样的生子数目。

奥皇不会拒绝，而18岁的玛丽·路易丝也不会违抗父命。但他还是给公主写了一封信，首先夸赞公主才貌双全，接着表达爱慕之意，最后希望她能接受自己诚挚的爱意同意结此良缘，而不仅仅是听从父命。

多么幼稚的信！他也知道这个公主答应亲事只能是迫于父命，自她幼时起，他就是不断侵夺她父皇疆土的魔鬼。他也不必讨好她，她其实无才无貌，唯一的优点就是她的血统。但迫于形式，他还是写了这封信。

皇帝的朋友贝尔蒂埃作为迎亲特使，将新郎的信物带到了维也纳：一个镶满钻石的拿破仑画像和150万法郎的珠宝。而新娘的叔叔查理大公则代表曾12次打败他的拿破仑参加了霍夫堡的婚礼。

皇帝则越来越专注筹备婚事。他给新娘的聘礼有500万法郎之多，而新娘的嫁妆不过是其十分之一。他还研究过前朝先例，以免失了礼数被嘲笑。此外，他还定制衣服，瘦身，学跳舞，派人每天送鲜花给路上的新娘。当然他也写信，但新娘只能看懂他的签名"N"。

皇帝及家人本应在贡比涅等候，但他突然心血来潮地将新礼服换成旧军装，带上缪拉乘马车迎向新娘的队伍。途中，大雨倾盆。他本想给新娘一个意外，但车夫认出了他，一声"皇帝驾到"泄漏了先机。他进了她的车里，侍女退下，他吻了一下她，然后笑了起来。她对他说的第一句话是："陛下，您跟画像里一样英俊！"而他的感觉是："她不算漂亮，有雀斑，但胸部比较丰满。不管怎么说，她拥有青春。"

晚上，筹备了很久的欢迎典礼全乱了，因为每个人都被大雨淋透。卡洛丽娜陪着一对新人共用晚餐。凌晨1点就寝时，皇帝私下问他的主教舅舅：霍夫堡婚礼后，玛丽·路易丝是否已经成为他的妻子。舅舅在作出肯定回答的时候，就已经猜到他要干什么。

一早，皇帝与新娘在她床边用早餐。很快，此事尽人皆知。拿破仑在夜间偷袭了正统主义的堡垒，征服了哈布斯堡公主。他语带双关地写信给岳父，"感谢您赐予的可爱礼物。"直至回到巴黎，皇帝才在舅舅费什主教的主持下与玛丽·路易丝举行了正式婚礼，但已晚了两个星期。皇帝对他的新娘非常满意，尤其是她与他的家人关系和睦更令他高兴，还称她为"小东西"。

几周后波兰传来消息：瓦莱夫斯卡夫人为他生了个男孩，但路易丝还未怀孕。他内心有些摇摆，命人将瓦莱夫斯卡夫人接到巴黎来。不久，路易丝也怀孕了，皇帝的喜悦难以言表。消息迅速向全国公布，大家都要为此庆贺、祈祷。

他的波兰情人到巴黎后，他去看了他们的儿子并封他为伯爵，还让宰相做监护人。但皇帝并没与波兰恋人有更多的来往，他现在是个规规矩矩的好丈夫。

在传奇的拿破仑身边，一切都变幻无常。从前，约瑟芬恨不能将瓦莱夫斯卡夫人杀之而后快，如今却又能邀她去马尔梅松宫。瓦莱夫斯卡夫人让约瑟芬看了她的儿子，而约瑟芬正是因为未能为皇帝生下子嗣才不得不离婚。这两个美女，一个已渐老去，一个正值妙龄，先后为拿破仑所爱，又先后遭其抛弃。这个男人为了能永续辉煌而娶了一个既不漂亮也不聪慧的公主，其实他早已够格辉煌万代了。

就在所有人企盼着皇太子降生的时候，就在全体臣民都在祈祷的时候，医生带来一个巨大的难题：皇后的胎位异常，母子都面临危险，该保大人还是保孩子？他面临着艰难的选择。该保孩子吗？他的帝国正需要皇嗣，翘首企盼的可不止他一个人！该保大人吗？他娶这个公主的目的不就是为了让她生一个男孩吗？他还能怎么选择？

"就当她是一个普通女人好了。先保大人！"

两小时后，婴儿顺利降生，母子都平安。巴黎人都在专注地数着礼炮声：……19，20，21——若是炮声就此停住，就是位公主——22！……巴黎沸腾了，人们围着皇宫热烈欢呼。

而皇帝则听着他熟悉的炮声，看着外面狂热的人们，回忆过去，畅想未来……他身边的侍卫看到，他那冷峻、幽深的眼睛里含着泪水。

第四章 海

　　一定要再次打败他！……然而万事万物皆有其运行规律，猛虎难敌群狼，因劫难一波又一波的冲击，拿破仑终究也轰然倒下了。

—— 歌德

一、子嗣带来的希望

长久以来，拿破仑的理性与梦想不断斗争，由此作出的选择影响了世界战略格局的走向。

这个时候，他到达了人生的最高峰。他抛弃了原先的皇后，转而与哈布斯堡联姻，并有了合法的儿子。后继有人使他的帝国更加稳固，各派都俯首听命。他的人生因此一片坦途，正如11年前的马伦哥大捷之后一样，安定的环境可以使法国全力发展。虽然英国、西班牙尚未臣服，但俄国还很友善，而欧洲的大部分都已在法国的掌控之中。这些可以让他从容不迫地进行决策的条件，以后不会再有了。

假若他仅仅工于理性算计，那么这片查理曼帝国的疆域就能让他费尽心神；假若他只是按照梦想行事，那么他会效仿亚历山大大帝去远征印度，而英国将只被用作借口。但他却是两者兼具，因此内心的斗争会使他产生摇摆。他这般理性的人，竟然也忽视了一个无法以数字度量的现实因素，即西班牙与德国人民的民族情感。他想的不是这些，而是军队、大炮之类的。

自他有了嫡子至他再次发动战争的关键几年间，他的思维一直在理性与梦想间摇摆，一切的决断都取决于当时哪种精神力量更强一些。梦想能让他觉察到民族主义中蕴含的危险力量吗？理性的思考又能否令他看清近忧远虑？若在犹疑不定间决策失误会带来什么？毁灭。

他自认为已经老练不惑。而第三股精神力量正在滋长，那是一种宿命论的意识。他的一些言论，以前从未说过："我不知命运会将我带往何方。然而等我到达那个命运设定的终点，一粒沙都能将我击倒。

但在那天到来之前，凡间的一切都不能战胜我。终点不远了。"

他似乎一语成谶，虽然未来依然迷茫难测。他脑海中的智慧的光芒已渐暗淡，他正走向悲剧的终点。他曾无意中将远征俄国叫做"第五幕"。30 岁时，拿破仑曾在尼罗河边说："我到了一切的尽头。"而 43 岁的他又在参议院中说："这一切都和我存亡与共。我死后，4 万法郎的年金就会令我儿子满足。"

但如今，他的激情犹胜当年！自埃及战争以来，他心中一直宿命地认为他必定会是亚历山大大帝第二。现在，他有为梦想一搏的资本，他会让理性去绊住梦想吗？还是梦想更吸引人。他为了让首相今后能年年向他恭贺新禧，"我应该更加理智"。

拿破仑从不理智，但他确实很机智。他看到商战对法国不利，便改弦更张，发放许可证，解禁部分进口自英国的原料与染料。但这些许可证旋即在各国泛滥开来，北海和波罗的海走私者开始贩卖殖民地商品并大赚特赚，而这正是皇帝强力禁止的。他这个全欧洲最聪明的人竟然被那群走私者骗了？不行，要立即禁绝！皇帝命令：向输入欧洲大陆的全部殖民地商品征收 50% 的关税，并令各地烧毁英国的棉纺织品。这造成了非法牟利的空间！万千贸易者顶着严刑峻法与皇帝打起了"游击战"，就像西班牙人一样。

各国之间的贸易战也很激烈。法国禁售英国货，所以英国便向与法贸易的中立国船只征收高额的许可税。而法国则宣称将攻击违令在英国靠岸的中立国船只，但英国的商船却挂着别国的国旗在欧洲大陆靠岸，这又引起法国对地中海所有中立国商船的严格排查。凡此种种颇为可笑，拿破仑竟想以封杀海上贸易来掌控海洋。

拿破仑的希望在变大。英镑贬值，英国银行业陷入危机，在野党反对战争。但英国强硬地拒绝了拿破仑的和平提议，西班牙也依然混乱，二者互为因果。在西班牙，法军及其盟军共有 25 万人，却赶不走威灵顿公爵的 3 万英军。由于有军官或僧侣的领导，游击队总在暗中偷袭侵略者。法国少儿被灌输的是：皇帝代表上帝；而西班牙的少儿受到的教育却是：法皇拿破仑是恶魔的化身。

在西班牙人民战争的汪洋里，法军的将领们找不到什么正规军对手，不知如何是好。内斗也不曾停歇。皇帝将马塞纳派至葡萄牙，同时将约瑟夫国王的4个省交给4位将军分别治理，另派一位元帅统管4省，还声称这4个省是他哥哥自愿放弃的。他施行古罗马式的军管制，原因在于他对兄弟们的统治失望了。激战，缺粮，多病，马塞纳也扛不住了，皇帝震怒，将其召回。

皇帝要御驾亲征吗？官兵们都盼望着他的到来。他明白，但并未见行动。他是怕被刺杀？还是怕他离开后国内局势生变？皇帝在放眼全帝国，岂会被这南部一隅所牵绊？西班牙算什么？他最终决定派老友马尔蒙去解决这一切。

皇帝的弟弟，路易国王也无辜地让出了王位。在此之前，皇帝收回了荷兰的领土，并下令取缔王国剩余部分对法国的关税。此外，限制对英贸易的措施也激起了擅长航海与商贸的荷兰人的愤怒。皇帝曾寄希望于他的兄弟国王们能压制住这些民族情绪，但他错估了民族主义的能量，和他两位兄弟国王的荣誉感。其实这些问题本可以用军管的方式解决，因为军人总督不必顾忌子孙的王位继承问题。

路易忍无可忍，传位于次子后潜逃。皇帝的耳目察遍全欧，终于在奥地利找到路易。皇帝虽恼，却也明白自己的责任更大。没有惩罚，而且皇帝还给他那借口生病而传位的弟弟派去了御医。拿破仑写信安慰母亲，告诉她已找到路易，但他也写道："只有用生病来解释他的行为才合情理。"

这位独裁者的书信往往带着他强大的意志，并震慑到收信者。而上面这封信却颇为不同，它令潜逃的路易放下心来，从此隐居于格拉兹伏案创作。他的三卷本小说《玛丽或爱情之烦恼》描述了他那被皇帝干涉的爱情。约瑟夫也想效仿路易隐居而脱离皇帝的摆布，但拿破仑认为还是让这位有民主倾向的大哥做个挂名国王更稳妥。毫不懂军事的约瑟夫只好再管起战事，但他只会让皇帝更生气。

这时，热罗姆和波丽娜醉心于风流快活，缪拉与卡洛丽娜忙于阴谋诡计。报上常有爱丽莎阅兵和打猎的新闻，皇帝对此能够包容，却不能容忍她爱出风头的性格并多加告诫。

但皇帝还没意识到家族里最危险的家伙。拿破仑曾强迫亲英的原瑞典国王让位于他的一个年老无后的叔父，并让新国王对英宣战。新的瑞典国王为讨好皇帝，将约瑟夫的连襟、曾善待瑞典战俘的贝尔纳多特选为王储，这当中也有富歇的阴谋。拿破仑难以拒绝让法国将军继承外国王位的美意，尽管此人在雾月政变中不支持拿破仑，而且是拿破仑旧情人的丈夫。虽然皇帝认为这个人古怪、欠缺统治才能，"但我却不能反对。"仅仅出于对付英国的考虑，这也是一件好事。

皇帝真的放心吗？他以前总是将阴险家置于巴黎看着的呀！贝尔纳多特赢了，戴上王冠的他并不感激可恨的波拿巴！他小人得志般地致信给他的老长官，表示他这个瑞典王储可以提供军事支援，但却不是无偿的。皇帝很明白，却不屑于亲自答复，他命人回信说，皇帝从不与王储通信。这让贝尔纳多特永难忘记，不到两年他就进行了报复，为这番嘲弄，也为以往的一切！

帝国四处告急，皇帝很苦闷。他并不隐藏对亲属们的失望之情："我真不该封缪拉和兄弟们为王……也不该向流亡贵族归还财产，而应收为国有……我应该只委派总督。还有，我的元帅们之中竟也有人幻想着建立伟业！"高处不胜寒啊！他的当前要务就是保全帝国——这也就是说，叛逆创新的灵动天才拿破仑要转变成一个正统中庸的守成之君。他的苦闷部分缘于意志的偶尔消沉。在他蓬勃向上时，他相信伟业将会不朽。而在他的光辉晦暗之时，他的兄弟部属们却不自量，还想用反射自拿破仑的余辉去照亮全欧洲！

拿破仑心底最大的愿望就是让他的儿子继承他的幸运。生子后，各界名流纷纷来贺，其中也有为法奥联姻出力甚多的奥驻法大使施瓦岑贝格夫妇。为表感激，拿破仑将一枚从古埃及法老墓中发现的胸针送给大使夫人。他一直将它看作护身符，但现在"我已不需要它了"。在以往，迷信的拿破仑是不会这般轻慢神明的。但他坚信儿子的出世令他事事皆可逢凶化吉，因此护身符不再是必需的了。

以往暂无子嗣时，他将兄弟们封王以代。现在他意识到了自己的失误，约瑟芬多年未生子的害处何其之大！在他的架构中，子嗣的作用是巨大的，但他来得太晚了。如今的拿破仑，盛年不再，他已不能看到他的儿子接班了。

看看这温馨的场景：这个快速老去的男人将姗姗来迟的幼儿放在腿上逗弄，给他戴自己的帽子，允许孩子爬到书房里玩。甚至在他进行兵棋推演时，也不介意小家伙过来将"战场"搅乱。他会大笑，会对镜扮鬼脸，会给他儿子佩带他的军刀。拿破仑在不觉中已忽视了现实与梦想的界限。

他儿子"骄傲又敏锐，正如我所愿……很健壮，嘴、眼甚至声音都随我……以后肯定有出息。"只有给约瑟芬的信中，他的语气才会这般平民化。他希望约瑟芬继续用以往那种亲密的口吻，他不喜欢她在信中叫他"陛下"。他很不满约瑟芬的挥霍无度，还写信劝她节约储蓄，但约瑟芬依然如故。于是他命令她的管家在她还清债务以前不许为她付帐。

但皇帝几乎没再见过约瑟芬，还有其余的女友们。作为一国君主，他愿为臣民作出表率。玛丽·路易丝很快就被同化了，夫妻相处得很和谐。他会鞍前马后地陪她学骑马，也会耐心地等待迟到的她一起用餐。她并不怕他，相反，她觉得拿破仑有一点怕她。奥地利皇室的看法对法兰西皇帝来说非常重要。基于政治考量他要向维也纳表明他妻子的幸福，他曾将梅特涅与皇后锁在房间里1小时而他却走开，将两人放出来后他还笑着问梅特涅，是否确信皇后真的很幸福。

这些不过是玩笑，说明他负重的内心轻松一些了，这也是富有青春活力的玛丽·路易丝皇后仅有的贡献。但是联姻并未缓和欧洲的国际局势。原指望能得到几个省份作为聘礼的奥地利却并无所获，赔了女儿未得地的弗朗茨感到被羞辱而非常痛苦。为了自我安慰，他派人去查拿破仑先祖的情况。再次见面时，他对女婿说，他的家族可以上溯到11世纪的特雷维索。而拿破仑却回答说："多谢陛下，但我更愿意做我家族的鲁道夫。"

这个新皇帝这般出言不敬，真的伤害到了世袭的奥皇的尊严。不久之后，当奥皇需要抉择是否要支持自己的女婿时，那番嘲弄的影响就不可忽视了。等后来拿破仑省悟时已经晚了："假如我当时能巧言奉承那个笨蛋几句，在莱比锡之战中我的敌军可能会少掉10万！"

但这位革命起家的皇帝也有赞赏那位正统君主的时候，例如她妻子在信中称她父亲为"教皇祝福之神圣皇帝"就令他非常赞同。

他那位被教皇祝福的岳父皇帝，为了教皇而对拿破仑非常不满。拿破仑对教皇严加控制，将其软禁在萨弗纳，教会面临着分裂的命运。皇帝又召集全欧的主教开会并颁布谕旨，取缔教皇在与皇帝意见不一时的神职人员任命权，教皇也被迫签了字。

欧洲为此意见纷纭。对于教皇的窘境，俄国与波兰乐于见到，普鲁士与英国勉强能接受，而教皇属地的公民却出人意料地支持法皇。这个小国的人民曾饱受剥削，如今充满感激地接受了《拿破仑法典》，迎来了现代的教育、管理和基础设施建设，还有彭当沼泽的排水工程。拿破仑先是将古罗马精神带到巴黎，又将巴黎的革命经验传播到罗马，这样，一座交流的桥架设在两城之间。

被逐出教的皇帝想方设法地制裁教皇。他在荷兰接见神职人员时曾诘问主教们："你们信奉的是格里高利七世的宗教吗？我信仰的是耶稣的宗教。基督说：把属于恺撒的还给恺撒。那么我也会把属于上帝的还给上帝。我的君权是上帝所赐！而你等可怜虫竟妄想要抗拒？就因为罗马的那个神甫将你们的皇帝开除教籍,你们就目无君王了吗?是耶稣选定他做教皇,并给他将一位君主开除教籍的权力吗?……安分些,在政教协议上签字吧!而省长先生,您该采取切实措施,严防此类情况再出现!"

拿破仑在愤怒时竟会喊出这种违心的话语,其实他本是鄙视这种腔调的。然而他当初在教皇面前自行戴上了皇冠,多多少少也体现了君权神授。谁又知道拿破仑的心里对此是怎么想的呢。

二、和约破裂

"斯特拉斯堡的盐价为什么涨了一苏?"质问过军事部长后,皇帝又写信给海军司令,命他在3年内组建起大西洋舰队和地中海舰队,分别针对爱尔兰和埃及。待西班牙战势好转,他就要远征好望角、苏里南和马提尼克岛,同时在东西两半球用兵。

拿破仑的疯狂梦想推动着他准备征服世界的冒险,而且他心中为此生出的精神力量之强也是一生中的唯一。"我们的未来往何处去?我们会先解决欧洲,然后对付那些游牧者,再从英国手里夺到印度……亚历山大大帝都未打到恒河,而我则要从欧洲的更远端起兵攻占印度,打英国的后院……假如沙皇已经屈服或被臣民杀掉,俄国出现亲法政权,那么法国在高加索援军的帮助下,只须一战即可毁掉英国的基础,实现法国的海上自由!"说这番话时,拿破仑双眼放光,口若悬河,讲到了各个方面。

沙皇会屈服?或者是被杀?皇帝很困惑,无论如何他都想与沙皇交好而非敌对。俄国战败对法国无益,而他也一直躲避战争——但沙皇必须如约与法国联盟。皇帝发现他对沙皇的暗示的作用越来越弱,无奈的他在给莱茵联邦的一位君主的信中写道："法俄之战已在所难免，无论沙皇或者我的想法是怎样。"

因为这场战争缺乏理性上的必要，所以他只能用宿命的说法来解释。实际上，在他们议和之初就埋下了开战的种子。之后，阴险的塔列朗又促进了它的生长。沙皇心中的疑虑越来越强，而且也得到了印证。两个志在瓜分全欧的雄主都不愿妥协退让，战争的脚步越来越近，不可阻挡。"他是我现在唯一的对手，且精力日盛，而我却渐渐衰老。"因此，拿破仑更要抓紧时间，前进！

他这宿命的想法其实也有着现实政治的解释。之前，皇帝要求沙皇扣押中立国的船只以打击英国。沙皇难以同意这影响俄国海运的要求，他需要殖民地的商品。所以皇帝就"根据情势的需要"占领了魏泽河与易北河入海口，汉莎同盟诸城和汉诺威的一部分。同时，他还吞并了奥登堡公国，尽管该国王储是沙皇的亲戚。

拿破仑的行为虽是为其新政策服务，但沙皇认为这是在破坏提尔西特条约而异常愤怒，他致信欧洲各国抗议法国的所作所为。这已形同宣战，尽管沙皇在通函末尾重申了俄法同盟的稳定。然后沙皇颁令准许自由进口殖民地商品，却对法国商品征收重税。

大地图同时摊开在圣彼得堡和巴黎的桌上。沙皇要与土耳其讲和，而法皇则教唆奥地利出兵塞尔维亚，继而进兵摩尔达维亚和瓦拉西亚。但梅特涅阳奉而阴违。令沙皇担忧的还有波兰，谁知道拿破仑是否会重建波兰？法国驻俄大使科兰古是主和派且佩服沙皇，他对沙皇承诺了许多，而拿破仑却不愿公开保证。他还准备将波兰用作攻俄基地，所以他不能让波兰人复国梦碎。而沙皇要求公开盟约也是基于同样的考虑。

马塞纳兵败西班牙，同时科兰古归国，令皇帝颇为犹豫。科兰古转达了沙皇的和平意愿，话语中多为沙皇辩护。皇帝耐心地听着，而后又提了许多问题，涉及俄国的方方面面。然后，他捏着科兰古的耳朵问道:"你爱上他了吗?"

"我爱和平。"

"我也一样。但我不会听任摆布。从但泽撤军?照这样下去,我要事事请示沙皇才行了?你真老实,科兰古。我要采取行动遏制他的游牧民族南侵。北进!重划欧洲的边界!"

这些借口毫无依据。科兰古转述了沙皇的话以期能警醒皇帝:"他是大师,对我教益良多。严寒将帮助我们抵御法国人。皇帝的出现会带来奇迹,但他不可能处处皆在。"这番话令拿破仑感慨颇多。谈了几个小时,他也没能驳倒科兰古。在他含混的答复背后,隐藏着他的宏伟梦想。

他要以胜利回击沙皇,还诬说沙皇"虚伪、有野心却又无能",并将战争归咎于沙皇,归咎于俄法联姻失败。面对科兰古的反驳,他又推说有些事情他"忘记了"。这可是前所未有的,固执己见的他竟然不顾事实,甚至逃避不利的论据。

他换了一位强硬的驻俄大使。面对俄方以华沙交换奥登堡的提议,他高声表态道:"我不要波兰的一寸土地!"

这些问题不过是命运的表现形式而已。那些折磨着他灵魂的伟大梦想,他宁愿倾诉给阴险的敌人富歇,也不肯透露给睿智的臣属科兰古。虽然他因富歇勾结英国而撤销其警务司令之职,但他又宽大地任命其为参议员;虽然他下令监视富歇,但似乎离不开这个雅各宾党人。他向富歇坦露了心中最深的秘密:

"人们都以为婚后的我是一头睡狮。但我已有80万大军,欧洲将任我摆布。你不是也说过,就应该让天才任意发展。假如命运将我推上世界之主的位置,那我又岂能抗拒?如你一样的温和派,不都曾帮助过我吗?我要完成我未竟的伟业:欧洲法典,欧洲法院,欧洲统一货币,统一的度量衡,统一的法律,最终将欧洲各民族统一为一体……公爵先生,这才是唯一的完美蓝图。"

在此，拿破仑清晰地提出了建立欧洲联邦的设想。这个来自拿破仑超凡创意的构想，却记录在与皇帝为敌的富歇的回忆录里。欧洲不再是当年的小鼹鼠丘，而是他这位一代帝王塑造世界的材料。他的完美目标是建设性的，而实现的过程却充满血腥。他身后，是查理曼大帝一统欧洲的壮志；而他面前，则有许多新的道路出现。他明白，民意比武力更强大。他也说过，他企图以武力达成的目标，未来将会在理智的基础上自然实现：欧洲各民族统一为一体。

"公爵先生，这才是唯一的完美蓝图。"

三、磨刀向俄国

法皇在向富歇灌输他的伟大构想，而沙皇则在向塔列朗的兜里塞金子，其中也有富歇一份。这钱是塔列朗用情报换来的。用此方法，俄国了解了法国的战备动态，及完成战备的时间点。俄国也会送给塔列朗可以在俄港口进口英国商品的许可证，这在巴黎是很值钱的。瘌鬼塔列朗满脸贪婪的笑容。难道沙皇的财富比皇帝还多？俄国封闭本国市场，而英西两国早已不买法国有名的葡萄酒，法国工业有衰退的风险。但财政部长为改善财政状况提出的和平建议却被皇帝否决："不对！解决财政危机的办法是——战争！"

在以前，这种想法是对的。波拿巴将军曾给督政府送去钱款，第一执政和皇帝也曾发过战争财。现在，法国是其封锁政策的最大受害者。面对财政赤字，皇帝却拒绝发国债，认为那是向后代转嫁负担的不道德之举。不过，加收间接税与产品专卖政策得到批准。他希望以战争打开新市场，稳定财政。这也有一定道理，但前提是：必须获胜。

他向商会吹嘘道："英国的封锁使我们适应了不用英国货的生活。

我们将会有足量的甜菜糖来取代蔗糖。每年的税款我仅动用9亿,而将3亿存于杜伊勒利宫的地窖。如今,法兰西银行现银充盈,而英格兰银行却空空如也。签订《提尔西特和约》以来,我已得到10亿法郎的赔款。奥地利已破产,接下来是英俄。只有我有钱。"

但没人信他的话。他越是加紧备战就越注重内部稳定,其高压独裁就越是激起民怨。在帝国的每个角落,一点怨言都会受到处罚。数千人因"仇视皇帝"、"私下毁谤政府"等罪名入狱。新设立的"公共舆论监督局"负责新闻检查。一家荷兰报社因刊文说"教皇有权开除皇帝教籍"而被迫关闭,该文作者被捕。某书中赞同英国宪法的文字被删掉,《波拿巴传》一书被更名为《拿破仑大帝战功史》。

国家越来越帝国化,如蒙热、拉普拉斯、盖兰、热拉尔等著名学者和其他杰出艺术家都接受了封爵。《强盗》的法译本在汉堡被禁,而在20年前大革命时期,作者正是凭此作品获得法国公民的权利。对此,共和主义者也只能无奈地苦笑。

皇帝才不管那些呢。他现在关心的是自己的宏图大志,而非以往很看重的公众形象。"我只关注农民们的意见!"不错,托他之福得以在革命中保全财产的农民们一直是他坚定的支持者。但现在,西班牙战场吞噬了众多士兵的性命,农民们要花8000法郎才能保住儿子免服兵役,否则只能逃亡。以往人们都积极参军,而现在政府只能动用武力强制征兵。

皇帝若注意到这一转变会不会吃惊?农民们知道,正是这位波拿巴将军、后来的第一执政、当今的皇帝,将革命思想传播给他们,领兵作战击败封建帝王们的联合绞杀,保卫了祖国和革命果实,并夺得大片领土。农民们也能理解与英国的斗争,毕竟两国已敌对数百年。但农民们无法理解为什么要进攻西班牙和俄国。皇帝又怎么向他们解释欧洲联邦的意义?农民们只知道他们的儿子死在一些不知名的地方。他们只能花钱来保住儿子,怎能不满腔怨恨?

当农民们遵本国王命而随外国皇帝东征西讨时，他们会怎么想？各国的农民被征召入伍，又被派往不同的地区戍守。莱茵联盟的国君们必须积极参与集体防御，不敢稍有怠慢。因为皇帝"宁要明着对抗的敌人，也不要怀有二心的盟友"。但他对哈布斯堡家族还算有礼，他甚至将西里西亚许给奥地利作报偿，只要一切进展顺利。

四分五裂的德意志正适合拿破仑的统治。南部三国任其宰割。将王国让给皇子"罗马王"的欧仁被封为拼凑出来的"法兰克福大公国"大公作为补偿。普鲁士留之何用？当年为讨好沙皇才留着它，如今他连沙皇都想灭掉。皇帝准备在进攻俄国之前先肢解普鲁士，但普鲁士与俄国早有密约，沙皇承诺帮助它。皇帝已听不进反对的意见。但别忘了西班牙的教训，也别真以为"北德意志人性格宽和"！最好是在普鲁士军队存在时充分加以利用。

忠诚的普鲁士将军莎恩霍思特向他的国君指明了目前形势的急迫。但当他向奥地利提出结盟建议时，梅特涅却骗了他，劝他与俄国结盟，因为只有普奥两国成为敌人，奥地利才能再次占据西里西亚。将士方面，哈登堡仍然听从维也纳，但懦弱的普鲁士国王则慑于皇帝的武威而决定与法结盟。但普鲁士已错失谋求有利结盟条件的时机，它被西里西亚与波兰的大军包围，只能如附属国一样对外国军队开放领土，贡献粮饷，让出要塞及其守军的指挥权。梅特涅高兴地给奥皇写信道："普鲁士彻底没落了！"

也许事情并非如此。虽然在 1812 年初时，拿破仑已掌控了欧洲的绝大部分，但他仍然信心不足。据说他曾在一番统计推算之后跳起大叫："我还要 3 年才能准备好此次远征！"

但事已至此，不可停止。他一向如政治家般理智，如今却要大胆冒险。因为他认为，他的皇位并非世袭而来，要想保住就要不断前进，建功立业，一旦止步就将会毁灭。

他内心仍然犹疑不定。他想打，又怕打。他在兴兵前致信沙皇，言辞很友好。同时，他接见一名俄国上校，说："沙皇与我都将长期在位，我们的友谊可以给欧洲带来稳定。我没有改变，请你转告沙皇。还请告诉他：若当今两大强国为一些女孩间争执般的分歧而交战，我会像个骑士一样尽力应战，不带任何仇恨。而且我希望，我们两人可以在两军阵间把酒言欢。我还是希望，不要因为一点微小分歧而葬送万千勇士的性命！"

他是想用这样的话打动亚历山大内心柔软的一面，却也隐藏着他自己的不安。他将两大帝国的碰撞比作女孩间的争执，而实际上，这是影响世界命运的大事。

四、远征俄国

此时的沙皇，内忧外患：贵族疏远他，母后责骂他，波兰难以保住。这一切都是他远离拿破仑这个旧友的充分理由。梅特涅曾说，沙皇的心绪 5 年一变——自提尔西特签约至今刚好 5 年。亚历山大行事较为情绪化，他打此战并无什么崇高目标，不是为自由，不是为世界霸权，也不是为战胜伟大的拿破仑而扬名天下。也许这只能用神秘主义来解释了。

沙皇在政治上有两大成功举措：一是使土耳其保持中立，二是与瑞典结盟。瑞典在担忧英国的报复，还觊觎挪威。俄国答应帮瑞典得到亲法的丹麦治下的挪威，只要瑞典在军事上援助俄国。但这些还不足完全打动贝尔纳多特。沙皇也有着非凡的战略设想：他已经敢于预计拿破仑的失败，甚至垮台，所以他向贝尔纳多特许下宏愿：帮他登上法国国王的宝座。

此夏，两雄相对，羽翼丰满，决战在即。

今年在德累斯顿的阅兵式云集了各国国君，恰如埃尔富特那次，只是哈布斯堡国王代替了 4 年前的沙皇。此前，皇帝只在奥斯特里茨战役次日见过奥皇。之后，皇帝两度攻陷维也纳，将战败国的公主娶回巴黎。

此刻的席间，玛丽·路易丝不合时宜地夸耀其珠宝强于继母，皇帝百般阻止也没用，反而惹下了她的眼泪。而奥地利皇后也因自己的珍珠逊色而哭泣。家庭恩怨是两国矛盾的缩影。大臣们忙举杯祝太子殿下健康来打圆场，龃龉暂息，但大家对彼此的想法都心知肚明。此后，这对翁婿再未见面。

此时，50 万大军屯于哥尼斯堡和莱姆堡之间，统帅宣布发动"第二次波兰战争"。官方解释是，皇帝要从沙皇手里夺取波兰直至斯摩棱斯克的大片领土。"我军将打到斯摩棱斯克，或明斯克，以战养战，组建立陶宛国。若不达目的，来年再直取敌国中心，直到沙皇妥协。"法军就是按照这样的计划做的战备。以战养战？他在俄国会得到什么？他了解俄国吗？

在古比宁，他与一位普鲁士官员谈到了面粉供应。他计划将粮食运往科夫诺。此时，皇帝问：

"科夫诺的磨坊应该够多吧？"

"不，陛下。那儿的磨坊很少。"

皇帝向参谋长贝尔蒂埃投去了困惑的目光，这是他行将败绩的预兆。问题不在于磨坊的多少，而在于关于敌方情报的匮乏。一年来，整个帝国都运转起来，进行着详尽的战争准备。可谁能料到前方没有磨坊？问题也不在于兴建磨坊要耗费多少人力与时间，而在于：未来还有多少个未知的变数？若是俄国的草原不能养活 15 万匹战马，该如何是好？若是军心浮动，又该如何？

新兵们受不了行军劳顿与酷热，颇多怨言。缪拉也曾告假，但不被准许。一次在餐桌上，皇帝突然向缪拉、贝尔蒂埃和拉普说道："先生们，我很清楚，你们都已厌倦征战。缪拉想回到他美丽的那不勒斯，贝尔蒂埃更想打猎，而拉普则想回巴黎去享乐！"几位元帅被说中心事，沉默不语，这是统帅从未碰到过的情形。

跨过涅曼河就进入了俄国境内，具有极重要的意义，因此皇帝纵马飞驰当先过河，毅然决然。三路大军分别挺进，皇帝亲率主力，欧仁和热罗姆分率二、三军团。让这个外行领兵？纵有老将辅佐，但是否还是过于冒险了？"敌军不会超过 40 万，我们可以冒一次险。"

但敌人何在？敌军由巴克莱和巴格拉吉昂两位将军率领的两支军队总共不过 17 万人，远在立陶宛的后方。拿破仑过分高估敌军兵力是个致命错误，否则他不会动用如此多的军队，那样的话补给问题也许就很好解决了。他为何如此重视兵力优势？波拿巴将军当年常以少胜多，分别歼敌。如今过于倚赖人数优势，说明他心态已老。当年那位英明的统帅哪去了？

他雄心未减，仍然在计划以突击求胜：他率一军团突至维尔纳分隔俄军两部，然后二、三军团将其分别歼灭。但俄国的广袤国土使其效果大打折扣。每支部队都仰赖统帅的英明决策，但拿破仑分身乏术，而其各部又不通声气——达武与缪拉险些打起来。统帅为通讯之缓慢而苦恼不已，要是电报出现的话，肯定是拿破仑一方受益更多。

两支俄军的将领不敢硬碰，不约而同地撤向后方。是对战神拿破仑的敬畏使他们无意中作出了正确的选择，他们不过是伟大莫测的命运操纵的棋子而已。但拿破仑以为这是俄军的诱敌之计。他计划在维尔纳度过冬天，然后在次年 5 月结束此战。也有好消息：美国对英宣战了，而且海战打得不错。英国的主和派势力渐强。西班牙的战况还算平稳。好的，我们也打个胜仗！

但敌人究竟在哪？在科夫诺选择渡河点时，对岸根本没有俄军！到了维尔纳也没遭遇沙皇，不久前他还在那的。由于推进速度过快，补给线过长，很多给养耽搁在半路。而毒草已杀死 1 万匹战马！这些消息令军心浮动，前面的士兵到处劫掠，使后面的军队什么也找不到。

皇帝争取民心的措施不起作用。立陶宛人没看到拿破仑许诺的波兰王国，他们不会像伦巴底人那样将他视为解放者，因此不提供任何支持，也不接受法军手中的假卢布。怎么办？拿破仑给沙皇写信说："这一切并不符合陛下的一贯作风……我曾想派使者面见您……这件事只能由无所不能的主来裁决，我尊重上帝的威严……请相信，我对您只有永远不变的友善，除此之外再无其它。"

这封信中，只有进退两难的境地和上帝的权威是真话。他找到一位被俘的俄军将军，让他转交此信，还说："沙皇究竟想干什么？我兵不血刃地占领了他富饶的省份，而我们还没弄清为什么要打这一仗。"接下来，他用了很长时间来指责俄军的不战而退。"你们不觉得羞愧吗？"他又反常地赞扬起波兰人，当然，赞扬的是波兰人不怕死的精神。他又诓那位俄国将军说，他的兵力3倍于沙皇，而财力可支撑3年鏖战。而那位俄国将军也反过来骗他说，俄国人早已准备充分，战争持续5年也不怕。拿破仑突然转变口气："我是个识时务的人。当年在埃尔富特我就认为，与俄国和则利，战则损。当年沙皇力排众议与我签订和约，而现在全俄国都渴望和平，他却要开战。他怎能听从那些小人的蛊惑？我能做到军令畅通，如臂使指，而你们呢？……请转告沙皇，我有55万大军驻于维斯杜拉河西岸。但我会以大局为重，而不会意气用事，我仍愿与他进行谈判。"

这些话令这位俄国将军有些不安。晚餐时，拿破仑不停问东问西："你们有没有吉尔吉斯军团？"

"没有。但我们正筹建巴什吉尔和鞑靼军团，和吉尔吉斯人很像。"

"据说沙皇在维尔纳时，每天都与一位漂亮的女士一起喝茶，她是谁？"

"沙皇对所有的女士都以礼相待。"

"他还和施泰因一起用餐？"

"所有高贵名士都可能被邀请。"

"他怎能容得下这块石头！君子与小人难以共容。"

皇帝又问了许多问题，包括莫斯科有多少人口、房屋甚至教堂。皇帝很奇怪莫斯科的教堂为何那么多，俄国将军回答说：

"俄罗斯人民都很虔诚。"

"现在谁还虔诚。去莫斯科最近的路是哪条？"

"条条大路通罗马，您走哪条都可以。查理十二世当年取道普尔塔瓦。"

听到这话，皇帝终于明白该换个话题了。但他的紧张已被细心的将军察觉，他一定会向沙皇汇报的。

拿破仑确实紧张，他急于求战，但俄军却一直避战。俄军的两支部队，要么没有明确的目标，要么误以为遭遇到法军主力——总之都在撤退。战机出现在热罗姆的面前，但他行动缓慢，奉命与其会合的达武眼睁睁放走了敌军。皇帝震怒，将弟弟撤职遣回卡塞尔，所部由达武统率。皇帝对幼弟的溺爱使他坐失良机。他令部队加速推进，但推进越快给养越困难，再加上俄军的坚壁清野，法军找不到吃的。战马因毒草而大量地死去。虽无战斗，但每天的人员损失都很多。

巴黎的消息很少，似乎邮路不通。偶然传来一条消息，是关于皇太子的近况。皇帝在回信中说，希望早日听到儿子的牙齿长全的消息。

烈日当空，草原上被俄军焚毁的村庄冒着浓烟。因为水土不服和炎热的天气，皇帝的胃疼痉挛发作了，不能骑马，只能步行，参谋人员都紧跟其后。当他在营帐中休息时，旁边的秘书执笔记录——不过不是军令，而是皇帝对儿子最后四颗牙齿的关切。就要到维特伯斯克了，那里距巴黎多远呢？很远很远。

终于抓住了敌人的影子！缪拉堵住了巴克莱的去路，就在前面！情报显示，他们明天就将撤至斯摩棱斯克。但皇帝却生病了，病中的皇帝异常踌躇。他不想让疲惫之师立即开战，他想集结更多的部队。

他一直等到了天明。这正合俄军之意。他们趁着晨雾成功撤离。中午，一无所获的皇帝将宝剑扔到桌上，嚷道："我要将部队集结在这里。1812 年的战争就此结束。"当缪拉催促进军时，他说道："1813 年打到莫斯科，1814 年攻占圣彼得堡。这一战将持续 3 年！"

军队需要休整。未经一役，已减员三分之一。俄罗斯那辽阔的国土！普鲁士军团在哪儿？奥地利军团又在哪儿？没消息，太远了。无仗可打，那能做些什么？只能等，极度无聊和烦闷。他的秘书向巴黎图书馆长索取轻松消遣性的读物，以供皇帝打发时间。军队不进不退，火热的天气中，人们都无事可做，一切都似乎停转了。

有消息传来：英俄、英西分别缔约，新的反法联盟俨然已包围法国！他真要在这里坐以待毙吗？两支俄军应该已在前面的斯摩棱斯克会师了。在俄国的本土上，他们应该不会再随意退让，甚至坚壁清野了吧。拿下斯摩棱斯克就可以直取莫斯科或圣彼得堡了。许多将领提出警告，但皇帝的判断是："俄国人不会再让一城一地了。不经过大战，亚历山大不会与我们谈判。我们必须打一场胜仗，威胁莫斯科！"

他来到河的另一侧寻求他想要的大战。会合后的两支俄军决定有序撤退。法军攻城了，但抵抗极为猛烈，让人想起 13 年前的阿克之战。终于，法军攻陷了烈焰中的斯摩棱斯克，占领了一片废墟。皇帝是否认识到俄罗斯的民族精神了呢？他们宁可将财富毁灭也不留给敌人。饥饿的法军已无可掠夺。

皇帝已是进退维谷。必须再次联系沙皇。于是，又一个被俘的俄国将军被找来，法皇对他说：

"请你给沙皇写一封信，可以吗？不？那写给你在司令部里的哥哥总可以吧。若是令兄能设法向沙皇转达我的和平意愿，我将感激不尽。我们并无宿怨，何必交战？你们想买廉价的咖啡和糖？完全可以。但你们若以为可以轻易战胜我，就打错了算盘。那样我将攻取莫斯科，难保它不毁于战火。一国之都陷落敌手，就像妇女失贞受辱。怎么样？沙皇要议和的话，谁敢反对？"

10年来，拿破仑只用过两次"请"字：一是称帝时请教皇为其抹圣油，二是请奥皇将公主嫁给他。这次他竟请求这个俘虏。那个被请求者会怎么想？举世闻名的拿破仑竟会求到我的头上？数十万人送命的根源真的只是咖啡和糖吗？这一战仿佛博弈大师的精彩对局，可谁又了解祖国母亲俄罗斯遭受的苦难！

这封信仍然未获回音。统帅难抑怒火。当拉普请示军队的进退去向时，统帅说道："事已至此，不尽不休。我将攻取莫斯科！做了太久皇帝，我要再做一回将军！"9月初的这天，人们看到统帅又恢复了当年的雄风！

在博罗迪诺附近，接替巴克莱的库图佐夫不再撤退，拿破仑等到了他想要的对决。今夜无人入眠，明天将有大战。深夜，巴黎的信使传来西班牙的消息：萨拉曼卡一战，威灵顿取得了关键性胜利。皇帝无暇考虑欧洲最南端的失利，他要全力打赢在欧洲最东端的这场大战，只有几个小时了。清晨，近卫军依然高呼："皇帝万岁！"他向众人展示昨夜刚送来的太子的画像，士兵们连声称赞太子的可爱。之后，拿破仑又让人将画像收起来，"小孩子不宜看见流血的场面。"

激战开始，重要据点被反复争夺，几番易手。近卫军高声请战，亲信将领们也赞同，但病中的皇帝踌躇不决：近卫军参战应能改善局势，但以后若再有硬仗，我该派谁应战？晚间，俄军败退。第二天的战场统计结果：阵亡及重伤者达7万人！前所未有的惨胜。拿破仑感慨道："幸运女神就像个婊子。我一贯这么认为，尤其是现在。"

还好，莫斯科已是门户洞开。起兵时的50万大军如今只剩10万余人。背对夕阳登高东望的皇帝看到了一个有着千百个圆顶的城市，正当中的丘陵上矗立着东方古堡——克里姆林宫。他只感到疲惫却毫无兴奋，"莫斯科！苦难过去了！"

五、莫斯科的大火

"移交城市的官员怎么还不送来钥匙？"

整个下午，皇帝都在等人送来莫斯科的各种钥匙。他一向要以胜利之姿进入城门，那些东方民族难道不知这来自古罗马的高贵习俗？库图佐夫的军队尚未完全撤离，而他的士兵正蜂拥入城，双方几乎首尾相接。这是一座空城，但还有些房舍。疲劳至极的士兵们以为可以饱食安睡了。

皇帝一行人骑马去往克里姆林宫。人们的眼中写满惊叹。没有声音，没有向导，只有一片凄凉。充满异国情调的宫殿金碧辉煌。一个殿堂被木板封住了窗，砸掉木板后可以认出：这是沙皇的登基大殿，只是王座被罩上了。

此刻万事圆满，只欠和平。或者说，如今皇帝只剩下了胜利。是谁让他的胜利打了折扣？是这片广袤的土地。如果我们解放农奴，能否获得兵源呢？如果安抚附近的农民又会怎样？这是个谜一样的国度，有着很多的可能。深夜，全无睡意的皇帝用工作来"放松"自己，心情渐好。"数周内就可在此集结25万人，"他盘算着，住处已有，但食物如何解决？

窗外亮了起来，是起火了。不足为奇，昨天也有几处起火。但很快，几百条火情报告纷纷而来，全城到处都在起火，水泵也都不见了。是蓄意纵火！俄国人竟然要烧毁自己的都城！皇帝是什么反应？看看亲历者塞居尔的回忆吧：

"大火似乎也烧痛了皇帝的心。他忽站忽坐忽快步行走，举止无措，表现出他内心的煎熬。他推开窗户，大声喊道：'多可怕的场面！

他们竟然火烧都城！非凡的决策，谁能预料！'

"……有消息说，克里姆林宫下有地雷。仆人们吓坏了，而卫兵们很镇定。皇帝对此付之一笑，迈着坚定的步伐到处巡视火情。空气中充斥着烟尘，风助火势更猛。缪拉和欧仁赶来，劝皇帝避险，但皇帝不听，即使有人喊道：'克里姆林宫着火了！'

"一名被俘的俄国宪兵促使皇帝下决心撤离，他供认说他是奉命来克里姆林宫纵火的，随后被处决。皇帝下令出城，但宫门被火封住，出不去。后来我们通过一条通往莫斯科河的沟渠逃出了克里姆林宫，但却无法过河。浓烟和狂风中，人们都找不到出路，只有一条烈火中的弯曲街巷。皇帝毅然选择走这条路。两边的房屋已起火，热浪灼人，空气不足支持呼吸，而向导也迷失了方向！千钧一发之际，幸好有一军团的几名士兵认出皇帝并救驾离险，否则我们都完了。

"我们遇到了受伤的达武。他让人抬着前来救驾，不成就舍身殉国。见到皇帝令他惊喜不已，紧紧拥抱皇帝。而皇帝在感动之余仍能镇静如常，正是镇静让他能安然脱险。"

第四天，大火已熄灭，皇帝从郊外回到克里姆林宫，那里受损并不严重。第五天，他忍不住要第三次致信沙皇。他与俄方断了一切联系，只能求助一名被俘的上尉。多么荒诞啊！一个小小的上尉，却代表着沙皇、代表着俄罗斯，与震撼全欧洲的战神——法皇拿破仑面对面谈判。法皇与上尉攀谈道：

"我这一战只为使沙皇遵守我们签订的条约。我将很快从这里撤走。沙皇应让我看到他的和平意愿，如果他想要和平的话。我将放你去圣彼得堡。沙皇会想见到莫斯科近况的亲历者的。"

随后法皇让这名上尉给沙皇带去一封信，其语言堪称尴尬而又独特：

"亲爱的沙皇兄弟：恢宏的莫斯科城已经毁灭。贵方这一可恶之举毫无意义，您是要烧毁我的粮草？它们在地窖里安然无恙。但这人类文明几个世纪的结晶怎能毁于这么卑微的目的？……以您的高贵和仁慈，是不可能容许这般卑劣的行径发生的，这实在有伤伟大的俄罗斯的民族形象……我与陛下交战实非出于私怨。之前您若能释出和平善意，我本可以不再前进，不去占领莫斯科……您若尚念昔日友谊，就请好好考虑我的建议。"

写信人就像努力克制满腔怨愤的君子，意图感化仿佛无赖的收信者。其实此信的要旨在于"好好考虑我的建议"，写信人的目的尽在其中。

危急的军情，莫斯科的大火，令圣彼得堡的朝廷普遍赞同议和。就连极度憎恨拿破仑并反对与法联姻的皇太后都同意和谈。现在是最好的时机！

但沙皇却不同意。有两个人坚定了他的抵抗决心。一个是贝尔纳多特，他与沙皇在芬兰会面，还将沙皇助其攻取挪威的援军派回给沙皇，这都出于他对拿破仑的仇恨和对法国王位的野心。另一个人是德意志人施泰因男爵，被拿破仑驱逐的流亡精英，现在已是沙皇的顾问。他在各方面都是拿破仑的对手，这次与拿破仑的较量，他将赢得胜利。

六、败退与动荡

17 年来，各国反抗拿破仑的能人智士中，对他打击最大的就是塔列朗和施泰因：前者的武器是阴谋，后者的武器是道德。施泰因具备德意志人的美德，拿破仑拥有意大利人的天赋，二者本可以互补。施泰因若是法国人，可能会成为皇帝的最优秀的干将。

但这二人不是同道中人。拿破仑并没有一个要效忠的祖国，他重视法国只是因为他当上了该国的皇帝；而施泰因却是视祖国为生命和力量之源。他一心要统一德意志，而拿破仑想的是要统一全欧洲。施泰因由衷地鄙视那些屈服于外国侵略者的德意志国君们，而拿破仑同样看不起那些人，却很佩服那些勇敢不屈的君主们。从那些没落的君主身上，拿破仑是以轻松嘲笑的心态看到新时代的到来，而施泰因则是满心悲痛地看到旧时代的坍塌。

因此，拿破仑放逐施泰因一事包含着民族和阶级的矛盾。施泰因比其他德意志王族更能代表其民族的正统意志，他是当时德意志民族荣誉与道德的唯一拯救者。

现在，天时之利转向了施泰因一边。这位投奔沙皇的德意志男爵深谙亚历山大的心性，总能采用有针对性的言行来影响沙皇，加之他身上的勇气和热情，使他深得沙皇的信任。而沙皇也知道，这位德意志流亡者并非为高官厚禄而来，他的建议都是诚挚忠言，超脱私利，因而多加采信。法皇也知道施泰因对沙皇所能产生的影响，因此他才会当着那个被俘的俄军将军的面毁谤施泰因——他害怕这位理想主义的实干家。当莫斯科大火的消息传来时，施泰因巧妙地劝导沙皇："到目前为止，我已多次丢掉行囊。我们应该学会抛弃过去的负担。"

身在莫斯科的拿破仑也将抛弃过去的负担：他已有退兵之意。冬天在毫无结果的等待中临近。无聊的皇帝花在餐桌上的时间变长，看书也是心不在焉。有时他也看一个当地剧团的演出，他甚至有精力为法兰西剧院提出改进意见。随着时间推移，给养消耗殆尽，寒冬越来越近。10月中旬，他召集众将开会。达律建议依靠立陶宛送来的给养过冬，明春进攻圣彼得堡。但皇帝担忧他久驻于外，国内有变，因此下令撤军。他还要将圣伊万教堂的金十字架作为战利品运回巴黎，并下令炸毁克里姆林宫以报复沙皇。

撤退的部队行进缓慢，军纪松弛。皇帝在城外等候3个小时后得到报告：爆炸未成功。虽然他斥责拉普对严冬的担忧，但其实他的心中也充满焦虑。他不忍禁止士兵携带战利品，尽管那会拖慢速度。俄军不断包抄追击法军。当初进攻时，他一心求战；如今撤退时，他只求一路无战事，早些到达斯摩棱斯克过冬。

途中，险情难以避免。"哥萨克骑兵！快撤！"拉普示警道。皇帝不想退却，虽然拉普拽着他坐骑的缰绳想让他撤离，虽然他也应该那么做。但他不。他拔出剑，拉普、贝尔蒂埃和科兰古也纷纷亮剑。众将护卫着皇帝，直至近卫骑兵赶来，将哥萨克骑兵赶走。

经过这次险情，他开始考虑亚历山大将会如何对他。他向医生要了毒药以便被俘时自尽，就放在挂在脖上的黑丝袋里。而俄军也将目标锁定在他这个邪恶敌酋的首级，印发了带有拿破仑画像的通缉令，并下令严查每个矮个子俘虏，以免漏掉了法皇。

埃及的酷暑曾杀人上千，而俄国的严冬则夺命近万。战马被冻死，骑兵只能步行，更别提大炮了。只有十分之一的人回到了斯摩棱斯克，人数不多于 5 万。这里也没什么给养，只能继续撤。军心涣散，士兵连武器都丢掉了。皇帝为鼓舞士气当先步行。有人描述说，那是一支疲敝之师，将军们在前，乘马者少，衣着破烂，面容憔悴，有人拄着拐，有人以羊皮裹脚，人不像人，鬼不像鬼，狼狈不堪。队伍中，那不勒斯国王在右，意大利总督在左，伴着一个皮衣皮帽策杖而行的矮个子，默默行走在俄罗斯的辽阔土地上。

巴黎怎样了？他不清楚。他写信给身在维尔纳的马热："两周多没有消息，我对法国和西班牙的情况一无所知……还要两周才能重集残兵，维尔纳还守得住吗？我们需要吃的！将维尔纳的外国使节都请走，不能让他们看到我军的现状。"

回信到了，但皇帝脸色很难看。什么情况？英国的宣传早已让法国人知晓前线的惨况，有些人陷入绝望，失去了对皇帝的信心，谣谤四起。但更糟的是：有人发动政变！尽管未遂，但这说明了形势已到了怎样的地步！几年前被捕的马勒将军趁着当时的恐慌逃出关押他的疯人院，与人合谋伪造电文称皇帝已死去，抓住了警务司令并劝服了许多文官武将，幸亏有两位军官揭穿了他们的骗局并将其逮捕，高喊"皇帝万岁"以稳定人心，才结束这场荒唐的政变。

拿破仑意识到了这出闹剧背后暗藏的危险。叛乱时，一位贵族问发生了什么事，一个工人笑着回答："公民先生，皇帝已死，中午将迎来共和国！"工人！他代表着民意！我建立这个帝国就是为了民众，我日理万机、殚精竭虑，甚至放弃爱情，也都是为了民众。可是只要有个人妄称皇帝已死，他们就又开始想着共和了？我要仿卡佩王朝的先例，生前就为皇储加冕。必须尽快回到巴黎！

皇帝没有表露出苦恼之情，身体渐渐恢复健康。前面是别列西纳河。皇帝收紧军队，舍弃辎重，但不能丢掉大炮。若是敌人已将桥烧毁，那将糟糕透顶。次日到达河边，宽阔的河面上果然没有桥，也没有船，只有人数远超己方的两支俄军在对岸。如何脱此危局？

统帅想到用计。他要调动敌人，寻机歼之。他将近卫军整编成两个营，同时不忘命令将军旗烧掉，以免被敌人缴获。调遣完毕，他回营就寝。迪罗克和达律以为他已睡着，悄悄议论着，认为在劫难逃。听到"政治犯"一词，皇帝摸了摸那个黑丝袋，坐起来问道：

"你们觉得他们敢吗？"

"我不认为敌人会心慈手软。"达律镇静地答道。

"但法兰西会如何？"

达律含糊其辞，但皇帝一再追问，他只好说："陛下，您尽快回到巴黎对我们更为有利。"

"我拖累你们了？"

"是。"

一阵沉默后，皇帝问道："那些信件毁掉没？"

"您未下此命令。"

"毁掉！我们处境艰危。"退兵至今，皇帝首次承认处境危险。不过，他很快就睡着了。

次日一早，他诱敌至下游，然后用大炮击退敌军。工兵迅速赶建好两座浮桥。整整两天后，大军才渡河完毕，还剩不到 25000 人。皇帝冒险等到全军都过了河，才在第三天由卫队护卫着过了河。之后赶来的士兵却陆续死于寒冷和敌军的枪炮。

此后一周里，皇帝又两次遭遇危险。一次是哥萨克人的袭击，另一次是法国人拉庇少校策动普鲁士军官刺杀皇帝——幸好被科兰古及时察觉并化解。皇帝对此并不知情。他召来元帅们，说："我在杜伊勒利宫的王座上会更强有力。如果我是世袭君王，可能会做得更好。"随后，他与每个人单独交谈听取意见，面带微笑，不吝褒奖，甚至奉承对方。很明显，他是为防止这些人叛变。

然后，皇帝发布公报，委婉地承认了法军的惨败，但将兵败的全部责任归咎于俄罗斯的严冬。他还在公报末尾突兀地加了一句"陛下圣体安康犹胜从前"，为的是安抚国内的民心。随后他将军权交给缪拉，让他带部队回国，其中有武装的兵力只有 9000 人。

皇帝竟然与在场的众将一一拥抱！是收买人心？还是出自真心？总之，当晚每个人都感觉到了皇帝跳动的心。然后，皇帝乘雪橇先行回国，达律和科兰古伴驾。为谨慎起见，他用秘书的名字"梅内瓦尔"作为化名，这是他第五个名字，前一个叫做拿破仑。

他们的雪橇在波兰的雪地上飞速前行。五天后，他们到达华沙城外。中午，他与科兰古步行入城。万一有人认出他来，他们只能坚决否认。为隐藏身份，他进了一家名叫"英伦"的小旅馆。房间很冷，新砍的木柴怎么也点不着，他只好靠全身的皮装御寒。当他的同伴奉命将两位波兰贵族请到这里时，他正挥动双臂，来回走动。两个波兰人难以置信，如下的话语灌进他们的耳朵：

"我何时到的？一周？不，才两小时。伟大到可笑仅一步之遥。您好啊……危险？不。惊险刺激令我兴奋。那些无能之君躲在宫里日益臃肿，而我在马上越发健壮……你们担心吗？军队非常好，还有 12 万。

勇士们令俄军望风远遁，不敢应战。部队要在维尔纳过冬，而我要回巴黎再调 30 万大军。半年后再打过涅曼河……

"在马伦哥，我被敌人压制到下午 6 点，可次日我就成为意大利之主。在艾斯林，若非多瑙河水位陡涨 16 尺，哈布斯堡王朝早就完了，查理大公岂能挡得住我！命运注定要我娶他们的公主……

"这次也一样。我无法控制寒冷。每一夜都有上万战马被冻死，诺曼底马耐寒能力不及俄国马，人也一样……或许有人怪我在莫斯科耽搁太久，但那时天气尚好……伟大到可笑仅一步之遥……谁能预料到莫斯科大火呢……"

皇帝口若悬河地讲了两个小时。他知道波兰人会四处传播他的话，因此他虚夸兵力，强调寒冬的杀伤力，反复提到那句"伟大到可笑仅一步之遥"，无非是想转移批评的矛头。波兰人不关心这些，他们想的是从这位大人物手中弄些钱，以偿还国家的债务。皇帝的长谈结束后，大笔一挥批给波兰人 600 万法郎以博取他们的好感。两个波兰贵族为他鞠躬送行，目光暗含嘲笑之意。

他们的雪橇又日夜兼程地飞驰在德意志的雪地上。他的脑中充满着各种战略思考：英国已控制波罗的海和东地中海，应该搁置远征印度的计划了。莱茵联盟还会顺从吗？惨败如何解释？到哪征兵？明年的适龄者必须提前入伍。要与教皇和解，还要稳住西班牙，后方要稳定。重建国民自卫军，这样，我在三个月内就能有百万人的武装了……

深夜，更换马匹。"到哪儿了？"

"到魏玛了，陛下。"

"魏玛？公爵夫人可好？歌德先生好吗？"

七、重整旗鼓

40 位高官恭迎战败的主子归来。看到这群衣冠楚楚的家伙，皇帝又有了底气：这群人就适合被统治。但高高在上的他已经与民众的心声隔绝了。年轻时的他勇于坦承错误，而如今的他却以恺撒般的作派指责着气候的恶劣。回到巴黎的他又成了高傲自大的帝王，尽管今年俄国的冬天偏晚，但他总结此战时仍说："军队损失惨重，都因为冬天过早到来……那不勒斯国王统兵无方……但我仍有 300 个营的兵力。"

什么？他竟然如此无视自己的属下！但众臣也自觉有愧，他们没能及早挫败 10 月的那次政变。在关键时刻，竟无人想到去保护皇后和太子，这令皇帝耿耿于怀。首次召见众臣时他说道：

"那些宣扬天赋人权的人应承担责任。也只有他们会鼓吹民众有权造反。谁给他们的权力？法律尊严何在？还宣扬什么国民大会至高无上，无知！治理国家恰应相反，须以史为鉴……我祈祷上帝多给我些时间来复兴法兰西，因为破坏容易建设难。我若不在，自有继任者接班，这就是世袭制的优势。"

这多像一个世袭国王说的话！那些封建君主一定很乐意用这些话来做论据。与旧势力的接近靠拢使这个天才的力量大打折扣。也许他也心有怀疑？战前，他曾向梅特涅祖露心中的打算："立法机构对我唯命是从。民主并不适合法兰西。凯旋后，我会建立上下两个议院，我亲自选任议员，只选专业人才。这样，即使法兰西遇到庸君也能得到善治。"

这表明拿破仑既想要君主制又心存怀疑。他知晓各国王朝兴亡史，明白自己的后代也会没落，所以他才要为后继者铲除异己。他对君主制有着自己的设想，首先就是要以武力维持稳定。他的武装力量在哪？他的花名册上的兵力数字几乎就是阵亡数字，冲破敌军封锁回到哥尼斯堡的只有 400 名近卫步兵和 800 名近卫骑兵，还有被打散的几千士兵散布各处——当初那支大军如今只剩这么多，不算那些侧翼的外国援军。内伊元帅从俄国逃到普鲁士，像个悲剧中英雄。法军办事处里原本认识他的人却在猜测他的身份，而他的回答更是绝妙："我是大军的后卫。"

必须重建军队，要快！1813 年的适龄人员有 14 万，立法组建国民自卫军，从法国属地征兵 8 万，延迟士兵退役时间使他又多 10 万兵员，再加上提前征召明年的适龄人员：他再次拼凑起 50 万人的兵力。他甚至对普鲁士使臣说："必要时，我会将妇女也武装起来！"

他建立起一大套机构来为战争服务，但该如何向民众交代呢？敌人并未跨过国境线啊。

有借口了！年底时，普鲁士将军约克擅自与俄国缔约宣布中立。皇帝正好可以借题发挥煽动民众，他虽少了两万盟军，但却能以此为由体面地要求莱茵联盟的各位君主提供援助。

于是，国民应征入伍，各盟国也顺从地出兵出钱。普鲁士国王将约克将军撤职，并重申忠于盟约。但他也在暗中勾结沙皇，摇摆于法俄两国间。不过德意志民众的激情已被点燃，甚至有人想将软弱的国王拉下王座。而在哥尼斯堡，施泰因男爵代表沙皇，全权负责与自己祖国的谈判。

皇帝警告德意志各君主不要受某些人的阴谋蛊惑，以免给自己的邦国招祸。他对德意志的民族精神有了新的认识，而不久前他还对该民族毫无戒心："德意志没有大片的殖民地，没有海上霸权，没有多少要塞，也没有外国援军，没必要担心它。这个民族理性，不急躁，懂得服从且遵纪守法。战争期间，没有一个法军士兵在德意志境内被杀，它还有什么可担心的呢！"

皇帝把德意志人看得极准，只是遗漏了一点，就是德意志式的浪漫。谁能理解这一点，谁就能引导这个民族的意志。以他那种意大利人式的热情，很难理解那种深邃、沉静的梦想。他认为德意志人都忠君，所以他将德意志君主当作控制这个民族的钥匙。自神圣罗马帝国解体后，德意志四分五裂。直到半个世纪后在另一个拿破仑的威胁下，德意志才部分统一。拿破仑没什么民族意识，他看到德意志各邦之间的争斗后认为它不会再统一。

历史并不总是顺从伟人的意志，欧洲的社会意识几经波折又回到了原点。当初，波拿巴带领人民为自由而斗争；而今，人民为了自由与他这位皇帝作斗争。封建君主势力也掺杂进来，但其目的却是为了彻底消除反抗精神，那些昏弱腐朽、勾心斗角的君主没有一个伟人。

八、危机重重

莱蒂齐娅忧虑万分地看着她的儿子。从他紧锁的双眉能看出，他满腹心事。该怎么帮他呢？她知道，各方面的人都在出卖他，他需要忠实的兄弟们，尽管他们的才能并不令他满意。于是她写信给身处各地的儿子们，给他们兄弟和解创造机会。终于，胸怀壮志的吕西安回信说，他愿随时为拿破仑效力。

不过身为皇帝的拿破仑却不肯承认自己需要帮助。尽管他认为吕西安是他最有才能的兄弟，但他只想象征性地任用吕西安。他摆足帝王的架势，请太夫人以他的名义回信说，他要封吕西安为托斯卡纳国王，去佛罗伦萨再现艺术的辉煌。路易也表示愿意为国效力，还寄来了他的诗作，但皇帝对他的态度更为轻慢，一番吹嘘后表示说，"愿以父兄般的情怀包容你。"太夫人在听到这封信的内容后，又写了一封长信以求淡化皇帝的傲慢。她告诉路易说，他的孩子们很可爱，让他一定要回来。

次日，太夫人看到政府通报上有文章称，那不勒斯国王应从维也纳撤回使节。原来缪拉在妻子的挑唆下暗通维也纳，太夫人得知内情后严厉斥责了女儿。之后，她又通过朱莉来劝约瑟夫，因为西班牙国王觉得在自己的战场上没得到足够的支援。然后，她还要劝慰被皇帝驱逐回来的热罗姆，并劝说奥坦丝别再反对路易回来。

已经65岁的莱蒂齐娅在尽力维护着家族的团结。外表光鲜堂皇的富贵家势带给他们的却是失和反目、骨肉分离，这令她颇为怀念科西嘉的岁月，那时整个家族总能团结一心共同对外。睿智的莱蒂齐娅很明白，这个家族就要没落了。

现在的皇帝，凡事皆从政治角度去考虑，而非感情。是的，缪拉夫妇是叛徒，但他也需要缪拉部队的支持。因此，他愿与妹夫和解。他让妹妹告诉缪拉，战争在即，他要调其所部应战。缪拉同意了，他认为皇帝可能会获胜，拒绝可能会被剥夺王位。但他们是两头押宝，暗地里又与英国以及前西西里国王秘密缔约。

皇帝甚至想争取贝尔纳多特，但他开出的条件却不能打动这个叛徒，波莫瑞的诱惑远不及法国王位，因此贝尔纳多特站在了反法同盟一边。

皇帝要争取的下一个目标就是教皇。他请来教皇大加游说，向教皇描绘着扩大教会势力的美妙前景，并在一些非重要的问题上稍作让步，终于与教皇达成了新的政教协议。这样，他又可以征募许多天主教士兵。一周后，教皇又想毁约，皇帝笑着答道："圣座一贯正确，绝不会犯错！"

这几个星期里，整个欧洲都在呼唤和平，只要法国同意，战争就可以避免。但为何最需要和平的一方却不抓住这个机会呢？他渴望战争，渴望以新的胜绩赢回他的荣誉。一切都是本性使然，他将在战争之路上越走越远，直至毁灭。

和平无望，反法盟国纷纷整军备战。英国与瑞典、普鲁士结盟，俄普、俄奥间也放弃争端，罢兵休战。奥地利用为皇帝保存实力的借口撤军至克拉科夫，并暗中拉拢萨克森和巴伐利亚，甚至还有热罗姆！

对此，皇帝怒道："这是背叛的先兆！"他不得不将余部撤至奥得河，并想再度以西里西亚利诱奥地利，但被婉拒。3月中旬，各国备战完毕，普鲁士宣战。塔列朗奸笑道："法皇将变成法王。"

各国正走向决战，无法回头。拿破仑走在不归路上，疲惫不堪。他要求今后他出行时要轻装简从，居住方面要重舒适而不重华丽，"房间必须要邻近花园"。1805年时，正值顶峰的拿破仑曾计划在6年后结束军旅生涯。而现在他刚从俄罗斯回国仅仅4个月，就又要披挂上阵。出发时，他苦闷无言，只对科兰古倾诉了心声："又要离开妻儿走向战场。那些农民真令我羡慕，在我这个年龄，他们早就退伍返乡，尽享天伦之乐了。"他的身体和精神都在渐渐老去。是因为失败的打击吗？也许，那正是失败的根源。起兵征俄时，他曾谴责将领们耽于享乐；而今，乡野、猎场和宫室却成了他的向往。也许正如他家族的图腾一样，他一年又一年像蜜蜂般地艰辛工作，为的就是最后甜蜜的享受。

然而命运女神不会无端地偏爱某人，有所厚爱就会有所剥夺——他能顺利地创业开国，就不可能平稳地保守基业。他曾有挑战众神的勇气，如今，他们真的降临了。

九、纵横捭阖

在美因茨阅兵时，皇帝没能如愿地得到30万兵力，而只有18万人。缺少骑兵，缺少装备——那些大炮有的在俄罗斯，有的在西班牙。

参谋部也不健全，颇多漏洞。但这些缺陷却让皇帝回忆起了早年的荣光：17年前，他带领一支饱受饥寒的弱旅翻越阿尔卑斯山，创造了辉煌。往事让他振作起来："我现在是波拿巴将军！"

首战，卢岑。第一天他根本没睡觉。第二天部下报捷时，他正在马尔蒙的营中睡着，"好消息总是在睡觉时才到！"

波拿巴将军尚未完胜，但拿破仑皇帝的信已发往各处。他迫不及待地要对此胜绩加以利用：敦促萨克森国王与他并肩作战，稳定莱茵联盟各位君主的支持。他还遣使给沙皇带去了新的领土划分方案，包括以波兰交换普鲁士，希望沙皇的立场能有所松动。他还不忘给奥皇写信，吹嘘他在枪林弹雨中毫发无伤，暗示命运的眷顾。他在乎，因为他担心失去。

鲍岑，再胜。没有俘虏。开战次日，统帅在科兰古和迪罗克的陪同下巡视战场。他们策马疾驰，上了一个小丘。一棵树被炸断，他继续飞奔。一个军官追上来报告："迪罗克将军阵亡了！"

"胡说！他刚才还跟在我身边！"

"是那颗炸断树的炮弹。"

统帅慢慢往回走，念叨着："老天无眼啊！何时是个头啊，科兰古？"

迪罗克还没死。拿破仑看着朋友的惨状，作最后的告别，两人都已是满脸的泪水。迪罗克的声音很轻："我在德累斯顿就对你说过……我最真心的愿望……鸦片……"

"你"，多久没听到这个字了！统帅悲痛难抑，走了出去。他看了看好友中弹的地点。晚上，他听着喧声与军歌交织的声响，看着篝火与战火映照的夜空，独自呆坐。有人走过来，却不说话。皇帝知道，迪罗克死了。次日，他决定为迪罗克立碑，并拟下碑文："迪罗克将军，内廷总监，因身中炮弹光荣殉国，死于好友拿破仑的怀抱之中。"

波拿巴将军是不会有时间沉浸于悲伤的，此时他应该做的是：乘胜直取西里西亚，趁反法同盟各国惊疑未定之际，以果断的军事行动将奥地利拉向自己一边。但他没这样做，这是令他后悔终生的错误。6月初，皇帝同意休战6周，敌人有了喘息之机，赖光巴赫会议和布拉格会议让他们终于协调一致。

难道他真没看透那些德意志君主的心吗？"德意志人，包括萨克森人，都以普鲁士人为榜样。而奥地利则是卑鄙至极！今天，他们想从我这里骗得达尔马蒂亚和伊斯的利亚，若是得逞，明天他们就敢要意大利和德意志！"他意识到哈布斯堡即将倒向敌人一边，同时也意识到他的婚姻观念是何等错误。那些正统的皇室会念及亲情？那不过是他的市民心态的一厢情愿而已。"在提尔西特时，我本可以将他们彻底摧毁，却宽大地放过了他们。这完全是我的错误！"

皇帝的周围都是暗中观望的君主。阴谋，甚至可以嗅到它的味道。他冷眼关注着各个敌国的举动：英国虽与普鲁士结盟，却不肯大方地提供援助；沙皇和奥皇暗中议论着软弱的普鲁士国王；而普鲁士国王害怕大权旁落，解散了爱国的民兵，对沙恩霍斯特和施泰因这样的人才也不敢重用，还将敢于直言的施莱尔马赫撤职流放。皇帝派富歇去布拉格，明为参加会议，实指望暗中刺探情报。

尽管波拿巴将军打了两个胜仗，但西班牙国王却被威灵顿公爵打得惨败。消息传到布拉格，令反法同盟各国更加强硬。皇帝震怒："约瑟夫的指挥是何等的幼稚！虽然他不熟悉军务，但他既然插手就该承担责任。在我回国前，西班牙国王应闭门谢客，否则他将被阴谋包围！那样，我只能将他逮捕。"

他的长兄是他至亲至近的人之一，皇帝真的能记住教训不再任用他吗？当然不。因为就连热罗姆都再度领兵，当然他仍是败事有余。

没过多久，最早追随他的朱诺在伊利里亚战败，精神失常。布里昂则因贪污而被一再降职，直至免职。而无信无义的贝尔纳多特则干脆亲自领兵来战。当初被流放美洲的莫罗将军仍然与皇帝为敌，与贝尔纳多特一样当上了法兰西的叛徒。

皇帝处于两难境地：他不敢乘势而进，将胜果最大化，也不甘心接受敌人的和平条件。他将梅特涅请到德累斯顿，企图加以争取。

　　一见面，皇帝先是问候了岳父，然后滔滔不绝地讲了起来："你们想开战吗？我在卢岑打败了普军，在鲍岑击溃了俄军，你们也想试试？我一次次地保留了弗朗茨的皇位，还与之联姻修好。可是我现在很后悔。"

　　他还真是直来直去。他本该尽量拉拢梅特涅，可他却如此轻慢地对待奥皇的使臣。梅特涅认为，只有皇帝肯让出一部分势力范围，和平才有希望。

　　"我不会舍弃任何领土。世袭的君主可以承受失败，而我却不行。一旦失败，我将失去威信，那么权力也将付诸东流！在俄国，我失去了军队却没失去荣誉。而现在，我又有了一支新军！"当梅特涅指出，法国军队也在企盼和平时，皇帝竟然直言道：

　　"企盼和平的不是军队，只是我的那些将领们而已。半个月前，我还会考虑和平；现在我连战连捷，不想再议和了。"

　　梅特涅也干脆实话实说："陛下，和约无法达成了，那对您来说向来都只意味着暂时停战。现在，全欧洲将共同对付您。"

　　皇帝闻言大笑："你们要联合起来与我作对？好，多少国家都不怕！"随后，他们又为一些外交辞令和双方的兵力对比争执许久。当梅特涅问道，假如他那些年轻的士兵都死于战争，他还能怎么办时，皇帝动了真怒："你根本不知道一个战士该想什么！即使是百万人的性命，我也不会顾虑太多！"梅特涅的话刺中了他内心最柔软的一点。他已不忍再见到任何死亡。他只是以千军万马塑造时代的艺术家，无可厚非。

　　梅特涅真希望每个法国人都能听到皇帝刚才的言论。平静下来后，皇帝又掩饰道："我很对得起法国人了。在俄国失去的30万人中，法国人仅占十分之一！"然后，他又转移话题："我竟然笨到与奥地利联姻，现在我才意识到自己的错误之大。我可能为此失去皇位，但我也会让整个欧洲为我的王座殉葬！"对昔日错误的懊悔，使他更加固执地要证明：他能以新的胜利挽回他所犯的错误。

梅特涅离去前，皇帝再次召见他。双方同意延长停火期限，在布拉格继续磋商。皇帝还承认了奥地利的中立地位。随后，他封他的妻子、奥皇的女儿为摄政女王，但只是部分授权于她。如果这位奥地利公主是个称职的妻子和女儿，那么她就该去维也纳调停，以求两国和解。但这个蠢女人竟无所作为，只知道用贵重的礼物向亲友们炫富。

布拉格，各国勾心斗角。当法皇作出让步时，沙皇与普鲁士国王向梅特涅施压，提高了和平的价码，法皇怒而退出，会谈破裂。停战期满的次日，他的岳父对他宣战。在此期间，他的军力有所增强，但需派人监视莱茵联盟的援军。他的兵力部署在萨克森和西里西亚，他的正面是施瓦岑贝格，而布吕歇尔和贝尔纳多特则在北部。莫罗在施瓦岑贝格那里，他上次在德意志时的身份还是法国将军。交战双方的阵容真是无比讽刺：3个德意志君主为法皇效力，而对面的德意志将军不久前还随法皇远征俄国。还有两个法兰西的叛徒在与法皇作战，其中一个靠着皇帝的提拔而飞黄腾达。只有布吕歇尔一直是皇帝的敌人。但也有对皇帝有利的因素，那就是敌方的3位像约瑟夫一样不懂军事的君主，他们都在搅扰着施瓦岑贝格的指挥。

8月末，皇帝本该乘德累斯顿大捷之势追歼敌军，但他的胃骤然痉挛，令他全无斗志，选择了撤军。达律认为，这导致了1813年的惨败。但莫罗被击毙使他重获斗志："运气回来了！"但卡茨巴赫河畔的失利促使他重新思考分化瓦解敌人的策略。战败令奥地利人惊疑不定，不如放弃进攻波西米亚，改为突袭柏林，这样就可以将普鲁士人也引开。

但沙皇所言不虚：奇迹只出现在皇帝身边。军心低落，总有逃兵现象，使得皇帝不得不常常巡察各处。给养日渐匮乏，因为他们驻扎区域内的一点食物已被消耗殆尽，他的兵力也不够。他甚至要求议会提前征召 1815 年的适龄兵员，还有年纪大于服役年龄上限的人，也包括他曾羡慕的那些农夫。但这些新兵几时才能训练成军投入前线呢？9 月末，他妄图与岳父讲和，甚至不惜作出重大让步，但被坚决拒绝。奥皇已在莱茵联盟中打开一个突破口：巴伐利亚国君同意倒戈。黑云压城城欲摧，这位高明的时代弈手向老友坦承：

"整个棋局都乱了，马尔蒙。"皇帝的威风不比当年了。

十、莱比锡大会战

清晨，杜本堡里，皇帝正在思考着突袭柏林的作战计划。这时，众将求见。皇帝清楚这些将军们早已消极怠战。果然，其中一个提出些牵强的理由，请求放弃突袭柏林而转攻莱比锡，众人纷纷附议，态度依然恭敬。

皇帝默然，心想：我失去权威了吗？他表示要考虑一下，因为转向莱比锡相当于退却，会影响士气。整个白天，皇帝都独自呆在房里。第二天，10 月 15 日，他同意进军莱比锡。士气仍然高昂。他与马尔蒙谈到奥皇时说，弗朗茨尽到了他对国民的责任却不守信誉，而他不喜欢那样的人。

次日，大会战打响了。双方兵力：法国 18 万，反法同盟 30 万。黄昏时分，法军取得局部优势。翌晨，贝尔纳多特率军赶到。皇帝想撤军，却怕落个败退的口实。他再次找到一个被俘的将军——梅尔费特——给奥皇带去他的停战建议：

"我军撤至萨尔河，俄普两军撤至易北河，奥军退到波西米亚，萨克森中立。"然后，汉诺威归英国，开辟北海自由区；莱茵联盟各国去留随意；放弃波兰、西班牙、荷兰，只保留意大利。"我们会铭记和平的使者，当然也会保家卫国。"

梅尔费特惊讶不已，而弗朗茨更是不敢相信。拿破仑大帝竟然在激战之中舍弃了欧洲半壁，他已经虚弱到这种地步！

在等待梅尔费特回音的过程中，皇帝没下达任何军令。突然，他胃部剧痛难忍。但为了荣誉，他不肯躺下；为了军心，他不肯请医生，并严令禁止别人进入他的军帐。终于，皇帝下命令了：让各部向莱比锡收缩，虽然敌军的兵力二倍于己。

第二天，他们被敌人三面围攻。贝尔纳多特已经策反了萨克森军团。"混蛋！"皇帝骂道，旁边也是骂声不绝。效忠皇帝的萨克森军官纷纷断剑明志，而骑兵卫队也自发地跑去收拾那些叛徒。一名军官想将缴获的萨克森军旗献给皇帝，却因伤倒在地上。皇帝赞道："真是法兰西的热血好男儿！"

激战两天，损兵六万，皇帝失败了。但就连德国人也认为，反法盟军的胜果配不上其巨大的兵力优势。

大军败退，皇帝颓然地下令撤军，官兵们情绪低落。次日早上，追兵赶到，一片大乱。一座桥被炸掉，但是稍早了一些，尚未过河的后卫部队被迫投降，将领被俘，而一位元帅泅渡过河得以逃脱。麦克唐纳与奥热罗会合时，后者嘲笑道："难道我会傻到去为那个狂徒送死？"

看啊，这位拿破仑早年的部属心里想的不再是皇帝的胜败与荣光，而是如何苟全性命。同一天，另一位拿破仑最早的部属也写信报怨他的战功被忽视了："这是我有生以来最为尽忠竭力的一次，但在这关键时刻却被忽略，我实在难以接受！"此信署名为：马尔蒙。

这些都在预兆着日后奥热罗和马尔蒙在紧要关头的背叛。

仍然是同一天，歌德住所中的拿破仑画像突然掉落。法皇战败的消息已经传来。尽管谁也不能确定，拿破仑日后会否卷土重来，但诗人似乎觉察到了命运的真相。他的诗句写在法军撤退的当天，却已如历史般超然：

英雄的心中豪情万丈，
向着王座毅然启航。
艰险满途，无畏无憾。
王冠亦是千斤重担，
当仁不让，无暇细算，
将它戴在天才的头颅上，
轻松适称，有如花冠。
纵然山高路险，
仍一往无前，攻无不陷；
纵然荆棘满途，
亦能将前路洞悉明辨……
欢乐的时光就在前面，
万众齐声呼唤，
万事就此改变……
英雄傲立人间，
管它什么命运预言，
管它什么强敌作乱，
死且不惧又何畏征战！
世人疑猜，惊叹——
他们只会冷眼观看……
在这卑污的世间，
凡夫们只会索取恩典。
将荣华分享给亲近之人吧，
唯有整个帝国才配装在他的心间。
高声颂扬吧！
英雄的辉煌已然四海传遍。
此世间，荣华有时尽；

任谁人，末日终难免！

同时，哲学家谢林写道："我不信拿破仑会就此灭亡。如果我所言不错，他会逃过此劫，活下去，尝尽所有的苦果。"紧跟着，巴伐利亚倒戈反法。哲学家黑格尔也写道："纽伦堡人欢迎奥军的厚颜之状令人不齿……还有比小市民的所作所为更龌龊的吗？"关于这场欧洲大会战，3位伟大的德意志思想者分别道出了自己的想法。

末日？还早着呢！皇帝且撤且战，不乏胜绩。在埃尔富特，皇帝准许了缪拉回到自己封地的请求，还说："明年5月，莱茵河畔会有我的25万大军！"他仍然在十万这个数量级上考虑着一切。为躲避美因茨的伤寒，他将余部迅速撤过莱茵河。其间，他常从凌晨三四点工作到半夜11点。

同时，背叛皇帝的君主们云集于反法盟军司令部。施泰因男爵对他们的评论毫不客气："您怎么看这些小人？……酒囊饭袋们不配享有这份尊贵……他们所要保卫的主权，不过是他们得以骄奢淫逸的基石，却以民众的血肉作为代价！"

十一、殊死抗争

莱蒂齐娅看着皇儿寄自美因茨的信，整篇信只有一句话揪住了她的心："全欧洲联合反抗我，我忧虑万分。"他们母子都有着骄傲的灵魂，而这令她从未对皇帝发出任何警示。她心里想的全是子女们的幸福：如果大难临头，谁还能来帮助皇帝呢？但她痛苦地发现，背叛皇帝的人中竟也有他的兄弟姐妹。

卡洛丽娜唆使缪拉与英国议和并与奥地利结盟。爱丽莎正在受着富歇的蛊惑："只有皇帝的死才能拯救我们所有人。"拿破仑本打算将不顾禁令返回巴黎的路易放逐，但在莱蒂齐娅的调解下两人才勉强见一面，结果弄得更糟。热罗姆也抛弃国与家，化妆出逃。约瑟夫拒不担当防守巴黎的重任。吕西安则仍然作壁上观。

这就是皇帝的亲兄弟姐妹！这就是皇帝寄予厚望的帝国栋梁！而他们的母亲看到这样的场景，会是怎样一番心境？

在莫尔枫丹那高贵的社交场里会聚着这样一群人：失去国土的约瑟夫国王，父亲投敌、丈夫出逃的热罗姆夫人，前西班牙宗教裁判庭的大法官，失去朝廷的德意志、西班牙和意大利的朝臣们。他们就像这场时代大戏的观众，正在等待着剧终落幕。只有一人满怀希望，就是廿年前被皇帝舍弃的贝尔纳多特夫人，她的丈夫已率军攻至莱茵河。她在梦想着贝尔纳多特会为她戴上后冠，就是拿破仑戴在约瑟芬头上的那个。

约瑟夫只知享乐，对其身边针对皇帝的阴谋不闻不问。而皇帝醒悟得太晚了："我大错特错。我的帝国没有我的兄弟们会更好。有皇后就够了……只要约瑟夫在，巴黎就不平静。他还总以家中长子自居，荒唐！……他所喜欢的我都不感兴趣，我只关心子嗣。"

所以，在那段危急时期，他已看轻一切，除了他内心的梦想和他的儿子。他决定让费迪南重登西班牙王位。皇帝写信给抗议的约瑟夫说：

"现在我已无力占有任何法国以外的领土。此条约若是能保住法国昔日边境线的话，就已是万幸。丢掉了军队，一切都在迅速失去：荷兰、意大利、比利时、莱茵联盟、西班牙……这种时候，我哪能顾得上那些？"

他甚至不放心让国民自卫军守卫巴黎。他怀疑一切，对什么都不再信任。莱比锡战败后，他性情大变。邮政部长拉法莱特伯爵为人诚实可信，直言敢谏，常得皇帝召见。他看到皇帝忧虑消沉，愿为皇帝分忧。他向皇帝提出了议和的建议，但接着又说道，波旁王族可能会接替皇位。皇帝闻言默然，转身躺到床上，几分钟之后，睡着了。

他想睡就睡，说明健康有所恢复。他醒来后精力充沛。他清醒地认识到当前的情势：波旁王朝复辟的危险，国债和法兰西银行股价的跌落，新建国民自卫军计划的搁浅，这一切令他接受了反法联盟法兰克福会议上的提议。反法同盟内部意见不一。梅特涅有着政治家的理性，他建议别去攻占巴黎；而沙皇则感情用事，想炸毁杜伊勒利宫以雪前仇。终于，维也纳的意见胜出，对法国的要求是：以莱茵河、阿尔卑斯山和比利牛斯山等天然地形为国界。皇帝长松一口气，立即同意，给反法同盟的回复文件也已拟好。

在此关头，皇帝又改主意了。是议会的反对刺激了他吗？议员们决定，今后只批准防御性军事预算，并要求皇帝依法保障自由。皇帝一怒将议会解散。元旦当天，他召见并责备几位议会代表："王座就是块盖着锦缎的木头，只有我才能代表法兰西！法国若想换宪法，除非换个皇帝。法兰西如今的辉煌都是拜我所赐！"

就在这一天，布吕歇尔率军跨过莱茵河。经过了二十年的六次大战，欧洲各国凑在一起将君主主义的拳头伸进了革命的国度；而在革命的国度，革命之子却在禁锢民主代表的自由。错位的还不只这些。20 年来的巴黎圣母院一向只有为胜利而感恩的声音，而如今人们却在为法军的胜利而祈祷。而反法同盟各国一直以来都是被法军解放，如今他们却扮演起法国"解放者"的角色。

君主们利用从拿破仑这里学到的本领打败了他，而原因仅在于兵力的悬殊。还有，法国累了，需要休息。但反法联盟只允许法国占有1792 年时的疆域，促使皇帝弃和谈而上前线。但巴黎该交给谁呢？

毫无军事才能的约瑟夫被选中，这说明皇帝已没有可以充分信任的部属。他要求长兄作出选择：要么与摄政女王站在一起，要么被放逐。"我活着，你可以安享太平；我死了，你也会被杀或被囚。我不指望你能起什么作用，只要没什么闪失就行。"

皇帝甚至已经考虑到死亡，于是重要文件被焚毁，两个私生子也得到了安置：小莱昂将有固定的年金，瓦莱夫斯卡夫人的儿子将得到一大笔不动产。他的合法子嗣已经快3岁了。皇帝将他最宝贵的至爱托付给国民自卫军的将领们，并再次封皇后为摄政女王。翌晨，他离开巴黎。再回来时，已是饱经磨难的一年多之后了。

十二、存亡关头的叛变

不久后，他又败了。其实开始时战局还好，他在布里埃纳逼退了布吕歇尔，其间甚至亲自拔剑上阵。他认出了一棵树，12岁时他曾在这棵树下阅读塔索的著作。与自己梦想的起点的这次偶遇，使他全身贯注着神话般的伟大使命感。

既而，在拉罗蒂埃获胜的布吕歇尔兵锋直指巴黎。科兰古写信劝他媾和，马雷也恳请他这样做。他让马雷朗读了孟德斯鸠书中的一段话："最令我钦佩的就是，某个君主宁死也要拒绝不该接受的建议。"

"但我知道，法兰西要比您的荣誉更重要！"马雷嚷道。

"好，那就求和吧，让科兰古去。他可以签署和约，但别让我起草这屈辱的文件。"

得到通知的科兰古请皇帝明示。不过皇帝又想一战，他给约瑟夫写信："守好城门！架起大炮！每个城门部署50名手枪兵，100名长枪兵，100名长矛兵，一共250名。"

他没兵了。数月前，他还在十万这个数量级上考虑问题。他也意识到了自己的窘境，因而听从了马雷的劝说，亲口开出了求和条件：放弃比利时、意大利和莱茵河左岸，放弃波拿巴将军和拿破仑皇帝夺到的一切，以保住首都和皇宫里那块盖着锦缎的木头。明天他将签字放弃多年征战的所有战果，这令忠于他的人内心无比阴郁。

情况有变！最新情报显示：敌军的处境恶化。这令统帅重拾信心。翌晨，当马雷请皇帝签署媾和文件时，皇帝说："情况不同了，我能战胜布吕歇尔！"这时，巴黎的约瑟夫来信告急。皇帝口述了回信：

"我会与巴黎共存亡。你要不惜一切代价来保护好皇后、罗马王和咱们家族。若是塔列朗坚持要皇后在任何情况下都呆在巴黎，那必是阴谋，别信他！他是咱们家族的头号敌人。你一定要记住！

"我若战死，会首先通知你。可以让母后去威斯特法利亚王后那里，但千万别让皇后母子陷落敌手！那样奥地利会带着皇后撤军，而敌方将由英俄作主，那我们就完了。

"我可能会议和。假如我战死，也决不能让太子和摄政女王陷于敌手，而应收拾残兵转战乡野。别忘了腓力五世皇后的话。皇储就算被杀，也好过他在敌国长大。《安朵罗玛赫》中阿斯蒂安纳克斯的遭遇令我感慨不已。"

这封信交织着他的两种天赋。他精于计算的理性使他预见到奥地利撤军的不利影响，对亲人的关切又点燃了他的战斗激情。政治家般的冷静，诗人般的火热激情——这才是伟大的拿破仑！

此外，他永远是天才的统帅。他兵分两路，以一部勇猛进击，大败布吕歇尔，九天六战，从尚波拜直抵蒙特罗。波拿巴将军的雄风犹在，但如今却是在本土抗敌，而非如往日那般扬威国外。在蒙特罗，他像在土伦时那样扮演起炮兵的角色："士兵们，进攻！炸死我的炮弹还没造出来！"

布吕歇尔大败。下一个该是施瓦岑贝格了！但他不敢与拿破仑对战，直接致信贝尔蒂埃建议停战。这封信令拿破仑信心大增，甚至在给约瑟夫的信中提到，"我不想靠妻子的保护度日，"并在信的末尾"拥抱"对方——这是多年未有过的了！

次日，警务司令萨瓦利报告说，有人向反法联盟各国递交了请愿书。皇帝的回信措辞激烈："当初取得瓦格拉姆与奥斯特里茨大捷的我还在！若有胆敢私自递交什么请愿书的人一律逮捕，约瑟夫也不例外……不需要什么民意代表，我能保护好人民！"

反法盟国态度不一：沙皇建议在新国王产生前由俄国总督暂管巴黎；奥地利主张复辟波旁王朝；施瓦岑贝格是主和派，他只愿做做样子却不想真打；恢复实力的布吕歇尔则坚决主战，并付诸行动。反法联盟再度要求法国恢复昔日的天然边界，皇帝怒而拒绝。当有人提醒道，敌军兵力三倍于己时，他却回答："5万士兵，加上我，一共15万。"

3月初，皇帝准备再战布吕歇尔，并分兵一半交给最早投奔他的部属马尔蒙。去年秋天杜本堡的抗拒情绪现在已发展成活生生的叛变！这个最早效忠于拿破仑的人也是最早背叛他的人。当马尔蒙屯兵于拉昂时，他并不去援助在巴尔一战中失利的欧迪诺和麦克唐纳，坐失获胜战机，甚至连兵营遇袭都不闻不问。贝尔蒂埃恨道："马尔蒙虽死尚有余辜！但皇帝过于宠他，只是训斥一番，但还让他统兵。"

这也不难理解，危急关头他首先信任早年的伙伴。不只是马尔蒙，连奥热罗也开始通敌怠战，但也只是被拿破仑的书信轻轻责备了一下：

"6个小时的休息还少？这都是什么借口！你会缺钱少马？我命你接到信后12小时内到达战场……国家危难之际，我们要拿出当年的勇气来。只要你奋勇当先，将士们就会追随你打到任何地方！"

波拿巴将军的光芒再次闪现！只是夕阳虽然无限好，却已近黄昏了。

马尔蒙的擅自退却，使皇帝在奥布河畔的阿尔西以仅有的几千兵力孤军抗敌。战斗正酣，近千名龙骑兵突然败退，边逃边喊："哥萨克人！"皇帝上前阻止逃兵，并纵马向前迎敌，只有参谋人员和近卫部队跟了上去。六千名哥萨克骑兵被打退了。其间，皇帝的坐骑中弹，他换马再战。贝尔蒂埃看出，"皇帝想战死沙场。"

但是，命运不会让拿破仑轻易死去，全了他的英雄之名。他还必须演完政治领袖的角色，承受一波又一波饱含象征意义的打击：他蔑视人类，如今却被人类遗弃；他的部属从士兵升至将帅王公，如今却吝惜他赐予的爵位而不肯舍命效力；皇家公主被迫嫁与他这暴发新贵，而今他一夕破产就立即将他抛于一边；他栽培、信任并倚赖他的同胞兄弟，如今大难临头各自飞，完全弃他于不顾……这些全都不足为奇！

他在信中求皇后给岳父写信，她勉强照做了，但她没有曾祖母玛丽娅·特蕾西娅那样的表现，却无意中给维也纳带去了许多信息。英军打着波旁王朝的旗帜登陆波尔多。盟军又截获他给皇后的一封信，知悉他将撤军至马恩河附近，于是决定攻占巴黎。

皇帝还在考虑武装那些憎恨侵略者的农民，却传来马尔蒙战败、同莫蒂埃撤向巴黎的消息。后方危急，皇帝将军权交给贝尔蒂埃后带着卫队直奔巴黎而去，后来干脆只带科兰古星夜兼程地赶路。以往凯旋时他都在想：巴黎是什么情况？而这一次他想的只是：我以国相托的皇后、约瑟夫和马尔蒙能否坚持到我回来？

深夜换马时，一名军官报告："我们奉莫蒂埃元帅命令，为撤退的军队寻找宿营地。"

皇帝忙问："军队在撤退？皇后在哪里？约瑟夫在哪里？"

"皇后携罗马王于昨日前往布鲁瓦，约瑟夫国王于今日离开巴黎。"

"马尔蒙呢？"

对方不知道。皇帝被惊出一身冷汗，他命令道："走！我还有近卫军，我还有国民自卫军！去巴黎拼死一战！"

科兰古费尽唇舌才让皇帝收回成命。皇帝命马尔蒙所部于埃松河对岸驻防，然后对科兰古说："你快去巴黎阻止和谈！我被出卖了！我授予你全权，快去！"

塞纳河就在几百米外。对岸，敌军的烽火、士兵的歌声，都清清楚楚。而河这边，皇帝身边只有几名仆从和两辆车，立于黑暗之中。

他下令掉头，去往枫丹白露。

十三、降诏逊位

翌晨，头戴洛可可式假发的塔列朗正在家中梳洗。突然，涅歇尔罗德未及通报就闯了进来。在这位俄国伯爵到访两小时后，沙皇驾到——他担心爱丽舍宫会有炸弹，因而住进了塔列朗的宅邸。拿破仑皇帝的这位宠臣6年的辛劳奔波终于有了结果。胜利者弹冠相庆，胸中满溢着正统的道义使命感。

经过22年的漫长战斗，正统君王们终于又回到了巴黎。在这辉煌时刻，君主们骑马入城，波旁王族的支持者和圣日耳曼区的贵族在路边欢迎。而其它城区却无反应。市民们都在等着看：明天来的会是拿破仑还是路易十八？

约瑟夫逃走时早已忘记皇帝的警告，他将塔列朗留在了巴黎，从而注定了皇帝失败的结局。拿破仑的败因不是民众的反抗，也非反法同盟的4位国君——他是毁于手下的佞臣和叛将。有沙皇撑腰的塔列朗迅速成为核心人物，正上蹿下跳地大显身手呢。

说到底，塔列朗并不恨拿破仑，他背弃皇帝只是为了个人权力。他不想也没必要报复一个失败者，但若是这个和平障碍消失的话，对他未尝不是件好事。于是他收买了一个龌龊的波旁军官，去枫丹白露"执行重任"。但这个刺客却临事惊慌，只抢劫了热罗姆夫人的首饰，而未伤及拿破仑。布吕歇尔也派人去刺杀拿破仑，也没得手。

沙皇问主教说："法国到底要什么？"塔列朗一直想复辟波旁王朝，但他还是先征询沙皇的建议。沙皇试探着提出了贝尔纳多特。塔列朗笑道："法国再也不要军人领袖了,否则我们就会拥护现在这位皇帝。他是世上最优秀的军人。别人在他的处境下连 100 个随从都不会有。"谁能想到,这种人会在战胜国君主面前说出这样的评价。

次日,塔列朗主持参议院通过决议,要求皇帝必须退位。无人反对,只有科兰古为拿破仑说话。他还让感情丰富的沙皇重新想起旧日与拿破仑的友谊。沙皇答应,尽力帮罗马王保住皇位。

就在科兰古劝说沙皇的同时,4 月 3 日,塔列朗也在拉拢马尔蒙,后者有 12000 名士兵屯于塞纳河对岸,而反法盟军主力尚未进城。马尔蒙无需劝说,3 年前在西班牙时他的忠心就已动摇,他不想跟着拿破仑一起毁灭。违背誓言、抛弃友谊的马尔蒙致信反法盟军司令施瓦岑贝格:

"根据参议院决议,法国军民不再效忠拿破仑。我愿为国内和解作出贡献。"皇帝毁于最早的元帅之手。马尔蒙又将自己的行径美化为爱国之举,那不过是叛徒的惯用伎俩。紧接着,奥热罗也公开背叛皇帝。

塔列朗拉拢马尔蒙的同时,皇帝在枫丹白露阅兵。他说道:"我们绝不准旧王朝的白色帽徽出现在巴黎!……几天后,我们要进攻巴黎!"军官们挥剑高呼:"进军巴黎!皇帝万岁!"皇帝微笑着挥手致意,走上台阶。不久,一辆马车进来了。通宵未眠的科兰古来到皇帝面前。贝尔蒂埃问道:"喂,老伙计,情况如何?"科兰古没有回答,他不喜欢贝尔蒂埃的语气。皇帝问道:

"他们提了什么条件?"

"您若想为罗马王保住皇位,必须付出大的代价。"

"他们并没有谈判的诚意。他们是想拿我开刀,威慑世间所有敢于挑战世袭王权的天才们!"

波拿巴将军依然铁骨铮铮!此前皇帝在检视最后的兵力,勇气满满。沙皇的要求最为温和:罗马王接替拿破仑的皇位,之后再讨论摄政的人选。当然也有别的可能,比如波旁王朝复辟。皇帝当时就急了:

"疯了！让波旁王室回来，他们挺不过一年！全国军民都容不下他们。20年来，他们靠着外国的施舍度日，与祖国的根本利益背道而驰……他们可以从我的失败中牟取私利，可以流放我全家，但别指望让波旁王朝复辟！"

表达过对波旁王族的鄙视，他又说："我退位就能保证我儿子得到皇位吗？我的士兵要跟我攻向巴黎。获胜后，再让人民来决定我的去留。"

士兵们虽要光荣地追随皇帝，将领们却不这么想。他们虽不知马尔蒙已叛变，但都有类似的想法。拿破仑称帝后大封元帅，如今自食恶果。次日，拿破仑的诸位元帅——内伊、麦克唐纳、欧迪诺和勒费弗尔等，都婉转恭敬地劝他退位。

皇帝还指着地图上插着的彩针向他们分析敌我态势，但没人听得进，他们比去年在杜本堡时更加坚决地抗拒皇帝。他让他们先出去，在心里盘算着剩余的兵力。还不是太糟，他可以利用退位来拖一拖，争取时间。几小时以后，皇帝让科兰古拿着他的亲笔诏书去巴黎：

"鉴于盟国认为拿破仑是欧洲实现和平的唯一障碍，基于自己的誓言，并为保全帝国的利益、法律及皇储、摄政女王之权力，拿破仑皇帝愿意退位并离开法兰西，甚至不惜生命。"

用语审慎但含义模糊，巧妙而标准的外交文风！事关重大，科兰古请派两名元帅同往。

"马尔蒙和内伊，"皇帝说道，"马尔蒙是我最早的伙伴。"

"但马尔蒙不在。"

"那就换麦克唐纳去。"

3小时后，深夜的爱丽舍宫中，3位代表与反法盟国谈判，但主要是科兰古与沙皇之间的谈判。科兰古表示，法国人民坚决反对波旁王朝复辟，双方迟迟不能达成一致。突然有人发布一则俄语通告，法方代表听不懂。沙皇说："先生们，你们的后盾无非是军队的支持。不过我刚接到消息：你们的第六军团已背弃皇帝投靠我方。"

盟方态度立即强硬，要求皇帝无条件退位。同时，科兰古也接连收到皇帝发自枫丹白露的旨意：

"拒绝协商，又何谈条约！……我命你撤回退位诏书！……我拒绝签署任何条约！"

翌晨6时，莫蒂埃的副官求见，带来新消息：第六军团已投敌，正向巴黎进军！皇帝猛摇他的胳膊问："马尔蒙？你确定？士兵们知情吗？"

"他们在夜间被带往奥军军营时被告知，他们是在向敌军进军。"

"他们要用骗术才能夺走我的军队。你看到马尔蒙了吗？"

"没看到，陛下。"

"骑兵呢？"

"也走了，是密集阵形。"

"那莫蒂埃呢？"

"他派我来禀告您，他及所部对您誓死效忠，敬候您的命令。青年近卫军已做好随时殉国的准备！"

皇帝对视着这名年轻的上尉，轻抚他的肩章。他仍然拥有法国青年的拥护。

只有科兰古和麦克唐纳带回了敌方的新条件。

"内伊呢？"

没有回答。过了一会儿，敌方的新要求使他大受打击。要他放弃多年来苦心追求的帝国！不只是他要退位，他妻儿的权力也被剥夺。他无法接受。他又盘算了一下兵力情况："这里有25000人，意大利可以调出18000人，絮歇还有15000人，苏尔特那里有40000人。我还要战斗！"

士兵们依然忠于他，但将心厌战，民心思和。那些元帅使他接触不到底层的拥护者。他们又来逼宫，向他警告枫丹白露的危险，其中也有贝尔蒂埃。他认真地听着，忽然询问他们，愿不愿意随他转战卢阿尔河，或者意大利——那里有欧仁的军队。这是个新的冒险计划。但这些法国元帅以内战的风险为由劝说他退位，并为他谋得了厄尔巴岛作居住地。他屏退众元帅，说道："这帮人真是无情无义！我是败于战友们的无耻背叛！现在全完了。"

外面厅中，等待皇帝签字的权贵们交头接耳。皇帝故意拖延，要让他们等下去。一夜煎熬过后，巴黎送来了最新签署的文件：厄尔巴岛、200万法郎年金、皇帝的尊号和400名近卫兵，他只剩这些。

塔列朗不放心这头雄狮离法国这般近，他提议将皇帝放逐到科孚岛或者圣赫勒拿岛。而富歇则干脆想将他踢到美国去做"自由公民"，总之离欧洲越远越好。

皇帝在伤心之际，发现了忠诚的麦克唐纳。相形之下，他为过去的疏于赏赐而歉疚："以前我没好好地封赏你，如今却有心无力。我将那把塞利姆苏丹送我的宝剑转送给你，留作纪念吧。"众人在等他签字，他却命人去取那把镶金土耳其弯刀。深情拥抱之后，他签署了退位诏书：

"鉴于盟国认为拿破仑是欧洲实现和平的唯一障碍，基于自己的誓言，拿破仑皇帝及其子嗣放弃法兰西与意大利王位。为了法兰西的利益，他不惜一切，包括生命。"

大功告成！文武群臣都离开了枫丹白露，投向巴黎的临时政府，包括贝尔蒂埃，留下的只有马雷。塔列朗和富歇共掌权柄。

他又住了九天，25000名近卫军士兵依然忠心耿耿。除此之外还有谁？他的兄弟们早已逃之夭夭；约瑟芬先是哭着要追随逊帝，但不久就对沙皇殷勤有加。沙皇也想领略惹人哀怜的前任皇后的风韵，不过奥坦丝却冷淡以待。沙皇走后，奥坦丝就到枫丹白露陪伴拿破仑。

虽然莱蒂齐娅已看透奥地利儿媳的心中只关注自己的安危，但拿破仑还是一直考虑着妻子的利益。按条约她会得到帕尔马，而他劝她再争取得到托斯卡纳或者靠近厄尔巴岛的其它地区，以便彼此联系。除此之外，他信中的建议照顾到她的许多细节需要。

当局查封了他的财产，不分巨细，总值一亿五千万法郎，那是他从薪金中节省出来的。他只有三百万法郎可以带去厄尔巴岛。但他不在乎这些，还有什么更令人伤心的？

他退位的次日，吕西安致信教皇，结果得到了亲王头衔。在富歇的挑唆下，缪拉入侵他姨姐爱丽莎的封地。在卡洛丽娜的蛊惑下，缪拉又倒向了英国，使其得以占领托斯卡纳。爱丽莎在关键时刻站错了队伍，在妹妹的入侵前逃走，最终这位忠于拿破仑的妹妹被奥地利人俘于博洛尼亚。兄弟姐妹中只有热罗姆夫妇没做出什么醍龊的事。

其后几天，除了办事人员，再没其他人来看望拿破仑。不过在他离开前的一个晚上，来了一位戴着面纱的贵妇，但没人认识她。瓦莱夫斯卡夫人苦等一夜也未获召见，清晨留信而去。他只好给她写了封信：

"亲爱的玛丽！……你的真情令我动容，也只有你的美好心灵才会如此……留着这份真情想念我！永远不要忘记我爱着你！N。"

这让拿破仑的心绪渐渐平复，勇气重新萌生。他还有一个岛！一切都未结束。科西嘉也只是一个岛。他研究过厄尔巴岛的资料后说："那里环境怡人，民风纯朴，希望路易丝也能喜欢。"

虽然他只能挑选400名卫兵，但所有人都不顾妻儿也要追随他。其中的很多人自他在土伦时就追随他，经历了从埃及到俄罗斯的历次战役。

他的热情渐渐恢复。在谈到最近几战的惊险时，他说："轻生是懦弱，是一种逃避，不值得赞扬。以我的准则和我的地位，决不会自杀。只要活着就有各种可能。"一切都已办妥，4位盟国特派员将陪他同去厄尔巴岛。他写信向妻子道别，信中不忘表达对妻儿的爱意。

启程了，无人送行。不对，还有那些追随他二十余年的近卫军士兵。他们列成方队，凝视着他。他该说点什么。以往，他总是在战前鼓励，在胜后感谢。今天虽未得胜，但他还是要感谢——为以往的每一战。他走向士兵中间。

"皇帝万岁！"

"我的伙伴们，再见了！你们伴我走过了二十年的辉煌之路。即使在最近，你们不变的忠勇之心一如我们巅峰时代那样……但那样有内战的危险。为了法兰西，我已放弃一切准备离去……但你们还要为国尽忠。造福法兰西的愿望就靠你们继续实现了！别为我叹息！为了你们的荣誉我要活下去，将我们共创的丰功伟业记录下来传诸后世。别了，孩子们！我想用心贴紧你们每一个人，那就让我亲吻你们的军旗吧！"

一位将军擎旗走来。拥抱，亲吻军旗。"伙伴们，别了！"登车。"皇帝万岁！"车走了，越走越远……

那些战士们，拿破仑的"孩子们"，站在那里哭泣。以往的话语和形象，激情和梦想，战争与辉煌，一切的一切，都已随风而逝。那些战士们会将这一切讲给孙辈们听，孙辈再讲给他们的孙辈，直到今天。

近卫军士兵的哭声犹在耳畔，他就听到了暴民的叫嚷和咒骂。车队在"杀死暴君"的骂声中逃过了普罗旺斯。换马时，在乡间农妇的石块袭击下，车夫被迫喊："国王万岁！"又到一个村子，一个身穿拿破仑军装的稻草人满身血污地挂在绞架上，"暴君""杀人犯"的喊声不绝于耳。车队一路狂奔，拿破仑平生第一次逃窜。

这些不就是当年追着车狂奔、只为一睹圣颜的人们吗？当年，他们歌功颂德，迎接他凯旋。他蔑视人类，今天的一切毫不令他意外。以往唯一的相似经历发生在当年的雾月十九日，激进的议员对他拳脚相向，他束手无策，一如今天的情形。他是个军人，是个皇帝，他不适合对付乱民，他只适合号令军队。对他来说，没什么小打小闹，要打，就是一场战争。

在一条寂静的街上，他下车透气，并在圆帽上安了一个白帽徽，然后卸下一匹拉车的马，骑了上去当先而行，直到埃克斯城外一家路边小店。他自称为坎贝尔，英军上校。这是他的第六个名字。

服务员是个普罗旺斯女孩，话很多："人们要趁早除掉他，赶在他出海前！"他不住地点头附和："对！没错！"之后他靠在仆人肩头小睡了一会，他已两夜未眠。随要随到的睡眠，是上天对他最大的恩赐。醒来后，他又想起不久前群情激愤的骂声，说道："我再也不要回来了。厄尔巴岛比这要好得多。我要专心做学问，不再过问政事了。这就是人类的真实嘴脸，难道不应该鄙视吗？"

到达旅店后，他换了服装以避免麻烦：套装是奥地利特派员科勒的制服，帽子是普鲁士特派员特鲁赫塞斯的，大衣是俄国特派员苏万洛夫的。拿破仑就是以这样一身装扮离开法国的。

弗雷瑞斯，这是他自埃及返回时的登陆地。当年他登陆时，意大利大捷的光辉掩盖了埃及战败的过失，渴盼领袖的民众一路欢呼着将他迎到巴黎。而今原路返回却一路满是咒骂和石块。一来一回间，十五年过去了。十五年间，一个民族创造了辉煌。十五年间，欧洲战火连绵。十五年间，英雄频出，酒肆里的无赖成长为殿堂里的将帅。无论顺从或反抗，欧洲的社会意识受到猛烈的冲击。而地中海一座小岛上的一个人，以极度的自信和无畏的壮举，为自己争得了一顶金皇冠。

十四、统治小岛的大帝

科西嘉真大啊！山峰高耸。望远镜里，巴斯蒂亚港的炮台清晰可见。若是东面有敌情的话……

只要登上山头，厄尔巴岛领主就能看见故乡岛国的风景。海那边的科西嘉人口十倍于厄尔巴，面积更是后者的四十倍。他能记清所有的数据，厄尔巴岛就是个鼹鼠丘。

5月的一个清晨，费拉约港的民众代表欢迎新登陆的统治者。他们向他问好，还备好了接风宴。但他却并未赴宴，而是立即察看岛上的军事设施。自次日起，各种命令使这个一向宁静的小岛开始忙于建设：增建炮台，延长防浪堤，修善道路……当400名近卫军士兵登陆时，岛民惊呆了：他们从没见过这么多外人。不久，拿破仑又组建了一支本土民兵，兵力达到千余人。又过了不久，他甚至有了一支微型舰队。之后拿破仑亲自任主席的参政院成立了，成员包括随他同来的贝特朗与德鲁奥两位将军以及12名岛民，其讨论内容包括改进铁矿和盐井的方法等。岛上有没有桑树？在里昂，养蚕很赚钱。如果法国征收关税，那我们就向意大利出口。

没钱就要节俭度日，法国也无意兑现年金的许诺。房子又小又破旧，但也无钱修葺。"宫廷总管"贝特朗关于床具用品清单的错漏一下就被皇帝指出来了，因为那点财产都在他脑子里装着。

这个精力旺盛的人统治着微型的岛国、军队和宫室，不觉得好笑吗？完全不。他满怀激情地投入新事业并非为了民众，而只是为了艺术——统治的艺术，改造世界的艺术。艺术不分大小，所以他对待岛国的事务与当年横扫世界时一样的认真、敬业。

岛国的事业走上了正轨，他也有闲暇来考虑一下自己的境遇："我的积淀够深厚，很容易适应钻研思考的生活。外面有我的老卫队，这真幸福……世袭君主一旦被废就难以忍受痛苦，因为他们已过惯了奢华的生活。而我只是个军人，帝王生活都是负累，只有军旅生活最适合我。我唯一对不起的就是我的战士们。如今我最珍贵的宝物，就是两套法国军服。"

他在这个微型国度里还保持着王朝的架势，欧洲会嘲笑他吗？不，欧洲怀疑岛上藏有秘密。年轻时，他就能赢得别人的尊敬，如今他依然有着慑人的威严。虽然没有宫殿和朝臣，他却依然被称为"皇帝陛下"，靠的仅仅是他的功绩的光环。

这里给了他许多抚慰。同属意大利的厄尔巴岛仿佛他的故乡，居民们说着他的母语，那海，那岛，那些植物，葡萄园，帆船，渔网，还有人们的装扮，这一切恍如童年的科西嘉。只有他的老卫队能令他想起从科西嘉到厄尔巴之间的人生经历。

有人回忆过当时的情形："陛下很快乐，仿佛已忘记过去。他将时间花在收拾房间，筹建田园别墅，以及骑马、驾车、划船等。"他有时间，但没钱，所以要事事亲历亲为以求节俭。他要求贝特朗管理好他的衣物，凡取"宫中"物品必须登记，还命人去选购椅子，单价不得贵于5法郎。

此事传出后令欧洲狂笑不止，也令后世对他的简朴颇为震惊。

他也有叹气的时候。一次，他在山上，他的全部领土尽收眼底："不得不承认，这个岛太小了。"他有着囊括四海的宏图大志，如今却被限于欧洲一隅，如何能不郁闷。

夏季，莱蒂齐娅来了。只有她对此很高兴，因为她不必再担心她儿子的安危了。在这个安静详和、美如故乡的小岛上，她与儿子朝夕相伴共享天伦。还有，她带来了多年节省下的几百万财产，这对她儿子来说太及时了，我们可以想象到他们当时温馨的笑容。她还为他张罗了一场小宴会，以庆贺他的命名纪念日。

她在巴黎经历过十几个拿破仑命名纪念日。那时，各国来朝，权贵满堂，美女如云。焰火照亮夜空，千百点灯火组成一个巨大的"N"。她当时想的只是："希望这一切能保长远！"而今天她却异常高兴，她也头一次感到："我们过得挺好的。"

在罗马时，她的心态已经平和了许多。教皇宽恕了旧日敌人的母亲。她身边的人纷纷离去，她也能从容接受。她唯一不能接受的是卡洛丽娜，她不见这个女儿。但她却很宠爱波丽娜，这个开朗聪慧的女儿一直是家里最可爱的一员。她到岛上来陪伴母亲和哥哥,带来许多趣闻。

没有其他兄弟的消息,只有吕西安来了一封信。这位生活奢华的"加尼诺亲王"信中写些什么?他会接济他的二哥吗?他是想要厄尔巴的铁矿砂,因为他在经营冶炼厂。这也算不错,除此之外还会有谁想着他呢?

约瑟芬在拿破仑离开巴黎的几周后去世于马尔梅松,只给拿破仑留下了 300 万法郎的债务。奥坦丝与路易分手后得到了公爵的封号,她正殷勤侍奉着波旁王族。莱昂曾与莱蒂齐娅同住过一段,长得像其父,胆大调皮。这就是他家人的全部信息。

瓦莱夫斯卡夫人乘英国船来到厄尔巴,在帐篷里见到了皇帝。两日两夜,缠缠绵绵,皇帝只在下命令时才出来。他们 4 岁的儿子穿着波兰服饰,与老卫兵们玩耍。皇帝本想留下瓦莱夫斯卡夫人,但又怕成为路易丝不肯前来的借口。他对奥地利公主的幻想使他放弃了自己的幸福。伯爵夫人的船遭遇风暴的消息令皇帝寝食难安,直到她再次捎来消息。也许后世会有这样一个美丽的传说:一个哀婉的美女远渡重洋,去看望被流放荒岛的传奇帝王,带去了他的儿子。

可是,他所执着追求的婚姻家庭都已离他而去。在南下时暴民的咒骂声中,他仍在给路易丝写信。在这小小的厄尔巴岛上,他为她精心准备了一套居所,但一直没能等来消息。怎么回事?一定是信被拦截了。他甚至请求托斯卡纳大公为他传话,但大公又怎可能理会这个小小的岛主?他受到了冷遇。若非为了妻儿,他怎会如此低声下气?批判的声音再度响起:"那些君主,当初恭敬地遣使来朝,将公主奉于我的床榻,还与我称兄道弟。如今却又对我大加唾骂!他们不配做君王。如果我除了一个'皇帝'尊号什么也没留下,必为后世所嘲笑……"

拿破仑还不知道,那天,4 岁的小罗马王坚决不肯离开父皇的宫殿。当他的儿子见到外公时童言无忌地说："我见到了奥皇，他可不漂亮。"而这是拿破仑非常不希望看到的。这个男孩会是像阿斯蒂安纳克斯一样的命运吗？尽管他也被宠爱，但他也感觉到，最好别提父亲的名字。尽管他被命名为"拿破仑·弗朗茨"——恰如他的血统一样体现着敌对的结合，但很快"拿破仑"这个名字就没人叫了，只剩下"弗朗茨"这个名字。当皇后的秘书离去前向皇后告别时，小罗马王悄悄将他拉到一边小声说了一句："请转告父皇，我非常爱他！"

奈普堡，一个名不见经传的奥地利军官，因成为奥地利大公主的入幕之宾而名留史册；而那位公主能名留史册则是因为她嫁给了拿破仑。拿破仑若知道这事会是怎样的感想？他对着儿子画像哭泣的景象令人顿生同情。

还好有开朗迷人的波丽娜，她模仿岛民们在皇帝面前的举止来逗哥哥开心。皇帝常常会见岛民，体察民情，征询民意。而来访的人越来越多，有学者、诗人、贵族，多数是意大利人。皇帝接待访客时只提过去，不说将来。他愿意听到有人咒骂重占意大利的奥地利，但对邀请他去意大利领导起义的野心家却敬而远之，直接送客。他的心思都在另一边的海岸，而且有关的计划渐渐成形。

巴黎的情况仍是他最关注的话题。报纸和访客都是消息来源，也让他思考着未来的各种可能。拿破仑的新计划并非都是思虑已久的结果。征俄失败后，他成了一个冒险主义者。"活着就有各种可能。"他的新计划总是变了又变，而变化的依据就是巴黎和维也纳的情况。

关于波旁王室，巴黎在说些什么？拿破仑时代的新闻审查制度令报纸谎话连篇，但真相还是传到了小岛上：波旁王室"光复"首都时——那是官方用词，是四个人挤在同一辆小车上。尖刻的巴黎人有了笑料。国王着便装，却缀着硕大的肩章，胖得有三重下巴，向群众微笑致意。国王身边是憔悴的安古勒默女公爵，回首往昔令她伤感落泪。他们对面是孔代亲王和波旁公爵，穿着旧王朝的制服。时隔 22 年，波旁王朝还魂回巴黎。拿破仑皇帝的近卫军不情愿地护卫着马车，他们那满是弹孔的军装，就是这 22 年辉煌壮丽的斗争的缩影。

皇帝急于知道他这位继任者的生活细节。他被告知，路易十八直接住进了他的皇宫，似乎也没什么帝王风度，"胖得行动不便，要双手拄拐。"这些描述让皇帝开心了许久。十余年来，在英国报刊上，拿破仑一直是漫画的讽刺对象。而现在，英国一手扶植起来的国王却真成了一幅讽刺漫画。

路易十八颁布了宪法？真可惜。但国王的这项恩典不过流于形式，其王兄为之送命的等级不平等又悄然重现。贵族免于兵役，寒门子弟晋升无路。路易十八虽不算坏，但流亡贵族们通过阿图瓦伯爵影响国王意欲反攻倒算，但现行法律阻止他们夺回以前的财产。国王只能先以高薪安抚。

再度掌权的教会竟然帮着旧贵族威胁那些财产的现今所有者，迫使他们立下有利于旧贵族的遗嘱。星期日禁止营业，否则处罚，尽管宪法保障宗教自由。有一个颇受喜爱的女演员死后却不能得到天主教葬礼，引起了复辟后的首次暴动。

民众渐渐感受到了"解放"的后果。皇帝看到一幅漫画：路易十八在一名哥萨克骑兵引领下，踩着法国人的尸体回国。出任英国公使的威灵顿在巴黎时，人们都对他冷面相向，因为他曾击败法军。军官们的薪金减半，若不皈依天主教还会被免职。而由贵族子弟组成的新国王卫队却待遇颇丰。总之，法国各地弥漫着失望情绪，其蔓延之快连拿破仑也没料到。

他像个博弈大师，对局结束后，他可以坦然地总结自己的成败得失。他甚至对英国访客说，早在德累斯顿时他就该议和。对方问他在夏蒂荣时为什么不议和，他答道：

"我不能失掉国家尊严。我打下来的领地可以让出去，但比利时在我任执政时就已属于法国……我是一个军人，被大革命的浪潮卷到王座之上，我不过尽可能多坐了一段时间。现在，我又是一名军人了……"

他的信念与骄傲犹在。他可以自如地谈及往事，不加任何美化。他以为之前的事业已彻底结束，他甚至考虑到英国去，"那里的人会怎样对我？会朝我扔石头吗？"所有英国访客都声称，英国是友好绅士的国度。他记住了这些话。

维也纳会议使他开始改变想法。四位国王合力灭掉了一个共和国，而今五个国王谋划着欧洲新秩序。共同敌人的消失使其内部矛盾凸显：俄国意欲并吞波兰，普鲁士觊觎着波旁家族亲戚的王国萨克森。到了新年，不久前还并肩作战的盟友分道扬镳：奥地利联合英、法对抗俄、普。

流放的皇帝注视着这一切。若会议破裂，机会就来了！忠心的马雷送来了维也纳的情报。联盟里的所有人都在忙于阴谋或庆功，唯有塔列朗依然警惕：他的间谍监视着去往厄尔巴岛的船只及乘客身份。两个对头隔海对阵，互相注视着。他们是否还记得，雾月十八日前夕，他们共谋政变的那个夜晚？

塔列朗的眼光的确够毒。他看出缪拉也是个威胁，于是建议将他与拿破仑一并放逐到亚速尔群岛。但诡诈的缪拉利用塔列朗的贪婪保住了王国，但要买下后者的封地贝尼凡特。一计未成，塔列朗又想劫持拿破仑。当拿破仑得知这一阴谋后，他加固工事，操练士兵，准备应战："想要放逐我？先打赢我再说！"

但敌人没有来。维也纳会议上的分歧渐渐弥合。但法国人民的不满日益加重。皇帝做出了决定。他认为：趁现在敌人联盟未稳，猛一冲击，便可瓦解。法国人对波旁王朝不满，对其后援——同盟各国更是痛恨。军队依然忠于我，而胆小的波旁王族定会逃跑。一旦我重掌大权，连我儿子都会被送回来。

他前所未有地冷静谋划着："我计划以勇敢的突然袭击震住所有

人。我给法兰西带来了不幸，我要拯救它。"

2月末，他命人将黄金财产秘密装箱，并悄悄辞退当地的仆从。当然，他不欠工资。次日，他命令所有船只不许离港。

启程前一晚，他还陪女士们打牌，但不久就起身去了花园。他母亲在无花果树下找到了他。略微迟疑后，他说道："我告诉您实情，您要保密，包括对波丽娜。"然后他郑重宣布："明晚，我将启程去巴黎。"然后，他又征求母亲的意见。

莱蒂齐娅心头一沉，她才享受半年的平静与天伦之乐！但她是既要强又明智的莱蒂齐娅，她知道无法改变儿子的主意："听从命运的召唤！上帝不会让你庸庸碌碌了此一生的。愿圣母保佑你！"

在岛上的最后一晚，他集合各部门宣布离开的决定。"我在这里过得很开心。我把母亲和妹妹以及这个宝贵的国家托付于你们，以示我的信任。"官员们深表遗憾。这一切就仿佛是一位贵宾在这个美丽的海岛上度过几个月的假期，到了该回去的时间了。

朝霞中，他登船驶向法国，带着1000名士兵和几门大炮。远处的科西嘉岛和厄尔巴岛渐渐模糊。而之后，晨雾中的法国海岸渐渐清晰。他想：

"最坏的结果不过失败和死亡。最好会怎样？全欧洲？别想了，欧洲联邦已不现实，欧洲各民族还无法接受。我要颁布宪法，让议会治理国家。独裁已成历史。军队会是什么态度？"

这个45岁的人已不足以撼动全世界了，但他也未老朽。在斗争与退却的矛盾中，他又靠近了那段熟悉的海岸。

十五、皇帝归来

　　阿尔卑斯山村的老人们不敢想象，在他们有生之年还能见证这样一个历史时刻，他们带着一家老小，对凯旋的英雄夹道欢迎。这仅有一千多人的队伍仿佛有着无穷的魔力，他们意气风发斗志昂扬，前方仿佛有救世主在召唤，能使得他们那样的义无反顾。是的，他们的将军就是他们的救世主——那个看起来近乎羸弱的人，帮助他们摆脱纪律涣散的状态，又率领着他们翻越重重险阻的阿尔卑斯山脉，摘取胜利的果实。

　　短短 10 个月时间，拿破仑想起走时和归来时的不同际遇，感慨万千。民众对他的怨恨只是暂时的，就像失败之于他一样。和他的威名一样留名千古的，是他们对他永久的信赖。

　　可是在他的心里还有很多问号，他不知道，最先遭遇的军队会怎么对待他们。虽然他曾经给过他们最真诚的教诲，告诉他们要对祖国效忠，可是时过境迁，他们拿着国王给的军饷，听着贵族们对他的谗言，还会一如既往地支持他吗？他怀着忐忑的心从海岸向内陆进发。当他离开戛纳时，左边的昂蒂布炮台映入眼帘。他对那座围着栅栏的高塔印象深刻，当年罗伯斯庇尔垮台后他一度被囚禁在那里。他明白，明天，将是最关键的一天。

　　在拉缪尔，他遭遇了第一支国王的军队！他们奉命彻底消灭拿破仑。面对这些忠诚的勇士，他竭力忍住内心的不安，跳下马走到队伍前面，敞开了他的大衣向他们喊道："第五军团的士兵们！你们还认得我吗？如果你们受命置我于死地，我不会阻止你们，来杀我吧！"

　　这无疑是个赌注，伟大的皇帝在面对虎视眈眈的的老部下们时，宁愿去相信他们还愿意追随他。周遭一片寂静，不可预知的未来。

　　他目光如炬，眼神看向哪里，往事就仿佛穿越时空一样在这些士兵们的面前一一上演。曾经的生死与共，让他们的心又连在了一起。两方面士兵一齐高喊着"皇帝万岁！"不约而同地站到了一起。他的判断是对的，在他最需要人心归顺的第一次机会中，他用自己的实际行动取得了阶段性的胜利。

　　继而，他的宣言又在格勒诺布尔上空激荡："我挚爱的法国人民！我又回来了！巴黎的沦陷，让我们所有人吃尽苦头。我知道，在我被放逐的时候，你们当中一定有人对我有过责备，埋怨我为谋求个人安逸而放弃对祖国的责任。错！这不是事情的本质！这期间，我从来没有一丝一毫动摇过为你们服务的信念，我卧薪尝胆，为祖国事业奋斗终身的意志历久弥坚。今天，我站在这里，誓将捍卫我们的权利！

　　"士兵们！我要告诉你们，失败只是暂时的，胜利才是我们的主旋律！我很遗憾我们中出现了叛徒，致使我们的中坚力量瘫痪……可是，历史不会重演！请相信我，你们曾经无比爱戴的领袖，他将重整旗鼓，带领你们为祖国的利益再次战斗！我需要你们团结一致！高举我们的鹰旗，向我们共同的敌人，开炮！我们有必胜的决心，它将引领我们前进！我们的鹰旗终将穿越每一个教堂，最后在巴黎圣母院的上空迎风招展！"

　　皇帝万岁！演说空前成功！军队从各方面涌来，士气愈发壮大！

　　"内伊呢？"没人回答。"在国王那里？"

　　是的，那个曾经在他们从俄国撤退时走失的，他宁愿舍重金去换取其性命的元帅内伊正坐在国王身边，做着国王的得力助手，在要消灭他的老上司的呼喊声中，向国王表着决心。可如今，在越来越高涨的群众呐喊声中，他渐渐地又看清了目前的形势，继续侍奉国王已不可能。他让部队又戴上了三色帽徽，并让人向皇帝转达，他将为自己的行为写一份书面辩解，但皇帝念及旧情，对他表示了极大的宽容。

可当内伊又出现在皇帝的面前时，他那苍白的脸色，他那结巴的话语，不禁令皇帝想：曾经的爱将也不过如此。

投诚的近卫军中也不乏见风使舵者，他敬而远之。唯一人例外，这个人一直将逃亡的波旁王室护送至安全地带，其忠诚的态度值得别人的尊敬，只是他追随了错误的人。拿破仑并不介意，他召见了这个士兵，并亲自给他颁发了荣誉勋章。

拿破仑一行继续奔波在向首都进军的路上，队伍愈发声势浩大，似乎有着无法阻挡的气势。虽有这样的人心做底气，但他的发言却越来越趋于平和："战争已经到了收尾阶段，和平和自由的时代即将到来！现如今，我们首要的任务是捍卫我们胜利的果实，信守与欧洲签署的各项协议，努力营造一个祥和的氛围，使得人民的生活不再被战争的忧患所干扰。攘外必先安内。"

这无疑让民众无法理解，人们在怀疑他的真诚，而他也只找到一个可以听他做出这样政治解释的人：在人民充分享有自由的同时，他亦须保有正当统治所必需的权力，不能有无政府主义。

说话间他已决心亲自巩固他所开创的无政党统治的民主的基本理念。他是如此迫切渴望巴黎的气氛，但他又抑制不住地想要为他曾经所遭受的报复行径以牙还牙地报复回去。当他听说奥坦丝被封为女公爵时，他表现得极为平淡："她应该自称为波拿巴夫人，这比其他称呼都宝贵。"

他似乎已经被新时代的风气拂过，连话中也饱含了这样的意味。假如他真的称自己为波拿巴，实行了他此刻应该要推行的政策，他现在就可以被拥护成法兰西的国王。而今，他再度成为权力的拥有者，在万事俱备之时，他能一如既往地根据形势变化进行统治，那么，他仍将证明自己的王者之气。前方一片坦途。

通往巴黎的道路同样一片光明，他已然赢得了大多数人的支持。就在皇帝距离首都还有40小时路程的时候，国王狼狈逃往英国。他们并没有把他逼向绝路，只是截留了他的财富。这已是个传奇，皇帝从登陆到抵达首都只用了 20 天！新闻界这只温度计深刻记录下了这辉煌的一幕幕，以此载入史册流芳千古。

踏上杜伊勒利宫的台阶，站在权力的制高点上，拿破仑唏嘘不已——向巴黎进军的过程太完美了。以完美的落幕来配合时代英雄似乎是无可厚非的，但后续未必会如此。在这座最终决定其命运的城市里，他遭遇了道德上的抵抗。他明白，这座城市有它自己的劣根性，它曲意逢迎，并没有真正地被他征服。但不管怎样，事已至此，他必须有所行动。

就在拿破仑戛纳登陆后的第八天，筹办庆典的梅特涅收到消息：皇帝从厄尔巴岛消失了。

人们争相告知。对于拿破仑地位的讨论呈现白热化。施泰因男爵第一个站出来提议宣布法律不再保护拿破仑，这个显而易见充满了报复感的提议竟赢得多数人的赞同。世态炎凉！在最关键时刻，就连他最疼爱的妻子路易丝也与他划清界限，他已然成为"世界和平的敌人与破坏者，他将受到公众的普遍制裁"。

他第四次成为众矢之的。前三次他都一一化解了，这一次，他没能逃脱命运的诅咒。他仍然将希望寄予哈布斯家族。他写信给妻儿，给岳父，他在信里表述衷肠，"我那么义无反顾地要重回故国，主要就是为了与妻儿重逢——他们时刻触动着我心中最柔软的地方。今天我所做的一切都是为了巩固我的江山，只有它建立在不可撼动的基础之上，在将来的某一天我才可以放心地留给我的儿子。我寻求和平相处之道，正是基于这样的一个目的。"

英雄末路竟是如此凄凄。他的真情并没有打动妻子，她带着他们的儿子转而投向了另一个男人的怀抱，却留给他一纸被剥夺所有权力的判决。正是这个禁令，将拿破仑第二次推向了毁灭的深渊。

十六、百日王朝

波旁王朝在招贤纳士方面还是做出了很大投入的,以致掌权者归位时他们都会很心悦诚服地追随。可如今面对拿破仑的归来,少数人还是表现出了迷茫。不善于笼络人心的拿破仑识趣地为自己扣上微笑的面具,一场针对官员的整顿运动拉开了帷幕。

拿破仑首先将与其一起流放的人官复原职,而那些见风使舵者则根据其具体情况予以处置。此前是否有实质性叛变的言行成为他们这次能否被皇帝再次接受的主要依据。有人留下了,有人被遣走了,胜者为王败者为寇。但无论时代如何变迁,面对君主时选择怎样的立场依旧是众臣最难以抉择的事情。

拉普也来了,皇帝怎么能拒绝得了他,这个人忠实可靠,骁勇善战。他之所以投奔国王,主要是因为责任感,而非出于利诱。拿破仑给他副官一职,并让他两个月后去迎接他的妻儿。

内伊的情况比较复杂,虽然他从拿破仑回来的第一天就开始为他效力,但他依旧不能确定主子的态度。他诚惶诚恐,辗转反侧。几天过后才以卑微的姿态来向皇帝说明情况,他的语无伦次激怒了皇帝,使得他两个月后才重返战场。

这些拥有钢铁般意志的军人,现在饱受精神上的折磨,游走在责任与情感的边缘地带,苟延残喘。他们的皇帝看起来很难取悦。

可怜的贝尔蒂埃,他的主子还在期盼他的时候,他却在近乎绝望的犹豫中选择了从阳台上纵身跳下。战争没有夺走他的生命,他却在忧愁中将一腔热血洒在了自家门前的碎石地面上。

这场行动依旧马不停蹄地进行着。施泰尔夫人写信来了,这个女人试图以自己的职业为诱饵来要回法国对他父亲的债务。真遗憾！她的小心机让她不仅没有得到那 200 万法郎，连同她的英名也在历史的长河中受损。

马尔蒙和奥热罗这两个人怎么办？聪明反被聪明误，他们执意将国家出卖给敌国，理所应当受到相应的惩罚，他们与逃至维也纳的塔列朗一样被剥夺了公民权。

富歇也回来了。他继续被委以重任成为警务部长，但他却利用这一职务继续背叛主子。当富歇暗通梅特涅之事被揭发后，皇帝将这个叛徒一通大骂，却没有进一步的处置。这个拥有过激思想的人，实际上想建立一个以自己为首的共和国，却以失败告终。

出人意料的是，拿破仑竟然将他的一个宿敌本杰明·贡斯当拉拢过来了。这是出于他要实施议会统治的目的，他需要这批 1813 年的民主派人士。15 年未见，他们依旧保持着高度的默契，他们对目前的形势进行了深度的剖析，拿破仑也对此作出了长远的打算：

"我深知，我处在怎样一个位置，我手中现有的权力已不足以掌控局面。我需要建立一个符合民意的政权，这需要给予我的人民各项自由的权利，而权利的赋予需要编制宪法来支撑。通过战争来扩充疆土势必会导致血流成河，这是我不想看到的场景。与其牺牲我的人民，我宁愿固守法国这一块领土。这是我所能看到的最好的未来。"

他的目的很单纯，只想成为法国国王，这从他正在着手的事务中可以得到证明。他意识到，一个新的时代已经来临，施行民主势在必行。

皇帝开始以更加坚决的姿态来治理他的国家。他深谙流亡贵族的危害，下令取消封建爵位，摒除了那些曲意逢迎。革命精神重焕光彩，甚至犹胜他过去十余年的统治。

接下来，宪法的颁布充分体现了拿破仑渴望民主的决心。但是后面的"宪法附加条款"以及盟国对拿破仑的宣战让民众再次感觉被愚弄，仿佛到手的和平马上就要被打破。

在大家都需要和平的时期，盟国的宣战决定只能表达各国君王的意愿，却不是各国人民的心声。至于剥夺拿破仑各项权利的决定，那只是哈布斯堡的报复举动罢了，并没有从根本上毁掉拿破仑的权力。法国人民一开始还是支持他的，只是当各大国都表示反对他时，情况才出现了逆转。

征兵告示已经贴出，但是响应的却没有几个，这让他感觉到了无助。权力变得岌岌可危。皇帝再次陷入信任危机，变得脆弱不堪。

人们发现他已经不再活跃，身体也呈现出老人才有的种种迹象。这样的转变来得太快，距离他回到巴黎只有四周而已，他已判若两人。

亲信不愿意看到他为情所困时候的样子，那个时候他完全不像一个英雄，他拿着从维也纳来的信，蹲坐在火炉旁，意志消沉，沉静中迸发出强烈的痛苦，重返巴黎时一路支撑他的那种信心似乎一去不复返。他对儿子的思念之情也表现得淋漓尽致，却只能从别人的口中去探听他的一切。

事情的演变已经不在他所能控制的范围之内。来自外界的威胁也无法让他更好地去实践他所提倡的民主自由。尤其在维也纳会议做出决议之后，拿破仑看到了战争的威胁正在临近。严重的危机感让他被迫暂停民主的实行，转而开始扩军备战。

就这样，一场伟大的革新在犹豫不决中走了几步后就戛然而止。毋庸置疑，贡斯当创作的 67 条宪法条文还是包含了前所未有的民主因素，甚至成为整个 19 世纪的楷模，它赋予了各阶层空前的新权力。除了两点拿破仑都同意，但是他还是强制实施了自己的两个条例：第一，在获得一至两次军事胜利之后，贵族后嗣可获得世袭的特权；第二，拿破仑拥有没收权。

这两点和"附加条款"一样都在群众中引起了轩然大波。没人关心这位领袖的决策会给法国日后带来多大的积极影响，他们只关心摆在眼前的利益。民主人士开始口出怨言，甚至有大胆者上前谏言。曾经支持他的公民在参与投票之时均保持了沉默。

在战争和自由间，拿破仑自主地选择了后者，他深切地意识到了新时代的要求，却失去了跟人民代表进行协商的时机。

失败的伏笔就此埋下。

十七、兵败滑铁卢

风光旖旎，绿草萋萋，这本是一个很普通的春日的清晨，但是这个日子，因为拿破仑皇帝要在迎战盟军前宣誓忠于新宪法而变得与众不同。所有人争相拥向五月大校场，这块地处巴黎郊外的草地沸腾了。

皇帝一行已经在路上。几天之后，他将重新率领部队为皇位和国家而战。他会以怎样的情形出场呢？会如他们盛传中一样，穿着他们都喜欢的绿色制服现身吗？人们翘首以盼。但眼前的情形让他们无所适从，仿佛童话故事再现。他们的皇帝着一身白绸华服，头戴鸵鸟翎帽，外披加冕斗篷独自出现了。没有妻儿的跟随，他显得额外的孤单。

盛大的弥撒典礼过后，新议长带着质疑走到了皇帝面前，"我们相信您的誓言，议员们将会在日后呈给您一份与宪法相符合的法律"，短短的话语，字字玑珠，敲在了皇帝的心上。皇帝宣誓后，尴尬随之而来，像广大民众一样，士兵们也觉得这位皇帝很陌生。在他们心里，更愿意追随那位身着绿制服的皇帝，所以欢呼声并不响亮。

一周后的议会也超出了他的掌控范围。发言中，他尽量避免提及在五月大校场大会上的不和谐，却依旧无力回天。上下院的人在作出相应承诺的同时，还是对他提出了警告，他气得浑身发抖却只能强颜欢笑。

周围的人也开始变得阳奉阴违。他们向他表达了自己的忠心，私下里却依旧我行我素，争相追逐利益。奥坦丝非常了解她的儿子对拿破仑的重要性，所以她带着儿子来了，并理所当然地得到了她想要的一切——作为拿破仑的侄儿，他成了王室的继承人。冥冥中，命运似乎对拿破仑的皇朝幻想嗤之以鼻，却仍然默默看着他想怎么收场。

明天，他将要再赴沙场。他暗自祈祷，希望战争在这以后永远地落下帷幕。皇帝跟卡尔诺透露了作战计划，卡尔诺劝诫他等到援军到齐再说，现在军队的力量还不足够强大，可以在这个阶段做些筹备工作以增加胜算。但是拿破仑却迫不及待想要打一场漂亮的大胜仗。

他深知，在战斗力方面他没有十足的把握，若要仓促转为斗争形态，风险太大。一个他认为行之有效的作战计划应运而生：不给对手会师的时间，分而歼之。

他真的这样做了，一如当年波拿巴将军初次对阵奥地利和意大利时的战法。

所谓知己知彼百战不殆。在过去的二十年里，他的敌人们深谙他的作战方式，而他却在这二十年中过度消耗了自己。优柔寡断不但在速度上阻碍了他的军队，最为悲哀的是，在首战告捷之后他并没有乘胜追击布吕歇尔，而是拨出一半军队给内伊去对付英军。可想而知，当遭遇普鲁士军队时，他已经来不及召回内伊，对方很容易就将他击退。

就在同一天，拿破仑的另一半军队却在里尼打了个胜仗。可他同样迟钝得并没有立即追击，等他派出追兵时却为时已晚，高估自己低估对手使他平生第一次遭遇战败。

这位年事已高的统帅已经无法当机立断地作出决策。滑铁卢战役的那天，他的进攻从凌晨4点拖延至中午。他已经开始慢慢品尝到要被摧垮的滋味了。

他骑马登上一个小山丘，这个山丘拥有一个还算美好的名字——美好的同盟——却不是针对他。他迅速将部队分成3个方阵，并发表演说激励士兵冲破敌阵，他要直取布鲁塞尔。

到了下午，战斗进行到中段，有消息称，布鲁士的军团正在挺进。皇帝顿时面色苍白，立即下令让格鲁希撤回。期间，他用骑兵向英军的中央阵地发动猛烈进攻，但英军异常顽固。比洛的军队已经开始射击。保证退路的畅通成为首要任务，否则，会遭受灭顶之灾。时至下午5点，英军半数已被消灭。这时候如果让老近卫军参与战斗，也许还有全军撤退的机会。可皇帝在这个关键时刻又退缩了。他过于谨慎地误判对面普军的第二军团已经开始进攻。

这注定是一场可以预见的失败。

直到下午7点，他才派上了5000名老近卫军士兵迎战。老近卫军上场一开始就遭到普鲁士第二军团的猛烈炮击。就在他们节节败退的同时，敌人的优势兵力还在不断增加。8点，普军的第三军团出现，12万盟军对战人数只有其一半的法军。法军溃不成军。拿破仑在他战争生涯的最后一刻成了一个落魄的将军，流于四处逃窜的命运。

巴黎作为他力量再生的源泉，一直支撑着他前进。他强忍着身体的伤痛，算计着可以动员到的兵力，以期阻止敌军前进的步伐。他给巴黎发出了最后的命令——"勇敢！坚定！"

两天后，他回到了爱丽舍宫。整个战役像萦绕的一场噩梦。仅仅9天，他就失去了用了9年才赢回的帝国。

十八、再度逊位

外部战争刚刚告一段落，但是整个法国内部却弥漫着一种动荡不安的气息。内阁和国会之间出现了意见分歧。拿破仑心力交瘁，但依旧在做着最后的坚持。他要求独裁，他需要行动的完全自由。吕西安是支持他的,他督促皇帝解散议会,宣布巴黎进入紧急状态,运用一切的武力,集结所有队伍拯救法国。反对方也清楚地表达了他们的意见,军务大臣拒绝将残余部队交给皇帝,而此刻的议院也传来消息,任何宣布解散议会的企图均将被视为叛国罪。

领导者之间的矛盾直接影响到人民的情绪。人们呼吁让皇帝和内阁大臣出席议会。皇帝的阻止已无济于事,他只有授权吕西安和其他部长到下院游说,却依旧阻挡不了呼吁他退位的呐喊声。

会议还在进行,皇帝和贡斯当在花园里不安地踱来踱去,他有些抑制不住:"人们只知道急于让我退位,可是后果谁来承担?现在法国处在为难之中,任谁都不可能掉以轻心,他们却在这个紧要关头要将我推翻。殊不知,我也是敌人要进攻的法国的一部分。牺牲我对他们有什么好处!兵力的缺失我可以用工人来弥补,他们会随时响应我的号召。"

这时街上很应景地传来圣安东尼区工人们的呼喊声:"皇帝万岁!"他的心受到了激荡。至今,面对这样不堪的形势他依旧用谨慎的态度为他的决定作出了解释——拒绝在最后关头使用武力来镇压反对他的人。

他的让步带来了一丝光明,议员们表示愿意进一步磋商。卡诺尔在这个时候站上了讲坛,义正辞严地为他效忠的皇帝做最后的演说:"拿破仑是打了一次败仗!但是此刻我们依旧需要他,并且也只有他才能做我们的领袖,带领我们击退外敌!如果战胜之后他依旧想要独裁,我们就把它送上断头台。"

这次陈词并没有挽回局面,议员们不愿意有人再成为战争的牺牲品。会议最后,拿破仑的政治生涯宣告结束,而他的儿子将成为拿破仑二世,两院成立摄政团来辅助幼主。事已至此,议会的情绪也逐渐趋于平静,他们甚至还派了个代表团来感谢他。皇帝真诚地对他们说:"我愿意退位只是为了国家的福祉和我的儿子。但我依旧担心,国不可一日无君，法国的自由和幸福，必须在我的皇朝的统治下才有可能。"

就在他说这番话的时候，有人在暗中觊觎着他的皇位。以富歇为首的一批人成立临时政府，而非会上提出的摄政团。富歇在他的公告中对"拿破仑二世"的字眼只字未提，他的野心里只有"国家"。这一切都逃不过皇帝的眼睛，但是他选择了沉默。他曾经为之奋斗半生的王朝，现在已经遥不可及。

在大量群众涌向爱丽舍宫要求独裁的时候，他悄悄地离开，去了马尔梅松。两天的时间，他在这座约瑟芬的庄园里，像做了一场梦。仅存的几个忠于他的人陪伴着他：他的母亲、奥坦丝、科兰古、拉法莱特、吕西安，还有约瑟夫。再过几天，他即将离开此地，他希望有他们的陪伴。这只是他一厢情愿的想法而已，除了年迈的母亲，没人愿意和他一起走。他决定自己一个人离开。

临行之际，突然，熟悉的声音在他耳边响起。炮声从远处传来，敌军正在逼近巴黎。军官和士兵们惊慌失措，他们聚集到一起，将这个消息告诉给了皇帝。震耳欲聋的炮声将他的心灵从沉睡中唤醒，当他从士兵口中得知敌人有两个纵队，他依稀感觉到大炮离自己越来越近了。迫在眉睫，他当即作出决断：各个击破。他写信给临时政府的掌权者们：

"大难当前，我请求你们给予我主帅一职。士兵们需要我带领他们打一场完美之战。我意在保护祖国而非个人利益。我以个人名义向你们起誓，战争之后我会自动请辞。"

周围充满了死亡的气息，拿破仑希望当政者还能明白事理，他呈上这封伟大的信后并没有离去，而是焦急地在花园里等待消息。

富歇对此不屑一顾。他甚至懒得给那个昔日他所憎恶的皇帝一个答复。拿破仑明白他的意图，默默地回去收拾行装。

如果有了他想要的战舰，他就可以辗转去到美国。可这个计划因为达不到预期而一直被搁浅。

时间在这个时候对他来说更像是把出鞘的剑，多一分停留便多一分危险。威灵顿要求交出拿破仑，议会内部对此持肯定态度的也越来越多。命悬一线，拉法莱特急了，他要求皇帝马上动身，顽固的皇帝因为没有政府对舰长下的命令而执意不肯，逼得他只有去找临时政府的官员，却无果而终。反复的规劝之下，拿破仑终于决定动身了，他告别了他的母亲，驱车赶往罗什福尔港。一路上，他仍旧没有失却对法兰西的顾盼，他缓慢地前行，期冀在最后一刻，他可爱的巴黎，还有人召唤他。

　　一路颠簸，他最终到达了港口，登上了一艘往美洲运送烧酒的双桅船。他突然又变得踌躇满志，前面他要去到的草原，似乎遥寄着他对新生活的梦想，那里将是他展开新征程的热土。

　　那仅仅只是一个梦想。他只看到了这过程，却猜不透上帝会给他怎样一个结局。他已不再年轻，老人有的迟钝、疑虑他现在都有，这使得他在整整十天之后才坚定信念做出最后的决定。

　　皇帝正向一个小岛进发。他的新亲信连同海军训练学校的实习生帮他出谋划策怎样将他带走。自尊心作祟，他反复权衡之下并不太欣赏这些为他设计的冒险计划。有人主张他去统领南方部队，那里的局势比较乐观，有助于他开展军事反政府计划。他表示不想成为国家内战的导火索而让计划流产。

　　此时，波旁家族在盟军的支持声中再次踏上了法国的领土，他们乘坐的船只与一艘英国的巡洋舰不期而遇。重返巴黎已不再可能，港口也被封锁。进退两难。

　　他用惯有的法国人的思维方式思索了一番后，给英国摄政王去了封信，以期用他的情真意切以及决定结束政治生涯的雄心，来换取一个在英国安身立命之所。在他看来，作为胜者，不能赶尽杀绝，是应该大度地给失败者一个生还的机会的。

　　他登上了英国人的军舰，并与对方舰长达成了一个口头协议：拿破仑将在英国受到合理的待遇。虽然他并不相信一份口头协议能有什么切实的保障，但他已经没有时间等待来自伦敦的终极答复了。

十九、被英国流放

拿破仑站在甲板上向舰长梅特兰脱帽致意，然后以一种历史评判者的姿态评论了英法海军的不同之处。他是懂得礼仪之道的，自然先是对英国的海军做出了很正面的评价，然后话锋一转，话题偏向了自己更为在乎的方面。

他一直想不通，他的军舰那么完善怎么还会败给英国，梅特兰给他的答案似乎让他心悦诚服：他们没有经验丰富的水手。水上战争，武器固然重要，人为的操作更是胜利的必要条件。

随后拿破仑参观了船上的大炮，虽然偶尔也会提出一些批判，但更多的是对目光所及之物的称赞。其专业知识之丰富让舰长感到钦佩不已。

船只在一个 7 月的早晨驶进普利茅斯港，已经有很多人乘坐小船泊在那里，要一睹沦为囚徒的昔日英雄的风采。

拿破仑并不想被人观赏，在他内心升腾起的，只有对重获自由的渴望。他慢慢地走上尾楼，身上依旧那身戎装，因痛苦而显得神色凝重的脸上带着独属于他的威严。奇迹在这一刻发生：所有在等待看他的大不列颠人民向他脱帽致敬。人们无法不对这位伟大的人物表达敬意。

大不列颠民族以行动给出了对这位伟人的评价，但却不曾想到英国政府以拿破仑的到来极可能扰乱欧洲的和平为理由，认为他在英国的个人自由理应受到限制。他们将会把他遣送至与世隔绝的圣赫拿岛上，安排 3 名军官、1 名医生和 12 名仆人照顾他的饮食起居。

拿破仑被英国政府的行径激怒了，但他抗议的言辞不足以换取他人身的自由。在这个小小的船舱里，他的命运已被改写。英国人甚至拿走了他的行李和金钱，在饱受屈辱的 10 天历程之后，遣送他的船只拉着他驶向未知的远方。

那是 8 月的一个清晨，拿破仑最后一次透过稀薄的晨雾望向他熟悉的祖国的海岸，只是那些美好的事物再也与他无关。

回首来时路，轻舟已过万重山。一个传奇就此结束。

第五章　岩

末日审判之时，英雄拿破仑立于上帝面前。撒旦历数波拿巴家族的条条罪名。王座上的圣父抑或圣子大声喝止：莫再如德意志教授般唠叨控诉！若无胆气去与他抗争，就不要妄想能够将他关进地狱。

——歌德

一、圣赫勒拿岛

平缓似镜的海面，嶙峋的岩石上，一个肥胖腿短的男人背手而立，透出一种深深的寂寞感。他的牙齿齐整，双手经过了持久而精心的保护，从不沾墨水，需要批阅文件只用铅笔。脉搏从没高过62，胸部健硕得像丰满的女士。这强壮的体魄能支持他连续坐上100个小时的马车，或者是纵马狂奔上5、6个小时。他是如此的充满活力以致于行为显得有些怪异：当感觉办公压抑了，他会策马狂飙60英里或者花一整天的时光耗在打猎上，但是在恣情之后又要干上24个小时。

他解释过自己保持精壮秘诀："我生来被赐予了两项天赋：随时入梦和合理饮食。我从不偏食，也未曾毫不节制地吃喜欢的东西。许多人暴饮暴食，结果可能生病。"他的生命中充满征战和内阁议事，许多平凡的条件对他来讲却成为奢侈的享受，"水、空气和清洁是我最好用最重要的药品。"

他不肯接受一丝一毫的束缚，如果外套或者鞋子不够舒适，他就会马上甩掉，然后给仆人一个耳光。穿朝服的时候，他往往非常烦躁。有时候他会无故地推开早餐，踢开椅子，在房间里来回疾走，甚至自言自语，或者大声发出命令。他的所有手迹都像是在手处于剧烈痉挛的情况下所写的，也许他是用这种极速来让书写跟上他的思路。在对英国作战的时期，他曾与四个秘书一起工作了三天三夜，然后在浴缸里泡了六个小时，这期间他还口授了命令。

正是由于这些野兽似的行为才有了拿破仑有癫痫病的传说，这是无稽之谈。他的一生是放在显微镜之下的，可以证明他患有癫痫病的材料应该很好找，然而事实是没有。当然长年征战对身体的破坏是显而易见的，年近40之时，胃病还是找上了他，虽然胃病应该是来自于遗传。戎马生涯的最后三年，每到关键时刻，胃部的剧痛就会扯他的后腿，如果没有胃病，也许拿破仑的兴衰史会改写。

二、自信的性格

拿破仑说过不少冷冰冰的话："我与常人不一样，道德和习俗对我没有约束力。""我深信，当今之世，除我以外，无人能治理法国，如果我死了，将是法国的巨大不幸。"侵俄失败后，有人问他谁能庇佑他，他回答："我的名字。"

对于人们关于野心的评价，他的挚友罗代莱是这样表述的："我没有任何野心，如果非要说有，那也只是天性，如同我血管中流淌的血液一般，但是这种野心从未要求我压过同侪。这种野心并不会不断鞭打我前进，它和情势是相符的。"这种天然纯粹的野心其实是深深植根于他内心深处的权力意识，这也是他生来爱发号施令的原因。"不管在什么地方，我都要控制一切，不然别指望我说一句话。"

这是一种天然的威严，他的好友写道："只要他讲话，别人都要侧耳聆听，而他也总能说得头头是道；一旦他缄默，没人会打破沉寂。也许大家都明白我们之间横亘着一种伟大的思想，令人不敢同他狎昵。"他的一生有四分之一的时间都花在谈判上，作为27岁的年轻将军就能让所有接触过的人心生敬佩。

强烈的自信让他从不讳言自己的错误，他也乐于倾听真话。与人们想象中的嚣张自负不同，实际上拿破仑总是说，明天自己就可能吃败仗。马尔蒙曾经被拿破仑公开谴责为叛徒，但他仍然可以说出自己的真心话，他在自己的回忆录里说："……即使诉苦的人说错了话，或者流露出不该有的表情，他都不介意。他会站在对方的角度考虑他们的请求，很多时候都不需要对方开口，实际上，他待人是非常宽容，也是充满同情的，看到悲哀的目光也会难过。他愿意听真话，即使他的内心并不一定接受，但他的耳朵总是愿意听真话。"

拿破仑是那个时代最伟大的心理学家，甚至能够洞悉自己的一切性情，并把这些本能变成理性的选择。有一次，他教导弟弟荷兰国王路易说："帝王之道是建立威严而不是过分赐予……帝王享有的爱戴必须是一种博大的爱，能让民众敬重、畏惧和仰慕。"这种威仪在他身上一点也不显得矫揉造作，他总是能做出激情澎湃的演讲，他对自己的成就了然于心，却总是对褒扬付之一笑，有时候是军人的粗犷，有时候是政客的优雅，一切表情都意味深长。

但是有些时候拿破仑又有些过于率直。有一次，他派遣大使去圣彼得堡："既然我们的俄国皇兄喜爱奢华和游宴，那你就替他的钱找些发泄的地方吧。"这些言辞常常令权贵们尴尬不已，在德累斯顿众王聚会的宴席上，他一开口就说道："当我还是一个不起眼的中尉时，"全场惊愕，所有人都低头看自己的盘子，他只得清了清嗓子，转而说道："当我有幸成为瓦朗斯第二炮兵团的中尉时……"还有一回在提尔西特，他直截了当地向沙皇问道："您每年的糖税收有多少？"对于贵族和帝王来说，帝王只应索取钱，但从不会提钱，这个问题让在座的人全都尴尬不已。

他的爽直性格还体现在气量上，这一点尤其难得。他赞扬攻击过他的夏多布里昂。在他执政期间，他总是宴请敢于直谏他的人。曾经有一名被俘的俄国将军说出了莫斯科大火的真实情况，这挑起了他的怒火，但拿破仑最后还是握着将军的手说："你是一位真正的勇士！"

最能表现拿破仑气量的经历，也许要回溯到1813年魏玛总理冯·缪勒抗谏盛怒下的拿破仑。在这个关口，两名枢密官用密码通信被截获，连同缪勒一起被召回。恼羞成怒的拿破仑扬言要火烧耶拿城，并枪毙那两名枢密官，缪勒言辞激烈地抗辩，甚至胆敢不由自主地逼近拿破仑，同样激动的皇帝的手几乎要拔出佩剑。沉默了一会之后，拿破仑说："你很大胆，但是个不错的朋友。"后来，他释放了那两名枢密官。

拿破仑具备一种与生俱来的尊严，胸襟广阔，又不受屈辱。然而这种尊严也是他的最大弱点，对拿破仑来讲，荣誉感正是他最薄弱的软肋。"如果法国人民准备在我的统治下获益，那也要容忍我的弱点，我最大的弱点就是不能忍受屈辱。"他也曾斩钉截铁地说："我可杀而不可辱。"他可以蔑视法律和道德，但却绝不会抛弃荣誉，对于荣誉他是极度敏感的。当国王热罗姆汇票遭拒付时，拿破仑不顾身份地训斥道："必须还清债务，就算是卖掉你的钻石、饰品、家具、车马，荣誉是至高无上的！"

可以说，拿破仑对于荣誉的渴求已经到了偏执的地步。在布里埃纳上学期间，曾经有一位瞧不起他的德国教师，直到放逐圣赫勒拿的途中，他还曾说到："我真想知道，波利先生是不是还认为我没有出息。"崇尚荣誉的心态连带地导致了他对良好社会风气的推崇。拿破仑早年并不重视道德，但这不意味着他放弃过自身的修养，从未有人听过拿破仑说过甚至是开心地听过一个猥亵的笑话。他任执政之后，立即禁止约瑟芬与她的那些昔日风流女友往来。多年之后，当他知道约瑟芬见了塔丽昂夫人，马上写信责备她："这是个带着 8 个私生子嫁给一个倒霉蛋的荡妇，我瞧不起她，我也不想听你的任何开脱……"他在封贝尔蒂埃为伯爵的同时，附加了一个非常私人化的要求："你已经 50 岁了，但是也许能活到 80 岁，收起你那些荒淫风流的日子，把最后 30 年留给合法的婚姻生活。"

梅特涅和施瓦岑贝格早有资格获得荣誉军团的大十字勋章，但是因为贵族军官的身份，拿破仑一直拒绝颁给他们，直到有一天施瓦岑贝格住宅起火，两人舍命救火，拿破仑对他们的看法才有所转变并最终颁发了这一殊荣。

他不但对贵族心存偏见，而且一直在淡化门第限制。一次，有人追封他的意大利先祖，他骂他们愚蠢。有一次在维也纳，梅特涅把编好的托斯卡纳·波拿巴家族的家谱拿给他看，他说："把这破玩意给我拿走。"事后，他说："我无法容忍把我视同国王，这是一种侮辱！"

如果仔细分析拿破仑，我们就能发现他的尊严、自负、威仪等等气质的终极体现形式是报恩。这并不是出于仁慈，而是出于优越感。凡是有恩的人，他必定施以厚报，欠下人情对他来讲是一件痛苦的折磨。在政治上，他绝不利用任何党派，也因此绝不受任何党派牵制。在他掌权之后，任用了一批少年时代的朋友和军校的同学，甚至请原来军校的校长退休后担任马尔梅松的图书管理员，而实际上那里一本书也没有。当年学校的门卫成了他的乡间别墅的看门人。

他的宿敌马尔蒙曾经说过拿破仑"有一颗感恩、仁慈、重感情的心"。在加冕礼上，他对罗德雷说："我不会为了仕途顺利而抛弃糟糠之妻，我首先是一个正直的人。"同时，他在给约瑟芬的信中也说："忘恩负义是人类最大的弱点。"

总的来说，拿破仑是复杂而矛盾的，并且，他的思想在后期发生了转变。"我要做帝王们的布鲁图，做共和国的恺撒。""我不知何为贵族，我只知道我放走过一批贱民；我不知何为贱民，我只知道我扶植了一批贵族。"这样的话，早期的拿破仑是绝不会说出口的。

"我来自人民，我和民众血脉相连……贵族的本性是冷酷无情的，他们不懂什么叫宽恕。"这番话也许道出了他的本性，然而却远远不足以完整地表达他的思想。他唯功而赏，也会把荣誉军团的绶带挂在小儿子的摇篮上；他淡化门第，但又会让塔列朗告诉西班牙废帝称自己为陛下。所以，他也是有缺点的，他的可贵之处正在于能认清自己的缺点，并且能克服大部分缺点。任执政之后，他曾经在犹豫不决之后突然醒悟："我何必要在意别人的看法呢，我应该明白地告诉他们，我无所谓。"

但是拿破仑也有根本克服不了的问题，最大的问题莫过于王位的继承和法律程序。为了维护王权的正统性，他几乎陷入了一种自相矛盾的境地。一方面，他"不允许毁谤我的前任"，表示要对旧君王的行为负责，这正像是君权神授的观念延续；另一方面，正是他逼迫了旧君王的退位。

地位、身份和世袭问题困扰了他的一生。他曾与罗德雷有着如下交流："你们参议院没有贵族情结，对帝制也缺乏忠诚。""可是，陛下，它忠于您。""这不够，它还需要服从我的衣钵。这件皇袍必须能保障穿着它的人。而你们根本保证不了这一点，你们只是一群空口理论家。"子嗣和出身是拿破仑永远无法解决又永远绕不开的两件事，于是，他寻求正统王室和他联姻。

"我的身份特殊，有人试图把我的家谱回溯到洪荒时代，有人则证明我出身卑微。波拿巴家族虽然不够显赫，但也是科西嘉岛上实实在在的名门望族，无论怎样也比那些纨绔子弟高贵得多。"很明显，他是贵族，但又不是真正的上层贵族；他算法国人，但又没有法国血统。他虽然征服了这两者，但对任何一个都不放心。法国就像是拿破仑的情人，显然并非是他的真正妻子。可以说，这样微妙的关系早已经铺垫好了悲剧的收尾。

拿破仑自己看不到自己身上的这两种局限，即便看到了他也无法调和，他依然保持着自负，虽然是以悲剧收场的。"我希望来生能成为自己的子嗣，这样就能读到诗人们对我的评价。"他政治上那敏锐的嗅觉和天生的统筹力来自于历史和想象。他作过许多关于古代和现代的评论，这也折射了他对现实的态度。他还设计了八块刻有自己显赫成就的石碑安到凯旋门上，上面只记载历史事件，没有任何评价，更无自吹自擂之处。这正是他对历史的变相自负，他曾邀请世界各国的修史者，与他们促膝长谈，想借此青史留名。

在和教皇对抗的时候，他曾给欧仁写过一封长信："只有居鲁士和查理曼大帝能够和拿破仑比肩。"这正是他早年的梦想。现在虽然不一定真能比肩，但至少已经可以相较了。他还曾对奥地利公使说："夏多布里昂拿我与提比留斯相提并论真是可笑，他自己也不过辖有罗马到卡布里而已。图拉真、奥勒留还不错，至少他们自强不息，改变了旧世界。我和戴克里先比还有些相似性……恺撒是天生的，不是后天教育可以塑造的。"

只有一件事令拿破仑终身无法释怀——滑铁卢之败。在圣赫勒拿岛，一个英国军医曾经斗胆问他如何评价威灵顿，他沉默不语。荣誉是他的最高目标，他力图得到的是拉丁语中的"光荣"，而不是法语中的"胜利"。流芳百世对他的诱惑实在是太大了，"虚度一生，无所作为，不如永不出生。"他曾在给大臣的命令中写过："为官一任，须造福一方，泽被后世。如果离任时两手空空，后人毫无印象，将是多么大的遗憾呢？"

临终前，拿破仑做过一个比喻，虽然语焉不详，含义模糊，但也许可以拿来作为他的性格结语："荣誉于我正像一道桥，魔鬼曾试图穿过这道桥到达天堂；荣誉连接着过去和未来，然而那里还有一条深渊，几乎没有人能跨过这道深渊。我留给我儿子的，除了我的名字，什么也没有。"

三、精力创造奇迹

精力是拿破仑异于常人的第二个骇人之处。有时候他的计算能力显得过于惊人，这与灵光一闪有所区别，每一次报出的数字都是经过反复衡量、考虑和验证的。"每当筹备一次战役，我都要与自己辩论，不留颜面，以驳倒自己为乐。我必须将一切危险和意外都考虑进来。看起来我好像跃跃欲试，但实际上每次开战前我都感觉自己像个临盆的产妇。"很像艺术家在创作是不是？拿破仑总是在追求一种精确性，他有很好的数学天赋，也有理性科学的思维方式，这都帮助他拥有了无与伦比的穿透力。

他在写给驻意大利的欧仁的信中说："你是怎么定下 3747000 份牛肉的标准呢？……你多损耗了我 50%，甚至 70% 的军饷……你怎么允许手下算出 1371000 捆干草来的？这足够 12000 匹马吃了，可我只有 7000 匹。办公费用高得离谱，4 个月 118000 法郎，足够维持整个意大利了！"在他的军事和政治生涯时，类似的信件成千上万。在这些口授里，找不到理想、激情，而是充满着实用、理性。对意作战时，他不忘写信回国，让手下以德国爱国者的口吻伪造信件，大谈奥地利政治，以此扰乱政局。他也不忘给那不勒斯国王缪拉写信，交代他如何在舞会上举止优雅，皇家宴会应该请谁，又应该婉拒谁。他的这种精确的思维有时候执着到了可爱的程度，他曾说过这样的看法："每个家庭生六个孩子是最合宜的，平均而言，三个会夭折，两个接替父母，最后一个就可以为国献身。"

毫不奇怪地，他同样追求效率和速度。普鲁士国王说："他总是策马狂奔，从不管身后是不是有人坠马。"生也有涯，任重道远，从容和全速并不矛盾。一次作战中，他写信责备贝尔纳多特："由于你，我浪费了整整一天，世界的命运本来也许会在这一天改变的。"

拿破仑对效率的偏执有时候到了吹毛求疵的地步，而且也延伸到对下属的责全求备之中。他只给塔利朗几个小时的时间来起草对俄协约，而这个工作一般政府也许要拖上几个月才能解决。他向各国大使和执政解释为何再婚的文件也要求必须"当日"完成。他就是这样剥削了手下的健康和青春，就像他对自己做的那样。他经常半夜里把秘书召来，一直工作到凌晨 4 点，7 点的时候，也许这位可怜的秘书又有了新的工作，一直干到 9 点。用餐时，拿破仑会点来两个人的饭，在办公桌的一角草草吃完。

他曾经用了一个晚上思考如何美化巴黎，翌日清晨，他咨询内务大臣，大臣提出将乌克河水引入巴黎，"陛下，那必须建造完美的供水系统。""……明天送 500 人去拉维莱特，动手修运河。"

拿破仑的记忆力同样惊人，这是一种实用的记忆力。"我无法记住诗词的格律，但对军队的部署如数家珍。"据邮政大臣说，皇帝可以随口说出一段路的长度，可能这段路连他都得查找资料。有一次，拿破仑在布伦营地遇上一队迷路的士兵，问明番号之后马上就指出了方向。要知道，同一时刻，正有 20 万大军在那里集结。

据说，他记忆的技巧是将头脑分成许多箱子。"当我不想考虑一件事情的时候，我就关上一个箱子，打开另外一个箱子。思考变得很容易也很有条理。如果要睡觉，我就关上所有的箱子，安然入睡。"他为自己选定蜜蜂作为徽记，意思是这个世界并不存在天才，只有勤奋，不懈努力，不停工作才能获得成功。

拿破仑任第一执政时，他的好友罗德雷说："他时常连续工作 18 小时，我也从未见过他的头脑有片刻的懈怠，无论是身心疲惫，剧烈运动，还是盛怒之下。他能做到从不会因为一件事而影响另一件事，埃及战事的胜负无法干扰起草民法典的会议。他就是拥有一种本领，推开当时无关紧要的事，留到合适的时间再处理。"无穷的精力是他赖以征服世界的资本，他靠这个本事不断调整计划，他的口头禅是"在目前的情况下"，这是因为要想操控时局，一点点微小的变化都很重要，这就必须因时论事。他承认时势造英雄，并且说过，如果换成路易十四的年代，他最多也只能成为一名杜伦纳那种级别的元帅。

拿破仑极少被感情左右，他的精力也不会因此而分心。面对突发事件，他总能泰然自若，"所谓大事，对我来说司空见惯。也许旁人刚一听说会惊恐慌张，可是我已经没有感觉了。但是，一个小时之后我就会慢慢开始感觉决策的痛苦了。"这种身居高位的经历把他磨砺得处乱不惊，沉稳远超人们的想象。

和异乎寻常的稳重不相称的，有时他又会大发脾气。虽然传言他对使节大施拳脚纯属子虚乌有，但是他的急躁是无法否认的，偶尔他就像一介武夫，既神经质又粗暴。他会把无法合拢的窗户扯下来扔到街上，会鞭打仆人，会边口述信件边咒骂收件人。就算是主教碰上盛怒的拿破仑也要吃憋："你们中的哪一位把主教这头蠢牛领到这里来的？""你这个贱胚去哪儿了？""你明知那个主教是个蠢蛋，怎么还敢离开？"

有些时候，他会佯装发怒，只为了达到政治目的。有时，他会在事后说出真相："你以为我真的发火了？""那可就错了。我从没让愤怒主导自己。"有一次，他心情颇佳，这时有人呈报英国大使求见，刹那之间，他神情大变，脸色惨白，当着众人的面发了一个小时的脾气。这样的狂风暴雨般的愤怒不过是面具，是政治手腕而已。人们都认为他喜怒无常，塔列朗的看法一针见血："他是个地狱来的魔鬼，他骗了所有人。发脾气就是他的鬼把戏。他懂得如何作戏，尽管他的愤怒也许有些真实的感情。"

说他是魔鬼倒也不全对，他对对手的惩罚从来都称不上残忍。即使是非常讨厌一个人，也只是放逐了事。对待败军之敌，一律释放。这些都展现了他的骑士精神。巴登使臣曾经为不伦瑞克公爵请求补偿，但皇帝断然拒绝了。因为公爵在科布伦茨发表的演说里声称，他必须攻克巴黎，然后将巴黎化成灰烬。那时的拿破仑还只是个小中尉，"这个城市怎么得罪他了呢？"20年后这个人说过："必须一雪前耻。"归根结底，他的仁慈还是荣誉感在作祟罢了。

"我不屑于拔剑，我是用双眼，而不是武器取得胜利。"绝少拔剑绝不是缺乏勇气，在战役中他向来无比英勇，只是他了解人性，他知道没有能始终视死如归的军人。他的伟大正在于他善于利用对手的胆怯来制服他们，他说当今之世只有他具备"凌晨2点的勇气"（在黑暗阴郁的深夜仍然不变的勇气，即真正的勇气），他只是瞧不起匹夫之勇，斥之为食人族的勇气。

他曾经在书房里对梅特涅说："一将功成万古枯。"同样是他，又会在战场上万分痛心地说："如果各国君王能亲见此景，也许就不会向往战争和征服了。"他也在给约瑟芬的信里说："流血漂橹，尸横遍野。任何亲眼目睹此情此景的人，都会备感痛苦。"但是他又会承认，征服整个欧洲值得他牺牲一百万的生命。

他所参与的战争全部是出于政治需要，绝非因为个人恩怨，所以一旦战争结束，敌人也就消失了。"听说乐堡岛上有18000名战俘正在挨饿，真是毫无人性，不可原谅！这简直就是暴行！立刻送去两万份面包，再送两万份面粉。"而面对停战后仍然残杀法国士兵的对手，他出离愤怒地下令："至少洗劫6个大村落，烧光他们，让这些蛮人铭记自己的错误。"

他总是以艺术家的眼光来看待战争，宣称这种艺术是无法传授的："读过若米尼的兵书和掌握指挥作战完全是两码事，我打了60多场战役，学到的唯一东西就是：我什么也没有学到。恺撒在最后一役和第一战所用的战术竟然是一样的。"这是一个地地道道的艺术家的口吻。他是战术权威，可是他的理论却模糊不清，甚至自相矛盾。他告诫手下："战争的胜负主要取决于战略策划的能力，物资基础不值一提。"另一次，他又认为优势兵力和高昂的士气才是一锤定音的条件。最不靠谱的是他还曾经说过："一个突发的念头便足以扭转形势。双方按照不同的方案接近对手、相互试探、交锋决战。这个时候，一个精妙的点子足以打破双方的平衡，一支小小的后备队就能收割整个战场。"

作为一个激情澎湃的艺术家，他很擅长鼓舞士气，"在每次战役中，最勇敢的士兵都会心生怯意。但是鼓舞能重新挑起他们的勇气。"

他的战前演讲每次都能大获成功是因为他的发迹史，每一个士兵都熟悉他的历史。他是欧洲唯一出身行伍的帝王。坊间流传一个浪漫的故事，他在一次巡夜时替一个睡着的哨兵站过岗。对此，他笑着说："这是杜撰的，是凭空臆造的，士兵们可不承认出过这种事。"

正因为从青年时代起，他就熟悉军队中的所有细节和军官们的心理，所以拿破仑主张军队中绝对平等。虽然他破格提拔了自己的兄弟，但他至少能做到像训斥中尉一样管教他的弟弟们。约瑟夫在布伦大摆王公架子，和索尔上将并排接见军官。拿破仑马上责备他："只要是身处军队中，任何人都不能僭越最高统帅。王公也没有资格在军营设宴，一个皇家少校终究也只是个上校，你管好自己的部下就算完成了自己的责任，任何僭越都是违反军纪的。"

一方面，他要保证统帅的绝对权威；另一方面，拿破仑奉行在医疗上的人人平等。在艾劳之战中，法军伤亡极大，他依然不允许一名军医对受伤的将军有所优待："所有的伤员都是你要负责的病人，不仅仅是一名将军。"任何一次战役结束，他都会亲临前线看望伤员，常常小心翼翼地把伤员抬上担架，"如果他能挺过来，我们就少损失了一个。"

在各种版本的记述中，都有他在军营与士兵打成一片的故事。与士兵们开怀大笑，与士兵推心置腹，关心士兵的伙食，对于一个从未真正离开过军队的皇帝来说，这些举动并不是做作，不是为了拉拢属下，而是一种已经几乎转化成为父子之情的情感，他称士兵们为"我的孩子们"，而他们叫拿破仑作"我们的小队长"。一个步兵想重回军队服役，拿破仑在信中说："亲爱的士兵，无须追述当年之况，我们都知道你是最勇敢的士兵。我很想再见到你，军务大臣会安排好这一切。"

下层士兵的意见是他论功行赏的重大参考。每一次战役之后，他差不多都会召集一些军官和士兵，大家围成一圈，逐个发表意见。他也会询问谁作战最勇猛，并当场给予奖励，亲手颁发。塞居尔是这么说的："军官提名，士兵核实，皇帝颁奖。"

对拿破仑来讲，战争是他的生命，尽管他一直在表示要开创一个和平时代，但是他喜欢不喜欢和平年代还真是无法说清。雕塑家卡诺瓦曾为他造像，为他设计了一副很具压迫感的姿势，他轻蔑地说："难道他真以为我的成就是靠拳头得到的？"他曾在参议院里说过："暴力已经让位于道义。得天下的人也要服从管天下的人。我是一支军队的统帅，又是科学院的院士，最年轻的鼓手都知道我想干什么。"在参议院的话还显得有点模棱两可，后来他说得更明确："战争是时代的错误。总有一天，决定时局的将不再是大炮和刺刀……谁想破坏欧洲的和平，就是在挑动内战。"

拿破仑那超常的精力差不多都放在了与人斗上，他驱使人们为他征服山川和土地。没有人能比他调控更多的人民。他能让军队和人民俯首称臣，更难的是也能让卓越的精英甘心为之所用。

拿破仑成功地把握了一个原则：每个人的行动都是从利益出发的。享乐、占有欲和家族观念促使人好利；虚荣心、嫉妒和野心使人逐名。即便是拿破仑本人也并没有多么脱俗的动机，也曾动用过很多现实的手段。大多数时候，他并不掩饰自己在以名利引诱他人，可是这样的直率反而增添了他的人格魅力。歌德说："拿破仑生活在理想之中，但连他自己都没能意识到这一点。他矢口否认理想，却又超越了现实，他是一个一直努力把理想变成现实的人。"

有趣的是，拿破仑爱好骂人，因为"通过他们的反应，我就能摸清他们的灵魂"。他会使用一切手段来揣测他人的心理特点。他的问题往往刨根问底，根本不考虑对方是否尴尬。哪怕问题很幼稚，他也会毫不在意地提出来。在圣赫勒拿岛，有一次他与一名医生交谈："您的船上有多少人得了肝炎？多少人得了痢疾？在英国挂号费是多少？军医的退休金有多少？什么是死亡？医学上是怎么定义的？灵魂是如何离开躯体的？躯体又是怎样包容灵魂的呢？"他的亲信说，一言堂是拿破仑最大的乐趣，在实干家里，难得有一位像他这样能说会道的。他与人交谈常常达到 5 到 8 个钟头，甚至 10 个、11 个钟头也不奇怪，而且大多数时间都是他一个人在说。

在赏赐上，拿破仑就像挥霍无度的奢侈帝王，开出巨赏厚禄从不皱眉，但是在他自己身上，他又异常节俭。他说："打了这么多年，无论你想不想要，都必定捞了一点财产。我的退休金大概 8 到 10 万法郎，城里乡间各有一所房子，我别无所求了……但是大臣们意志薄弱，聚敛大批财富，对待这些窃国大盗我能怎么办呢？……"革命滋生了腐败，他与军需商和发战争财的人斗智斗勇，颁布严刑峻法清扫国家的蠹虫，但是转过头来又赏给有功将领巨额的退休金，有人甚至一年拿到 100 万法郎。

这也许并不仅仅出于慷慨，同时也是一种手段。拿破仑引导军人们挥霍，乐于看到他们债台高筑，这样军官们就会向他求助，拿破仑伺机控制他们，让他们在军务上彻底依附自己。他很少给手下施展才华的自由，他喜欢全部决断都出自他一个人。

他给了将领无穷的立功机会，又给他们巨大的赏赐，让他们挥霍贫穷，再挥霍再贫穷。这种拴绑比纯粹的热爱还好用，就像是吸毒上瘾了一般。真正死忠的也许只有贝尔蒂埃和迪罗克。内伊也算是忠心耿耿，他曾经把自己比作上膛的步枪，在皇帝需要的时候射向任何方向。皇帝只信赖一起白手起家的战友，他评价德塞用了沉着冷静；莫罗是本能胜过天赋；拉纳勇猛多过指挥力，但后来变得一样出色了；克莱贝尔则是享受大于荣誉；马塞纳上了战场就像野马；缪拉"毫无思想，又勇猛无比。他是个蠢瓜，但也是个英雄。"马尔蒙输掉了瓦格拉姆之役，被拿破仑骂得狗血喷头，然而仅仅一刻钟后，他又被任命为元帅。

拿破仑就是这么爽直，他蔑视懦夫，想骂就骂，有时候坦诚得让人震惊。他和英国使节很认真地分析，他需要多少年才能使法国可以挑战英国的海上霸权，说出他准备在多长时间内扩军 40 万。在枫丹白露宫，他对奥地利谈判代表说："这就是最后通牒。如果你们能赢，那么我提出的条件对你们会更有利；如果我赢了，再提条件会更苛刻。我之所以在这谈只是想要和平而已。"

在对外国大使施压的时候，他会仔细斟酌每个细节，利用各种手段和机会，也许会表现得和私下里完全不一样。比如为了防止对方讨价还价，他把与艾尔兹的会面安排在狩猎场的一个小屋里，而不是枫丹白露宫。"我会在那里呆两个小时，一个小时吃饭，另一个小时谈论战争。"以这样的轻视给对方施加心理压力。有一次接见科本佐伯爵，拿破仑特意把写字台放到角上，撤走椅子，会面的地方只能在沙发上，那里没有吊灯，客人根本无法看清他的位置，只能尴尬地坐到主人给他设定好的座位上。

拿破仑看不起王公贵族已经不是什么秘密，实际上，他从没有主动拜访过贵族，即使是接见也都是在自己的府邸。在提尔西特，他只做了两天的客人就开始反客为主；在德累斯顿，他也以主人自居；他也从来不和别国的皇后们来往。

他与人民打交道办法不多，也远没有对付王公贵族那样得心应手。他的外交策略因国而异，处理波兰就很成功，争取犹太人也很有一套。但最让拿破仑有意愿挑战的是德国人，他能在他们身上看到自己欠缺的东西，而他所有的又是德意志人没有的。这样他对德意志人敬畏参半，甚至是感到害怕，而不仅仅是不放心。他试图通过戏剧给德国人施加影响。"莱茵河那边没有人能看懂喜剧，"还是上演高乃依的《西拿》吧，里面有一个场景是展现王室的仁慈的。"给那些冥顽不化的德国佬看这个再合适不过了，这帮无趣的家伙至今还在讨论当甘公爵的死！我们得帮助他们拓宽一下道德视野。在德国，无趣的人太多了。"但是他未能想到，如此迟钝的一个民族也能迸发出激情。

"统治必须以民为本，而不是为了一己私欲。统治都应该做一个圣人，高瞻远瞩，不能被任何党派掣肘。加入党派也就意味奴隶。"他的话是从人民大众的利益出发的，当然，实际上的做法并不会如此。法国人民对他十分敬畏，这种恐惧和崇拜交织在一起的情绪绵延了十年之久。但是，百姓不是士兵，无法用金钱和荣誉去引诱，他无休止地向民众展示威严和恫吓，人民却感到与他日益疏远。无论何时，人民都是无法欺骗的。

宗教和戏剧不但是他向他国表达政治意图的工具，也是他麻痹群众的工具。他曾在参议院精神饱满地说："宗教只是一种社会秩序，它把平等归功于上天，免去穷人对富人的仇杀。宗教就像接种疫苗……保护我们不受蒙骗……没有财产分配的不均，就没有社会；没有宗教，就不能维持这种不均。当穷人的理想和现实都落空的时候，只能希望在永恒的世界里有另外一种秩序。"

他懂这些，也动用了很多救危扶困的措施，但他始终无法摆脱暴徒的印象。而他自己对人类的蔑视是从始至终的。他只是利用民众，"改变世界的道路不在于影响领袖，而是发动群众。前者只能干出二流业绩，后者才能改造世界。"于是，民主成了他与人民的变相矛盾，他对议会制度有的全是批评："共和这种国家形式能够振奋精神，而且具有建立伟大功绩的萌芽，但正因其伟大，迟早会走向灭亡。为了统一权力，它必然要使用暴力，而暴力则会导致独裁或者贵族制度，这两个结果都是最糟糕的。如果共和国想有所成就，中央权力就得让议会永久性地保持多数……只有腐败才能实现这一点，而腐败是民族之癌，也是一件双刃的武器。"

拿破仑的天赋让他看穿了 19 世纪社会形态所面对的问题，但是他不能理解自己的历史社会问题，更无力解决。

四、超凡的想象力

"一个实干家看不起任何理论。他的行为不是为了沿着事先画好的直线前进，而仅仅是保证自己不丧失方向。"拿破仑总是事先算定所有的细节，但是他并不禁锢自己的想象力。"我没有什么主观意志，只是听凭事物自由的发展……人越是伟大，就越是不能有自己的意志。"

这种境界是难以达到的，但是拿破仑正好在想象力和计算上都拥有顶尖的天赋。他有最热切的梦想，也有最冷静的计算，他做到了在他逝去一百年后人们还在试图达到的事。"欧洲有三千万法国人，一千五百万西班牙人，一千五百万意大利人，三千万德意志人……我要为每个民族建成一个简单而统一的民族国家……如果能够实现，那么欧洲也许就能有统一的法律、基本准则、思想感情和观点利益，我们就有条件创立欧罗巴合众国了……多么兴盛、强大、繁荣的未来啊！……这是大势所趋，这样的联合终将到来……我相信，唯有谋求民族间的联合才能使欧洲处于均势。"我们回味他的口气，会发现他并不是要用独裁来强行实施各民族间的融合，也不是抒发狂热的兄弟友爱，而是出于共同的利益才提出的这样的联合。19 世纪，这些民族都在忙着建立自己的国家，客观上为融合创造条件，而 20 世纪，拿破仑的理想正在慢慢达成。

实际上，拿破仑感情丰富，爱多恨少，虽然这是他自己都不想承认的。在战争中，他的血性压制了他的同情心，他可以牺牲一百万人而无动于衷，但有时候也能为一个流血的士兵而痛心疾首。为了治理好他的国家，他放弃了一切可能让他分心的活动。甚至在戏剧里，他也不赞成插入爱情，"就悲剧而言，爱情只能成为主题，而不是题材……爱情成为中心只能发生在碌碌无为的社会中。""我没有时间像其他人那样为了爱情而受尽烦恼……多愁善感那是女人的事！男人们应该心如铁石，意志坚定……"比起爱情，恐怕也只有嫉妒才像是这个男人的弱点。他视察正在兴建的塞纳河大桥时看到了一闪而过的旧时情敌，在他们擦肩而过之后，拿破仑脸色苍白，心神不宁，过了许久才恢复平静。

只要是在私下里，这个人总是表现得有些腼腆，常常会突然道歉，口气里又总是带着"也许""有点"这样软弱的字眼，但也是同一个人说道："无论感情抑或行动……我都是心灵高于头脑。"所以有时候，他还拥有一种他自己并不情愿的仁慈，他的许多信件都表露了真情。薛尼长年写文章抨击他，可是在他穷困潦倒的时候还是拿破仑提供了保护和容纳。卡尔诺是他一生的政敌，可是债台高筑之后也是拿破仑偿清了借款。在百日王朝期间，他让人匿名送给波旁亲王一大笔钱，那个时候亲王正深陷财政危机。他曾经想让弟弟热罗姆离婚，为此下过语气强硬的命令，但他还是立即写信给母亲，让她给弟弟写信，"请您也和他的姐姐们说说，让她们写信劝劝他。因为我一旦下达判决就无从更改，那他的一生就完了。"

他珍视荣誉，也看重忠诚。他要求少数几位朋友绝对效忠自己，这表现了他强烈的以自我为中心的心理。在他被放逐的日子里，曾经对蒙托隆说过："我把你视作自己的儿子，你也只爱我一个……我热爱并且尊敬我所信赖的人，而他们也只能把最纯粹的爱回报给我，我无法与人分享这种爱。分享就像利刃刺入我的胸膛，让我心志破灭。我太敏感了，精神上的伤害对我而言比砒霜还要厉害。"

不出意料地，他讨厌西方的妇女启蒙运动，他无限向往东方，因为"上天命令女人做我们的奴隶……就算有一个女子能给我们带来积极的影响，那也至少会有一百个女子会让我们走向愚昧……男女平等真是个荒谬绝伦的想法！女人是男人们的财产，就像会开花结果的树木就应该属于园丁一样……女士有美貌也有魅力，但是必须依附于男人。"

拿破仑毕生致力于思考有关造物主的问题，但是他的想象力受到了困扰。传说中有人统治过全人类，这又让他无法释怀。他并没有想让自己长生，也不把自己看作基督，但是他的自信以至自负确是确定无疑的，他相信自己拥有凌驾世人的力量。

他喜欢自以为是地在许多学科领域进行研究，而且竟然多半都做得很出色，这可能源于他总是对一切都抱有怀疑的态度。他也从唯物主义者变成了有神论者，这种转化并非转折，终其一生，这种中立怀疑的天性一直伴随着他。

他从小就远离宗教，拒绝做任何形式的内心忏悔，他告诫自己摒弃一切教条。他以一名后勤军官的视角下定断语，《圣经》中的二百万人汲摩西泉止渴是天方夜谭。从不弥撒更不会害怕受审，道德只有和政治联系起来的时候他才会提到。在他最后的日子里，他曾经对身边的人说："……我开创了无与伦比的业绩，却没有犯过哪怕一宗罪行。我可以昂首面对上帝的审判，我期待他的判词。"人之将死，其言也真，在这样的时候，拿破仑冷酷得让人心惊。

他决不允许任何事物击败他，即使是命运击败了他也并不能打垮他，他感觉自己身披铠甲，"灵魂是大理石做成的，就算是最亮的闪电也无法毁灭它，甚至打不出一丝裂缝。"他也有过充满诗意的描述："如果我们头上的天塌了，我们用矛就足以把它撑住。"虽然相信上帝，但拿破仑与同时代的人不同之处是不相信星座，甚至不能容忍别人用好运来解释他的功绩。他远不像其他革命者或统治者那样迷信。他也迷信，但是在他的生涯里，他从没有出于迷信而改变决议。他很乐意把星座和命运作为政治工具和措辞上的理由，"命运要我们做什么我们就做什么，事物无可更改地向何处发展，我们就得向何处前进。不用思考，这样就是明智和正确的。"

他解释不清命运、环境和机遇，也常常把才能、命运及权力混成一团。他应该是个宿命论者，但首先他是个无畏的男子汉："我的运气、天赋和我的卫队足以保佑我不被谋杀。""自杀就是懦弱，尤其是在困境中自杀。"在受挫的时期，他确实对人生感到厌倦，一度传说他在第一次逊位后企图自杀，这应该是子虚乌有，他试图战死疆场，但从没有过服毒自杀这种不齿的想法。他天生就无法坐下来享福，在他事业的巅峰时期，他有过短暂的满足，但很快就开始疑惑起来，他在卢梭的墓前说："……如果我和卢梭均未降生，是否会对世界的和平更为有益？"这些怀疑带给他的还有无尽的孤独感，这些魔鬼让他喜欢悲剧，也许唯有悲剧才能引起他内心的共鸣，因为他比常人付出的爱要少，所以注定要承受更多的寂寞。"生活无所谓幸福，也无所谓痛苦。"

他将生命奉献给他的祖国，他曾说过："我一生一直在用我的双肩背负着世界，这项工作实在是有点累人。"也许这个愿望注定了他的一生要以悲剧收场。

五、恶魔的岛屿

这座死火山地处大西洋，距欧洲大概 2000 英里，距离非洲大概 1000 英里。岛上的气候糟糕得可怕，从来没有人能活到 60 岁，能活到 50 岁就已是凤毛麟角了。在这里，赤道的酷热和暴雨，甚至是低压、冷气搅在一起，对于每一个新到者，痢疾、眩晕、发烧、心悸，还有最重要的肝炎是必不可少的滋味。每一批海军换防，总要死上几百人。

岛上有一块寒冷的平地，人们称之为死亡之林，也叫长林，拿破仑就住在这里。住所是由牛圈、洗衣房、马厩改建而来的。一切都是那么的破烂，荒芜得要靠老鼠给这些房间增添些生气。初来此地时差不多有 40 人，6 年过后，拿破仑去世的时候，只剩下不到一半了。那些恶劣的环境让皇帝学会了忍耐和宽容，他还不得不像父亲一样劝随从和睦相处。拿破仑曾评价年轻副官古尔戈："的确是个勇士，但却太孩子气了。"这位有天赋但是也任性无礼的将领难以忍受岛上枯燥的生活，偶尔会触怒拿破仑，"……我可不欠你什么！如果你还留在法国的话，现在早就被处决了，你记住你也参加了 1815 年的那场战役。""……尤其是当我夜里醒来的时候，看看眼前，想想过去，你们以为我就很舒服吗？"最后这句在餐桌上的话，让大家浑身发抖，拿破仑很少用这种语调宣泄内心的情感，而现在这句话听起来就像火山喷发一样。

古尔戈忍受了两年囚禁生活，终于开始接近英国人，当他离开拿破仑，离开圣赫勒拿岛的时候，他靠的是岛上总督，也是皇帝死对头的推荐信。随从中，真正忠心耿耿的有蒙托隆伯爵，以及 3 个仆人：内侍马尔尚，科西嘉人齐普里尼和桑蒂尼。有一次桑蒂尼外出打鸟，结果是想枪杀"魔鬼总督"然后自杀，拿破仑暴跳如雷，从此禁止他外出打鸟，但是桑蒂尼离开房间后，皇帝却骄傲地想：我们科西嘉人都是好样的！

拿破仑的看守住在岛上最古老豪华的花园旁边，最安全的别墅里。皇帝说他"长相猥琐，活像一个威尼斯警察"。拿破仑厌恶总督赫德森·罗威，这是发自内心的讨厌，而不是出于被囚禁的心态，实际上他与岛上的一些英国军官和海军将军都相处得不错。罗威定了 24 条禁令，靠这些胆小得可笑的禁令来确保欧洲的人们能睡上安稳觉。

这样过度的监视常常让拿破仑意兴阑珊，骑马都索然无味。由于缺少户外运动，他的健康状况越来越差，这也加速了他的死亡，现在仅仅是气候就让他吃不消了。缺少运动让他双腿肿胀，如果总督举行宴会，那么他就得几周别想喝到新鲜的水和牛奶，这对他本来就有旧疾的胃来讲无疑是雪上加霜。屋子太小了，连一张大一点的床都放不下，只得把沙发挪到行军床边上来加宽自己的床。

罗威就像所有民间故事里的无耻恶棍，想方设法来折磨拿破仑，他一直在绞尽脑汁想办法让皇帝快些辞世。扣住皇帝和仆从们的钱，压住写往法国的信件，当皇帝无奈之下只得拍卖自己的银器的时候，他一面禁止居民去买，一面私下派人低价收购。这些恶行甚至让欧洲大陆上的人都感到羞耻，可是他却更加怒火中烧，甚至给囚犯送去变质的肉和发酸了的酒。

扩大一点说，英国外相、摄政王并不是不知道拿破仑饱受凌辱、肝病恶化的消息，但是也没有把他迁往周围的亚速尔群岛或者其他条件好些的地方。这是典型的不仁不义，罗威只不过是一个执行者而已。与这些器量狭小的人相比，英国辉格党和上院的两个议员苏塞克斯公爵和霍兰爵士抗议给破拿仑过于不公平的待遇，霍兰的太太还给拿破仑送了些书和水果。在历史上托马斯·摩尔和拜伦爵士都是站在公正的立场上的，德国人也一直不齿罗威的小人行径。

一次，拿破仑和总督在花园中不期而遇。总督说他开销太大了，这个嗜战的囚犯军人脾气一下子爆发了："你还真有胆和我说这些鸡毛蒜皮的事！你就是个看监狱的，只配去带领土匪和逃兵。我知道英国所有名将的名字，你不过是布吕歇尔的一个秘书，一个没带过正规军的土匪上尉。你可别给我送吃的了，我去和53团的勇士一起进餐，没人会拒绝和一个老兵一起进餐！你想怎么整我你随便，但你休想折辱我的心。在这个岩岛上，我的心仍然像从前那样高贵，你要记得当初整个欧洲都对我俯首帖耳。"过后，拿破仑说："我竟然会发这种火，我为自己感到羞愧难当。"

六、孤岛岁月

　　为了打发漫长的白天，皇帝尽量让自己晚起。枯燥单调地重复无聊的 2000 多个日子，打发时间最好的办法就是读书和口述。之前的 25 年，他一直没有多少时间读书，尽管如此，他也早就批阅了够一个图书馆的书。而现在，他又化身成了一位持怀疑论的哲学家，在深夜高声诵读《伊利亚特》，在荷马的著作中找到慰藉。他也欣赏福克勒斯的《俄狄浦斯》，有关放逐的悲剧让他触景生情。埃斯库罗斯的悲剧《阿伽门农》，弥尔顿的《失乐园》以及《圣经》这些牺牲、悲情、英雄主义的作品也很合他的胃口。《西拿》《费洛克太特》一直是他的最爱，30 年间百读不厌，而不仅仅是在放逐期间。大西洋澎湃的海涛让他想起了奥西昂，本质上他喜欢的书就是这样的一类。除此之外就是回忆录和反对他的小册子了。装有书籍的船只靠岸是他最快活的日子，他渐渐地搜集了 3000 多本书，这也得益于他一个钟头就能浏览完一本书的速度。

　　第二次流放的头几年，他开始口授自己的回忆录。他仅仅凭借精准的记忆力和旁人难以企及的冲动，就口述了百日王朝的故事。他能一连口述 14 个钟头，中间不曾休息，把笔录者都给累倒了。记完阿科拉战役后，拉斯卡斯高声嚷道："喔，这比《伊利亚特》要精彩一万倍！"对于滑铁卢之战，他口授了许多遍。目的大概就是在欧洲贬低英国人的胜利，但是，"这项工作总让我痛心疾首。"总而言之，这部回忆录基本上只是记载了这位统帅叱咤风云的一面，对于全面了解拿破仑没有什么意义。

　　不久之后，皇帝的兴趣消失殆尽，他几乎总是从现实转到理想。

他非常感性，只认实际，所以他从不相信有系统的学说，也没有写过兵法。

　　他也会靠聚会和拜访来打发白天的时间。如果拿破仑情绪不错的话，他也会找些别的事来打发时间，他曾经花了整整一个晚上翻阅了帝国的年谱。一天晚上，他与拉斯卡斯聊着年轻时的事，他们不时开怀大笑，皇帝兴致高昂，不知不觉到了 11 点。皇帝很满意地说："时间过得可真快。多么美好的时光啊。今天我可真高兴，就到这里吧。"他的快乐，反而让人感觉心酸。

　　拿破仑的家人们都被法国驱逐出境。各国也不许他们来探望皇帝，也不许他们给他寄钱。莱蒂齐娅在罗马得到了教皇的庇护，她为将拿破仑换到一个稍好一些的地方作了很多努力。虽然沙皇被说动了，但英、奥两国却直欲将皇帝置于死地。他们还诬说莱蒂齐娅携巨款到处奔走施行阴谋，连教皇也派人看望她并询问此事。她的回答定会令她的儿子备感自豪："如果我真有所谓的巨款，我宁愿武装一支舰队去救出我的儿子，也不愿用它来收买什么人心，他一向就深得人心！"

　　报纸带来了其他人的消息。吕西安、约瑟夫和热罗姆先后去了美洲，并获得了别国的爵位。而约瑟夫竟被西班牙的革命者拥戴为墨西哥国王！但拿破仑料定他不会接受，他也决计不会去美洲："我若去美洲投奔兄弟而不在这里受苦，人们就会将我遗忘，那我的事业怎么办？我只能终老于此，除非法国呼唤我回国。"

　　这些想法并非妄想。因此，英国人把圣赫勒拿岛的守卫从 200 人增加到了 3000 人，就是为了看住拿破仑一个人。这笔军费高达每年800 万法郎。然而，花大价钱并不能让这个小小的岛屿无懈可击，岛上所有士兵都站在他这一边。事实上，皇帝有许多机会走出这个小岛，甚至是来自英国军官的帮助。有一次，6 名里约热内卢的英国军官企图用一种类似潜水艇的装置帮助拿破仑脱身。还有一次，两位船长准备前往印度，向他献计逃离圣赫勒拿岛。还有一天，蒙托隆搞到了一张通行证，还有 1 个小时的有效期，只需拿破仑当机立断。后来据蒙托隆回忆："曾有人提出将皇帝偷偷带往美洲，只需要区区 100 万法郎，甚至可以到岸后再付款，而这一切只要皇帝点个头就行了。"从始至终都有很多人试图搭救他，其中不乏周密可行的计划，但是他只是说："算了吧！"

这是囚禁的头一年，法国局势动荡。他坚信人民的情绪将会变化，爆发暴动，幻想法国召回自己。他对自己的王朝有着太过深厚的感情，建立家族王朝无望带来的失落、沮丧和绝望折磨着他，鸡毛蒜皮的小事都会引得他情绪波动。如果有人想看他，他会拒绝并且酸酸地说："告诉他们，死人不会客。"有时他晚上会在房里不出来，不时地叫上几个人进去，但是没说上几句话，又会打发他们走。

有时，他会命人读拉辛的《安东马赫》，然而当他联想到自己被迫退位的事，他又会粗暴地制止道："够了，让我一个人静一静。"

命运就像一首交响乐，万众一心才能奏出恢宏的气势，一旦指挥家无法驾驭并协调演奏者，难免曲高和寡。

此刻，拿破仑正在感受着痛苦的煎熬。这个集荣辱于一身的皇帝，在结束为法国抗战的戎马生涯之后，却过上了水深火热的生活。手下仅剩寥寥几个臣子还愿意在这个时候效忠他。失去了权力与军队的拿破仑成了没有羽翼的雄鹰。

人民根本就对这个末路英雄无暇顾及，甚至故意刁难。他偶尔也能强压住内心的怒火——他什么时候遭受过这样的待遇。但处境让他很难堪，这样的境遇让他不得不安静下来，审视一下眼下的局面。

细心的人可以看到，这个曾经不可一世的皇帝现在变得不同于以往。

就在刚来岛上没几天的时候，有一次他和一位美丽的英国少妇散步。他们无所不谈，这是拿破仑少有的悠然自得和平易近人。说话间，他们看到几个黑奴抬着沉重的箱子从他们身边经过，少妇恼怒道："滚开！"这时皇帝开口了："夫人，请您站在他们的立场上想想！"多么巧妙的话，让那位出言不逊的夫人甚是狼狈！在此之前，拿破仑可说不出这些话。

尽管他尽可能地想要活在当下，但挥之不去的困顿依旧笼罩着他。

现在他的生活跟以前差之千里，甚至还比不上当中尉的时候。有段时间，连食物的供给都成问题，他表现得乐在其中，丝毫不在乎，还给厨师以鼓励。没有国事的干扰，他能尽心尽力地去照顾周围人的感受——亲自照料昏厥的私人医生，心系弥留之际的仆人，设立打牌基金为女奴赎身……事无巨细，所有的这一切，宛若一股春风，缓缓吹进他周围的人的心里。

有时，他也会在醒来之时幻想着建立一个辉煌的殖民地，并很认真地着手筹划，但这毕竟只是一个梦想，梦醒时分依旧无力回天。

在拉斯卡斯的记忆中有过这样一个很美丽的片段：有一天他和皇帝一起骑马闲逛，经过一片农田的时候，皇帝跳下马，从农民的手中接过犁，快速地犁了一条直而长的垄沟。他很满意地看着自己的杰作，一言不发，随后让拉斯卡斯给了农夫一个拿破仑币，起身上马继续前行。

那个农夫捏着拿破仑给他的那个钱币，惊讶于之前所发生的一切。这个皇帝多么与众不同！就连他犁地的姿势都是那么内行。事后，这个农夫将这枚珍贵的钱币传给了他的子孙，他对那天发生的事津津乐道。这位伟大的皇帝，他点燃了法国的复兴之火，而今，在这片囚禁他的小岛上，他亦犁出了他对它神圣的祝福。

七、自己的总结

"除我自己之外，并没有什么人能伤害我。可以说，我才是我自己唯一的敌人。"被放逐以来，拿破仑做了最为深刻的反省。如今，他已从他最初的幻想中清醒过来，并对他前半生的某些所作所为做出了虔诚的忏悔。"过多的欲望导致我最终走上失败的道路。"显而易见，他并不是个羞于担当错误的人。

我们一一来看他最后自我批判中的心路历程。

关于用人不当，他是这样说的："弗朗茨是个好人，可他也是个笨蛋。他在无形中被梅特涅利用，成为摧毁我的工具……塔列朗，我后悔没有派人监视他。他唯利是图，但如果我能给他相应的利益诱惑，他势必会对我效忠。凭他给予我的谏言，我可能还会保住我的帝王之位……如果当初，我没有对富尔敦的蒸汽船置之不理，或许现在的我远不止是法国皇帝，更可能在全世界称王——但为时晚矣！"

关于征战，他的悔恨似乎更多：不该在提尔西特时保留普鲁士霍亨索伦王朝；不该在1812年西班牙战争还未结束时，就过早地渡过涅曼河；不该不听从卡尔诺的劝诫，过早地进行决战；不该在滑铁卢战役中延迟派遣近卫军增援；最为不该的是，在战败之后选择投靠英国，如果逃往美国或许还会是另一番景象。

关于建立王朝的思想是他最悔不该当初的一段："我将权力分别给予了我的兄弟们，但他们却将其视为一种传承。这些人都过分地热衷于把玩权力，并没有按照我的意愿帮助我来整治这个国家。他们就像嗜血的寄生虫，并不满足于分派给他们的权力，而是试图得到更多。他们视我为绊脚石，合力要将我打倒，却不知，一旦我下台，他们就什么都不是了！"

不难看出，他的忏悔是发自肺腑的。但无论如何，称帝这件事，对他来说是至高无上的。对此，他也无怨无悔："我致力于实现欧洲的复兴，可惜，目标没有达成。但无疑，我所统治的帝国，光芒是均匀地洒向统治者和民众身上的。"站在统治者的立场上，他认为缪拉是不该杀的；他也认为，国王不应受自己所创制的法律的制裁。

这些反省是刻骨铭心的。此时此刻，他就像一个置身事外的评判家，来评判自己辉煌继而惨淡的一生。拿破仑那几乎不可梳理的复杂性格，那悬念丛生、充满戏剧化的人生经历，在此刻被他自己用极其客观的态度淋漓尽致地展现在了世人的面前。

八、功业利千秋

真实地评价一个人的功过，通常会用大量的历史文献加以佐证。很有幸，对于拿破仑的一生，他身边的人乐于用大量的笔墨来完整地记录他生活中的点点滴滴。这无疑给后人很多再度认识这个伟人的机会。

他首先是一个军事天才，在他的戎马生涯中创造过很多人类历史上罕见的奇迹。他几乎谙熟每一个战局，很好地将自己军事家的管理方式用到极致。只是他生命中的最后一役——滑铁卢之战让他的一世英名受损。他也曾自嘲过：滑铁卢一战足以将一世功名抵消。伤痛的确让人刻骨铭心，但他却过分自负了，后人愿意站在客观的立场上去审视他的生平。

他拥有无尽的财富。不管当时别人如何诽谤他，我们依旧可以看到他通过自己的南征北伐为国家做出的贡献：建造可停泊世界上最大船队的不冻港，敦刻尔克、里哈弗和尼斯的水利工程，瑟尔堡的巨型码头，威尼斯的海港，安特卫普到阿姆斯特丹、美因茨到梅斯、波尔多到贝杨的大道，重建大教堂，创建各类新工业，修葺卢浮宫，修建宫殿，建立蔗糖加工厂，赎回仅有的王冠钻石，耗巨资扶持农林牧渔业……这些功德，在如今的法国依旧有很多可以被世人见证。

他把法国从断头台的冲天血腥下猛拉回来，致力于国内各阶级的和解，他热爱士兵，热爱农民。他是一个无所畏惧的战士，但对人民的意愿却有着深深的敬畏。

他一生视权力为永恒情人，在江山与美人之间，他选择了前者。这使得他在谈论这个问题的时候说出了这样感伤的话："对于结婚生子，我很满意，但谈不上幸福。"

他甚至对自己的死亡也做出了最深刻的总结："如果当初能死在莫斯科，或许我将与亚历山大大帝和凯撒齐名。或者死在德累斯顿，又或者是滑铁卢，那样将会死得其所。"

他对自己以悲剧收场这件事唏嘘不已。

九、最后的岁月

在拿破仑生命的最后一年，他选择了这样度过——

历经磨难之后，他已经懂得既来之则安之的道理。他已经不再挣扎，而将所有的心思都花在了如何整治这座小岛上。

他花费 7 个月的时间建造了一个小花园，并亲自参与了整个建造过程。这个花园有一道半圆形的墙用以遮风挡雨，同时也起到了阻挡那些看守们视线的作用。他挖了好几个蓄水池，在墙的内侧培土、栽种花草树木。善良的人们自发地跑过来帮他完成这项工程。

他已经失却了对自由的期盼，所以，在以后的日子里，让自己尽量过得舒坦成了他的必修课。就连法国再次爆发的反动波旁王朝的政变也没有影响到他。

即使这样，他也没有如期望中那样活得潇洒。冥冥中，上帝已经向他发出了邀请，病魔悄然而至。每天不定时的头痛、胃疼、呕吐等疾痛折磨得他痛不欲生。他已经不能走出门去享受到阳光的沐浴和星月的抚慰了。他在床上的时间越来越多。

他的母亲给他找来了 5 个科西嘉人来照顾他的饮食起居。这几个人的到来勾起了他对故土的渴望。时至今日，他才想起了自己实际上是一个意大利人。落叶归根的意识时刻在侵扰着他的思绪。他开始经常说意大利语，开始向往科西嘉的美丽天空。

他的科西嘉医生却并不买账。他甚至认为这位皇帝是为了达到一些政治目的才假装生病。两人之间话不投机，拿破仑最终赶走了他。

陆陆续续又有人离开。到他弥留之际，身边只剩下了一个仆人。

随着体力日渐不支，他只剩下精神力量可以依靠。在他生命的最后一段时间里，他留下了一份遗嘱。正是这份遗书，将他传奇的一生淋漓尽致地展现了出来。

遗嘱里他有条不紊地罗列了如下几条：

他说他信奉罗马天主教。虽然他从来没有接受它的教义，但他重建了它并会永远守护。他虽不是法国人，但是承蒙全法国的拥戴，他希望能有人将他的骨灰安葬在塞纳河畔，使得他的魂灵能永远守护法国人民。

他在遗嘱里期望妻子能够将儿子好好抚养长大，告诉他不能忘本。他希望儿子能继承他的衣钵，集权力、财富、训示于一身，不能沦为别人压迫欧洲人民的工具。

临死之前，他也没有忘记去攻击他的敌人："我成为英国独裁者和他们雇佣的杀手的牺牲品，我相信，英国人民会为我报仇的。对于那些背叛我的人，我将在死后宽恕他们，希望未来的法国也能和我一样！"看似平淡的话语，却是激流暗涌，充满了挑衅的意味。

之后，他得体地感激他亲爱的母亲和兄弟姐妹们给予他的关怀，对于路易的诽谤，他表示了极大的宽容。

关于财产，他做了详尽的安排。他生平节俭，在法国和意大利都有不少的遗产。他一再强调，没有什么法律可以没收他的财产，那些在战斗中得以生还的人才有资格得到。他将其中一半分给他们，另一半则分给了那些受到侵害的省份作为战后补偿。

拿破仑详尽地列出了 97 名受赠人，其主要继承人毫无疑问是他的儿子。那些他视作珍宝的物件，每件他都指定了一名亲信为其保管，在他的儿子年满 16 岁时便可以收做囊中之物。他唯一的愿望就是当儿子成年之时，能恢复拿破仑的名号。

除以上的内容外，遗嘱还包含了一份关于政治方面的嘱托。这份遗嘱长达 12 页，将其毕生的愿望都写在了里面。他无比渴望和平，以至于对战争这个词语只字未提。生命垂危的拿破仑，依旧渴求欧洲能够建立新的政体，呼吁各民族团结友爱，增进理解。

多么伟大的情感！

在完成遗嘱的瞬间，拿破仑如释重负。他安静地躺在那里，面容祥和，那是一个临死之人难有的淡定。

这一刻，他仿佛神游山水之间，曾经和士兵们南征北战的过往历历在目。他无比享受地回味着曾经作为英雄的荣耀。

这些思绪在他的医生进来之时戛然而止。他让医生靠近他，正色道：

"有些人想要我死，他们得偿所愿了。他们将我囚禁于此，挖空心思，无所不用其极地折磨我。不过，你们放心，我的死必然重于泰山！他们到最后必定会留下刽子手的骂名，遗臭万年！"

批判来得猝不及防。医生站在那里，惶惶然不知所措。

第二天，他又让人叫来了科西嘉牧师，坚持做弥撒。除此以外，他们之间并没有交集。他交代牧师，他死后在床边设置祭坛，坚持做弥撒直至入土。

他已经彻底垮了。

时至 4 月 27 日，他又让人拿来他的遗嘱，要做最后的检查。因为对英国的不放心，他必须确保整个过程都有人在场监督，这样，他死后就会有人为他的遗嘱做证。

他跟医生最后交代了几句，让医生在他死后解剖他的尸体并认真检查他的胃。他和他的父亲都被这个器官所累，他不希望他的儿子重蹈覆辙。

随后他给英国当局口述了一份正式通知：

"总督先生！由于长期染病，拿破仑皇帝于 X 日驾鹤西去！兹告此事……望贵国将其遗体由随从运返欧洲。"

随后的几天里，他分别又口述了两封信，一是关于凡尔赛宫的利用问题，一是如何改组国民军。这位伟大的政治家在生命的最后一刻，依旧致力于国家的改革。尽管他已经失去军队和皇权，甚至连他的生命也即将失去，他依旧不放弃任何一个奉献祖国的机会。

1821 年 5 月 5 日。这一天，一场强劲的风暴猛烈袭击了这个小岛，岛上许多大树都被连根拔起。巨大旋风卷起冲天的海浪从四面八方向岛上涌来，猛烈地撞击着岸边的礁石，似乎世界末日将要来临。这场狂风带走了拿破仑的英魂。疾风骤雨过后，拿破仑停止了呼吸。雄狮从此长睡不起。

十、皇帝又回到巴黎的中心

一个阳光明媚的中午，拿破仑遗体的解剖工作开始进行了。5名英国医生、3名英国军官和3个法国人围绕在解剖台周围，看着那个科西嘉医生执行。他取出皇帝的肝脏，向众人展示："胃的溃烂部分附着在肝上，岛上的气候加重了胃部的不适，这也是皇帝早逝的原因之一。"大家对这一结论表示了否决，科西嘉医生无奈地写下了违心的检验报告。

皇帝的遗体被涂上防腐香料，上面覆盖了在马伦哥战役中穿着的镶金大衣。遗体接受了全体英国守军的吊唁。英国拒绝将其运回欧洲。他们在一处幽谷挖了一个墓穴安葬了他。总督不允许在墓碑上刻"拿破仑"，因此，那成了一座无字碑。他的家具被人拍卖了，房子也被一农夫买下做了磨坊。皇帝居住了6年的两个房间又恢复了以前的用途——牛栏猪圈。

英国只做了一件尊重死者的事：在墓旁设立岗哨，并且一守就是19年。

光阴流转。

在伦敦的街头，上演了这样一幅场景：总督遭到了鞭笞，狼狈逃走，不知所终。那个部长也未能幸免，他整日愁眉不展，最终选择了自杀。一瞬间，圣赫勒拿岛受到全英国的谴责。

科西嘉医生去了意大利，所有拿破仑的亲信都拒绝见他。最后，他终于见到了皇帝的母亲。他用了3天的时间向她讲述了岛上发生的种种，并将拿破仑死前交给他的银灯送到了她手中。一时间，所有伤痛涌向莱蒂齐娅，他为儿子的不幸遭遇扼腕哭泣。她后来又活了15

年。这 15 年她一直生活在对儿子的凭吊当中。她几乎所有的物件都带有拿破仑的气息。在她心里，她的儿子和他的英名一样长存。

皇帝死后 9 年，波旁王朝倒台，奥尔良派掌权。新国王意识到波拿巴派的强大，下令重新竖起被拆除的拿破仑像。热罗姆将这一消息告知瘫痪多时的莱蒂齐娅时，她竟能下床走到久未到过的客厅，双手代替失明的双目寻找着拿破仑的半身像，轻声自语道：

"皇帝又回到了巴黎的中心！"